역사 전쟁,
과거를 해석하는 싸움

역사 전쟁, 과거를 해석하는 싸움

김정인 지음

책세상

| 차례 |

서문

–

역사 전쟁, 역사 화해, 그리고 민주주의

2004년의 일이었다. 노무현 대통령 탄핵 파동이 있었고, 과거사 청산이라는 험난한 항해가 시작되었다. 뉴라이트가 등장했고, 역사 전쟁이 시작되었다. 이때부터 역사학과 역사교육은 줄곧 보수·우파의 이념 공세에 시달려야 했다. 신자유주의 시대를 맞아 새로운 구심점을 찾던 보수·우파는 역사 교과서를 표적 삼아 이념 전쟁을 펼쳤고 이는 세계적 현상이었다. 하지만 다른 나라와 달리 지금도 분단 상태에 있는 한국에서 일어난 역사 전쟁에서 이념은 무엇보다 강력한 무기였다. 역사학과 역사교육 내부에 존재하는 차이들을 무력화할 만큼 강력했다. 이념 공세에 맞서려면 역사학과 역사교육은 결속하고 연대해야 했다.

역사학과 역사교육의 결속과 연대를 지탱한 가치는 민주주의였다. 뉴라이트가 역사 교과서 논쟁을 불러일으켰던 초기에는, 정치권과 언론이 가세하기는 했으나, 나름 역사 논쟁의 형태를 띠고 갑론을박할 수 있었다. 하지만 이명박 정부가 역사 전쟁의 당사자로 개입하면서 학문 논쟁이 아닌 정쟁의 성격이 강화되었다. 권력의 힘으로 민주주의의 절차와 합의를 무너뜨리는 사건들이 연달아 일어났다. 이때마다 보수·우파는 이념 공세를 펼치며 권력을 비호했다. 박근혜 정부 역시 교학사 교과서 검정 파동을 일으키고 역사 교과서 국정화를 강행하면서 우리는 좀 더 근원적인 차원에서 민주주의의 가치를 되묻게 되었다. 민주주의의 잣대로 역사를 재해석하는 작업을 하던 연구자로서 눈앞에서 벌어지는 민주주의의 패배 현상을 예사롭게 보아 넘길 수 없었다. 이것이 역사 전쟁을 학문적 분석 대상으로 삼은 첫째 이유다.

역사 전쟁의 서막이 오르던 때부터 오늘 이 시점까지 한국, 중국, 일본의 학자와 시민이 함께하는 역사 대화에 참여하고 있다. 그리고 쉼 없는 역사 대화의 결과로 《미래를 여는 역사》(2005)와 《한중일이 함께 쓴 동아시아 근현대사》 1, 2권(2012)을 출간했다. 지금은 세 번째 성과를 내놓기 위한 협의를 하고 있다. 이런 질문을 받은 적이 있다. "다른 나라 사람들과는 역사 대화를 나누면서 왜 한국인끼리는 역사 대화를 하지 않고 싸우기만 하는가?" 자기 문제도 제대로 해결하지 못하면서 남과 잘 지내려고 노력한다는 게 말이 되느냐는 식의 비판, 아니면 남과 잘 지내기 위해 갈고닦은 대화의 기술을 자기 문제 해결에도 펼쳐 보이라는 격려로 해석될 수 있는 질문이었다. "노력해야죠"라고 짧게 답변했지만, 머리와 마음이 한없이 무거워지는 순간이었다. 왜 타자와는 역사 대화를 나눌 수 있는데 우리끼리는 역사 대화를 나눌 수 없는가. 역사 인식의 차이보다 공유 지대를 찾아 하나하나 합의를 하면 되는 역사 대화의 기술은 왜 받아들여지지 않는 것일까. 동아시아 역사 대화 경험자의 눈으로 역사 전쟁을 해석하고자 하는 학문적 열의와 관심, 이것이 역사 전쟁을 분석한 둘째 이유다.

한국에서 역사 대화가 어려운 이유를 탐색하다 보니 두 가지 현상이 눈에 들어왔다.

첫째, 역사 전쟁에 권력이 깊숙이 개입하고 있었다. 한중일 역사 대화는 굳이 말하자면 3국 시민 간 대화다. 하지만 한국의 역사 전쟁은 뉴라이트를 앞세운 보수·우파가 일으켰고, 이명박·박근혜 정부는 그들과 한배를 타고 역사학과 역사교육을 공격했다.

둘째, 역사 전쟁을 거치면서 과거와 기억의 문제가 권력 내 정쟁의 빌미로 전락하고 말았다. 권력은 역사학과 역사교육의 주체성과 자율성을 무시했다. 역사학과 역사교육에 서슴없이 친북 좌파라는 꼬리표를 붙이고 공격했다. 역사 교과서 문제가 이념적 정쟁의 장에서 학문적 공론장으로 옮아갈 기회를 주지 않았다. 대통령을 비롯한 집권 세력이 직접 나서서 역사교육을 이념적 정쟁의 장으로 몰아가는 기세가 한국처럼 유별난 나라는 없다.

역사학과 역사교육의 존엄성과 자존의 회복을 위해 역사 전쟁에 드리워진 권력의 장막을 거둬내고 학문적 공론장에서 생산적 논쟁을 벌일 가능성은 정말 없는 것일까. 이런 고민이 역사 전쟁에 대한 학문적 분석을 시도한 셋째 이유다.

이 책은 박근혜 정부가 들어선 2013년부터 역사 교과서 국정화 발표 직전인 2015년 8월까지 발표한 여덟 편의 글을 역사 전쟁을 주제로 첨삭하여 엮은 것이다. 2016년의 시점에 글을 다듬으면서 새삼 느끼는바, 한국 사회는 참으로 역동적이다. 각각의 글이 생생한 오늘의 이야기로 읽히도록 적지 않은 품이 드는 수선 과정을 거쳐야 했다. 2017년 역사 교과서 국정화를 앞둔 폭풍 전야의 시점에 뜨거운 감자인 역사 전쟁을 다루고 있으나, 정쟁의 한편에 서서 상대를 비판하기보다는 '역사 논쟁'을 정쟁의 늪에서 건져내어 학문의 공론장으로 옮겨놓는 길을 모색하고자 이 책을 내놓게 되었다.

1부에서는 역사 전쟁의 직접적 전투장이 된 교과서 문제를 다룬다. 1장에서는 역사 전쟁의 포문을 연《한국 근·현대사》교과서 파동의 전모를 분석한다. 뉴라이트가 일으킨《한국 근·현대사》교과서 파동에 이명박 정부가 개입하고 결국은 소송에 이르는 과정을 살핀다. 여기서는 이명박 정부가 절차적 민주주의를 훼손하면서까지 역사 전쟁에서 주도적 역할을 했다는 사실을 확인할 수 있다.

2장에서는 역사 전쟁의 단초가 된 교과서 속 현대사 서술을 살핀다. 1970년대 국정교과서 시절부터 검정교과서를 쓰고 있는 2016년 현재까지 고등학교《국사》,《한국 근·현대사》,《한국사》교과서에 서술된 현대사를 분석한다. 국정교과서 시절 현대사 교육은 실증보다 이념이 압도한 이념 교육의 장이었음을 지적하고, 민주화 이후 현대사 연구가 활발해지고 검정 제도가 도입되면서 현대사 교육이 역사 교육 본연의 역할에 충실해가는 진화의 양상을 다룬다. 박근혜 정부 들어와 교학사 교과서 검정 파동으로 현대사 교육이 퇴보의 조짐을 보이게 된 현실도 살핀다.

3장에서는 역사 교과서가 국정에서 검정으로 진화하는 과정이 사회 민주화, 역사교육 민주화에 따른 순리적 변화이며 오늘날 국정화 강행이야말로 진화를 거스르는 퇴행이라는 점을 논증한다.

2부에서는 역사 전쟁에서 위력적인 무기 역할을 하고 있는 이념 문제를 다룬다. 탈냉전의 흐름과 무관하게 여전히 한국 사회를 짓누르는 분단 현실에서 비롯된 이념'들'이 역사 전쟁에서는 어떻게 작동하고 있는지를 살핀다.

4장에서는 뉴라이트와 역사학계·역사교육계의 이념 전선을 반공주의 대 민족주의로 나누어 살핀다. 뉴라이트가 금성출판사의《한국 근·현대사》교과서를 친북적이라고 비판하고, 역사학계가 뉴라이트의《대안 교과서 한국 근·현대사》를 반민족적 혹은 친일적이라고 비판한 점을 살핀다. 여기서는 북한을 민족의 일원으로 파악하는 역사학계가 친북의 입장이 아니라, 보수·우파의 반공주의에 반대하는 반反반공주의 입장을 견지하고 있다는 점을 밝힌다. 또한 두 책의 북한 역사 서술을 살피면서, 뉴라이트의 반공주의와 역사학계의 민족주의가 역사 교과서 서술에서 어떤 차이를 낳는지 비교 분석한다.

5장에서는 보수·우파의 이념 공세의 총칼로서 날로 위력을 더해간 종북 프레임을 살핀다. 종북주의란 용어가 등장하고 언론을 통해 종북 프레임이 생산되고 유통되는 과정을 살펴보며, 대중들이 종북 프레임에 익숙해지는 가운데 그것이 억압 기제로 작동하면서 민주주의적 삶을 위축시키는 역할을 한다는 점을 주목한다.

6장에서는 신자유주의와 탈냉전의 시대를 맞아 뉴라이트가 제기한 역사 인식, 즉 뉴라이트 사관을 시장주의 사관과 반북주의 사관으로 나누어 살핀다. 두 가지 역사 인식이 역사 교과서 논쟁에서 어떻게 드러났는지도 분석한다. 또한 뉴라이트 사관의 학문적 계보성을 살펴보고, 정쟁의 형태로 진행되는 역사 전쟁을 학문적 공론장에서 펼쳐지는 역사 논쟁으로 전환할 것을 제안한다.

7장에서는 역사 전쟁을 거치면서 민주주의의 위기와 퇴보를 경험한 역사교육계가 민주적이고 건강한 '시민' 양성을 목표로 한 역사교육을 모색하고 있는 흐름에 주목한다. 해방 직후 민주주의 역사교육이 제기되었으나 권위주의 독재 정권의 국가주의 역사교육에 의해 굴절된 과정과 민주화 이후 역사교육 운동, 그리고 역사 전쟁을 겪으며 다시 민주주의 역사교육이 부상한 궤적을 살핀다.

에필로그에서는 역사 교과서를 둘러싼 역사 전쟁이 한국만의 현상이 아니라 세계 곳곳에서 일어난 보편 현상이라는 점을 밝힌다. 또한 역사 전쟁의 한국적 특수성을 보여줄 수 있는 특징적인 전선'들'을 중심으로 앞에서 다룬 역사 전쟁의 전체 흐름을 정리한다.

거듭 밝혔지만, 역사 전쟁에 관한 글을 쓰고 이 책을 엮을 때 머릿속을 맴도는 화두는 민주주의였다. 뉴라이트를 비롯한 보수·우파는 역사학과 역사교육을 향해 친북 좌파 혹은 종북이라는 이념적 잣대를 들이대며 공세를 벌였다. 하지만 정작 역사학과 역사교육은 맞대응에만 몰두할 수 없었다. 민주주의가 후퇴하고 있다는 위기감이 더욱 절박하게 다가왔기 때문이다. 역사 전쟁이 권력에 의해 정쟁화되면서 민주주의적 합의와 절차가 위협받게 되자 새삼 민주주의를 돌아보게 되었다. 민주화로 성취한 민주주의는 무엇인가, 민주주의적 시민을 길러내는 역사교육은 무엇인가. 학문과 교육의 자리에서 진지하게 민주주의를 성찰하기 시작했다.

이 책이 민주주의의 눈으로 미래지향적인 역사학과 역사교육을 모색하는 데 미력이나마 보탬이 되었으면 한다. 역사 전쟁을 분석하면서 정쟁을 넘어 '논쟁'으로 가는 길이 쉽게 열리지 않으리라는 사실을 새삼 깨닫는다. 그래도 희망을 버리지 않는다. 책을 마무리하면서, 이 길을 여는 데 필자가 얼마나 힘을 보태고 있는지 돌아보게 된다. 송구한 마음으로 이 책을 세상에 내놓는다.

일러두기

1. 원어는 한자, 로마자 순으로 밝혀 적었다.
2. 외래어 표기는 국립국어원 표기법을 따랐다.
3. 논문, 텔레비전 프로그램 및 다큐멘터리는 〈 〉로, 책과 신문, 잡지는 《 》로 구분했다.

1부

역사 전쟁의 싸움터, 교과서

1장
《한국 근·현대사》 교과서 파동 : 역사 전쟁이 발발하다

• 8·15 광복 직후의 분단 과정을 국제 정세와의 관련 속에서 파악하고, 대한민국의 정통성을 인식한다.

• 우리의 현대사는 경제발전과 자유민주주의의 신장을 위한 부단한 노력의 과정이었음을 파악한다.

• 북한의 역사를 민족사의 일부로 포함하려는 통일 지향적인 관점에서 이해한다.

• 우리의 현대사가 국제사회의 일원으로 당당하게 활동하게 되는 노력의 과정이었음을 이해한다.[1]

第7차 교육과정으로 탄생한 '한국 근·현대사' 교과목의 첫 단원인 '한국 근·현대사의 이해'의 '(다) 현대사회의 바른 이해'라는 중단원의 성취 기준 내용이다. 김영삼 정부 시절인 1997년에 교육부가 고시한 이 교육과정에 따라 검정을 마친《한국 근·현대사》교과서가 2000년대 들어 이념 분화와 갈등의 소용돌이에 휘말렸다. 역사 전쟁이라는 혹독한 홍역을 치른 것이다.

《한국 근·현대사》교과서 파동을 짚으면서 굳이 교육과정의 성취 기준을 앞세운 것은《한국 근·현대사》교과서 파동이 국가 주도로 검정을 통과한 교과서를 겨냥한 공격으로 일어났음을 상기하기 위해서다. 뉴라이트가《한국 근·현대사》교과서를 집요하게 공격하며 제시한 '대한민국사'라는 정체성의 기준은 사실상 위의 성취 기준과 크게 다르지 않다. 교육과정은 목표부터 평가까지 방향과 내용을 제시하는 교육상의 최고 법전이다. 그러므로 교육과정에 따라 집필되어 검정을 통과해 사용되고 있던《한국 근·현대사》교과서는 이미 국가로부터 대한민국의 정체성을 충실히 구현했음을 인증받았다고 할 수 있다. 그런데 국가 검정을 통과한 교과서가 반反대한민국적 성격을 띠고 있다는 형용모순적 비판이 어떻게 역사 전쟁으로까지 확대될 수 있었을까.

사유는 간단하다. 보수·우파 연합 세력이 자신들의 입지 확보를 위해 중립성을 보장해야 할 교육을 정쟁의 도구로 활용했기 때문이다. 먼저, 뉴라이트가 '대한민국사=선善'이라는 가치를 내세우며 역사교육에 시비를 걸었다. 그리고 여기에 올드라이트와 보수 언론이 가세하면서 이러한 시비가 역사 전쟁으로 비화되었다. 이 역사 전쟁에서 보수·우파 세력과 대립 구도를 형성한 축은 진보·좌파 정치 세력이 아니라, 역사학계와 역사교육계였다. 이러한 역사 전쟁의 판도를 다시 한 번 뒤흔든 주체는 정부였다. 줄곧 검정을 거친 교과서라 문제없다던 교육인적자원부가 노무현 정부에서 이명박 정부로 정권이 교체되자 보수·우파 편에서 역사 전쟁에 가담했다. 그리고《한국 근·현대사》교과서 파동과 관련된 소송의 당사자가 되었다.

《한국 근·현대사》교과서 파동은 보수·우파 세력의 연합전선에 이명박 정부가 가세하면서 역사교육이 학문적·교육적 성과와는 무관하게 이념 교육의 도구로 전락하는 사례를 남겼다. 유신 독재 시절 역사교육의 처지와 크게 다를 바가 없었다. 역사 전쟁의 소용돌이 속에서 역사교육은 모든 교과 교육이 마땅히 따르고 있는 민주주의의 가치와 절차를 지키기 위해 안간힘을 써야 했다. 참으로 혹독한 시련이었다.

1. 뉴라이트의 등장

한국 근현대사 연구와 역사교육의 변화

해방 이후 역사학계에서 한국 근현대사 연구는 오래도록 미진했다. 일제 시기 민족주의 사학과 사회경제 사학을 계승한 민족 사학 계열이 간신히 명맥을 유지하는 가운데 문헌고증 사학자들이 역사학계를 주도하면서 근현대사는 당대의 일이므로 과거를 탐구하는 역사학의 연구 대상이 될 수 없다는, 학문으로 포장한 고도의 정치적 판단에 의해 홀대를 받아야 했다.[2]

한국 근현대사 연구에 날개를 달아준 것은 민주화의 바람이었다. 1980년대 이후 민주화가 진전되면서 학계에서는 변혁적·실천적 학문을 추구하는 학자들의 새로운 이론적·실증적 연구 성과들이 풍부하게 생산되었고, 이러한 인식을 공유하는 연구자들이 활발히 조직되면서 새로운 학회, 연구소, 연구회 등이 등장했다. 역사학계에서는 민주화·변혁의 열망을 민족운동사를 비롯한 근현대사 연구로 이끌어갔다.

신진 연구자들의 근현대사로의 쏠림 현상은 일종의 '붐'을 형성할 정도였다. 1990년대 들어 한국 근현대사 연구자들은 식민지근대화론자들과 탈근대론자들로부터 '과도한 민족주의'에 얽매인 역사 연구라는 비판을 받으면서도 연구 성과들을 풍성하게 쏟아냈다.[3]

한국 근현대사, 특히 한국 현대사 관련 연구 성과는 1990년대 중반부터 역사교육에 본격적으로 반영되기 시작했다. 이 과정에서 1994년에 '국사 교과서 준거안 파동'이 일어났다. 그해 3월 국사교육내용전개준거안연구위원회가 공청회에서 제주도 4·3사건과 대구폭동사건 등 일부 교과서 용어를 '4·3항쟁', '10월항쟁' 등으로 표기하자는 시안을 내놓으면서 현대사 교육과 관련된 최초의 논쟁이 일어났다.

《조선일보》는 '국사 교과서 집필 준거안'이 대한민국의 정통성을 부정하는 좌파적 시각에 근거한다고 지적했다. "우익보다 좌익이, 남한보다 북한이 상대적으로 정통성에서 우위를 점하고 있는 듯한 인상을 주며 국사 교과서를 통해 북한의 경제와 사회, 문화를 이해하게 한다는 것이 자칫하면 그들의 선전 자료를 그대로 옮겨놓는 결과를 초래할 수도 있다"[4]라는 것이었다. 《중앙일보》, 《동아일보》 등의 보수 언론과 여당인 민주자유당을 필두로 한 보수 세력이 비판에 가세했다. 보수 세력이 일제히 나서서 역사학과 역사교육에 처음으로 친북과 좌파라는 꼬리표를 달아준 '국사 교과서 준거안 파동'은 2000년대에 발발한 역사 전쟁의 예고편이었다.

논란 끝에 교육부는 그해 11월 국사교육내용전개준거안연구위원회의 연구 보고서와 국사편찬위원회의 의견서 등을 토대로 준거안을 확정·발표했다. 이때 종전 교과서에 쓰였던 4·19의거와 5·16군사혁명은 '4·19혁명', '5·16군사정변'으로 바뀌었다. 여수·순천반란사건은 지역 이미지를 고려해 '여수·순천사건'으로 수정되었다. 제주도 4·3사건, 대구폭동사건, 10·26사태, 12·12사태, 5·18광주민주화운동은 이전 교과서처럼 표기하도록 했다. 다만, 종전 교과서 현대사 부분에서 공작 혹은 책동이라는 표현을 동원해 공산주의자들을 비판하던 내용들이 삭제되었고 4·19혁명과 5·18광주민주화운동 등 민주화 운동의 업적이 적극적으로 평가되기 시작했다. 이런 내용으로 개편된 교과서는 1996년부터 사용되었다.[5]

한국 근현대사 연구와 교육에 대한 관심이 높아지는 가운데, 1997년에 고시된 제7차 교육과정에 따라 고등학교 선택 교과목으로서 검정 제도에 기반한 '한국 근·현대사'가 탄생했다. 교육과정에 따르면 '한국 근·현대사'를 통한 역사교육의 목적은 "우리 민족이 근·현대의 세계 속에서 발휘해온 역량을 주체적, 비판적으로 이해하고, 이를 토대로 하여 21세기 우리 민족사의 전개에 능동적으로 참여할 수 있는 자질을 기르도록 하는 데"에 있었다.[6]

과거사 청산과 뉴라이트의 등장

김대중, 노무현 정부 10년을 대표하는 열쇳말의 하나가 과거사 청산 작업이다. 물론 김대중 정부는 김종필과 이룬 DJP연합을 기반으로 출범한 까닭에 과거사 청산 작업에 미온적인 태도를 보였다. 박정희기념관 건립을 시도한 데서 알 수 있듯이 보수·우파와의 타협을 추구했다. 그럼에도 대통령 직속으로 의문사진상규명위원회가 설치되고 〈이제는 말할 수 있다〉와 같은 텔레비전 프로그램이 방영되는 등 여러 방면에서 과거사 진실 규명 작업이 추진되었다.

노무현 정부에 와서야 시민사회의 끊임없는 압력으로 정부 주도 과거사 청산 작업이 본격화되었다. 이 시기에는 국정원, 국방부, 경찰 등 권력기관 단위의 과거사위원회가 민·관 합동으로 설립되었다. '진실과화해를위한과거사정리위원회', '군의문사진상규명위원회', '친일반민족행위진상규명위원회' 등을 포함하여 20여 개에 달하는 과거사 관련 위원회가 노무현 정부 들어 활동했다.

과거사 청산 작업은 보수·우파 세력을 긴장시켰다. 뉴라이트의 등장 역시 과거사 청산과 밀접한 관련이 있다. 뉴라이트가 본격적으로 등장하고 보수 언론의 집중 조명을 받은 것은 2004년 가을이었다. 노무현 대통령과 열린우리당이 대통령 탄핵이라는 위기를 극복하고 국회 권력까지 장악한 가운데, 대통령이 8·15 경축사를 통해 직접 과거사 청산에 대한 강력한 의지를 표명한 직후였다.

지금 이 시간, 우리에게는 애국선열에 대한 존경만큼이나 얼굴을 들기 어려운 부끄러움이 남아 있습니다. 광복 예순 돌을 앞둔 지금도 친일의 잔재가 청산되지 못했고, 역사의 진실마저 제대로 밝혀지지 않았기 때문입니다. 애국선열들이 하나뿐인 목숨까지 내놓고 투쟁했던 그 시간에 민족을 배반하고 식민 통치를 앞장서 대변했던 친일 행위가 여전히 역사의 뒤안길에 묻혀 있습니다. (……) 독립운동을 했던 사람은 3대가 가난하고 친일했던 사람은 3대가 떵떵거린다는 뒤집혀진 역사 인식을 지금도 우리는 씻어내지 못하고 있는 것입니다. 우리는 이 왜곡된 역사를 바로잡아야 합니다. 진상이라도 명확히 밝혀서 역사의 교훈으로 삼아야 합니다. (……) 반민족 친일 행위만이 진상 규명의 대상은 아닙니다. 과거 국가권력이 저지른 인권 침해와 불법행위도 그 대상이 되어야 합니다. 진상을 규명해서 다시는 그런 일이 없도록 해야 할 것입니다.[7]

친일 문제, 한국전쟁 전후 민간인 학살 문제 그리고 권위주의·독재 정권 시기의 조작 의혹이 제기되는 각종 인권 침해 사건 등을 중심으로 진행될 과거사 청산 작업에 대해 보수·우파 세력은 자신들의 정체성 혹은 주도권이 심각하게 손상될 것이라며 우려했다.

이때 뉴라이트가 등장했고 기존 보수·우파, 즉 올드라이트로부터 대대적인 환영을 받았다.[8] 양자의 연합에는 노무현 정부의 민생 정책과 상생 정치의 실패, 4대 개혁 입법 논란 등과 북미 관계 악화, 신자유주의적 세계화의 본격화라는 나라 안팎의 환경 변화에 따른 보수·우파 결집 분위기의 형성이 큰 역할을 했다. 뉴라이트는 올드라이트와 차별화하는 움직임을 보이면서 사안에 따라 연대하는 유연한 자세를 취했다.

뉴라이트가 보수·우파 세력의 구원투수로 등장하여 2004년 11월에 결성한 자유주의연대는 창립선언문에서 노무현 정권의 과거사 청산 작업에 대해 "국민적 예지를 모아 선진국 건설에 일로매진해야 할 이 무한경쟁의 시대에 자학 사관을 퍼뜨리며 지배 세력 교체와 기존 질서 해체를 위한 과거와의 전쟁에 자신의 명운을 걸고 있다"라고 비판했다. 또한 뉴라이트는 자학 사관에 물든 현행 교과서의 대안을 제시하겠다며 2005년 1월에 교과서포럼을 결성했다. 그리고 창립식을 겸한 심포지엄에서 금성출판사의《한국 근·현대사》교과서를 집중 비판하고, 역사 쓰기를 바로 세우겠다며 역사 전쟁의 포문을 열었다.

2. 정치적 공세, 교육적 대응

《한국 근·현대사》교과서를 둘러싼 논쟁은 크게 두 단계로 나눌 수 있다. 첫 단계는 2004년부터 2007년까지 한나라당과 뉴라이트 단체, 보수 언론 등의 보수·우파 연합 세력이 제기한 비판에서 비롯된 논란이다. 둘째 단계는 2008년에 보수·우파 연합에 가담한 교육과학기술부의《한국 근·현대사》교과서 수정 작업을 둘러싼 논란이다.[9]

보수 · 우파 연합 세력이 일으킨 논란

1997년 김영삼 정부 시절 고시된 제7차 교육과정에 따라 김대중 정부 시절인 2002년에 공식 발행된《한국 근·현대사》교과서는 1차 검정을 통과한 전시본이 나올 때부터 논란을 일으켰다. 초점은 《한국 근·현대사》 전시본 교과서가 김영삼 정부는 부정적으로, 김대중 정부는 긍정적으로 서술해 편향성이 보인다는 것이었다. 언론은 검정위원 선정 과정에 의혹을 제기하고 대외비인 검정위원의 명단을 공개했다.

언론이 논란을 일으키고 여기에 한나라당이 합세하면서 파문은 커져갔다. 한나라당은 용비어천가식 정권 홍보라며 진상 규명과 책임자 문책을 요구했다. 여기에 청와대와 교육인적자원부는 유감을 표했고, 집권당인 민주당은 문제는 있지만 고의성은 없다며 맞섰다. 결국 교육인적자원부는 교과서 검정 제도의 개선을 발표했고, 국회는 교과서진상특위를 구성했다. 하지만 논란은 더 이상 확산되지 않았고, 김대중 정부에 대해서는 국정지표를 제시하는 선으로 수정되면서 일단락되었다.

《한국 근·현대사》 교과서 파동이 본격적으로 고조된 것은 2004년이었다. 노무현 대통령 탄핵 이후 치러진 선거에서 여당인 열린우리당이 과반 의석을 확보하고, 친일 진상 규명을 비롯한 과거사 청산, 국가보안법과 사립학교법 개폐 등이 정치 쟁점으로 부각한 시기였다. 자신들의 기득권 유지에 위협을 느낀 보수 언론과 한나라당, 그리고 정치세력화를 도모하던 뉴라이트가 이러한 개혁 바람에 맞서기 위해 《한국 근·현대사》 교과서 문제를 화두로 이념적 연합전선을 구축했다.

2004년 10월 국회 교육인적자원부 국정감사에서 당시 한나라당 권철현 의원이 금성출판사 《한국 근·현대사》 교과서가 친북·반미·

반재벌의 관점에서 서술되었다며 문제를 제기했다.[10] 일부 언론이 이 사실을 대대적으로 보도하자 새마을운동본부, 사학연합회 등이 비판 대열에 가담했다. 금성출판사《한국 근·현대사》교과서 집필진과 열린우리당 의원들이 권철현 의원의 문제 제기를 반박하고 나서면서 논란은 점점 달아올랐다.

먼저, 한국사와 역사교육 관련 주요 학회들이 심포지엄을 개최하여《한국 근·현대사》교과서의 편향성 논란을 검토했다. 이들 학회는 금성출판사 교과서가 반미·친북이라는 주장은 정치적 목적에 따른 왜곡이라고 보고, 역사 연구와 역사교육의 자율성을 보장하고 역사교육을 당리당략이나 이념 공세의 수단으로 삼는 행위를 중단하라고 요구했다.[11] 교육인적자원부 역시《한국 근·현대사》교과서가 교육과정에 따라 서술되었으니 문제가 없다는 입장을 취했다.

《한국 근·현대사》교과서 논란은 2005년 1월, "대한민국의 근현대사와 관련된 각종 교과서를 분석·비판하고 대안을 제시하면서 사실을 추구"함을 내세운 교과서포럼이 창립되면서 새로운 국면을 맞았다. 교과서포럼은 2006년 4월까지 다섯 차례의 심포지엄을 열어《한국 근·현대사》교과서를 비롯해 고등학교《경제》교과서, 고등학교《국사》교과서, 중학교《사회》교과서를 분석했다.

교과서포럼은 이명박 정부가 출범한 2008년 3월《대안 교과서 한국 근·현대사》를 출간했다. 그런데《대안 교과서 한국 근·현대사》에 대해 역사학계와 역사교육계는 일단 공식 대응을 자제했다. 역사 교과서로는 흠결이 많다고 보았기 때문이었다. 이 책은 내용 면에서 적지 않은 사실 오류, 이념적 지향으로 인한 근거 불충분한 서술, 각장·절별로 편차가 큰 집필 수준, 빈약한 학습 자료 제공, 단조로운 편집 체제 등의 문제가 있다는 비판을 받았다. 또 형식 면에서는 집필진 구성에 결함이 있다는 비판에 직면했다. 한국 근현대사 전공자를 포함하여 한국사 관련 학자가 단 한 명도 포함되지 않았을 뿐만 아니라 역사교육학자와 역사 교사도 배제되었기 때문이다.

교육과학기술부의 수정 지시를 둘러싼 논란

2008년《한국 근·현대사》교과서 파동을 야기한 장본인은 다름 아닌 교육과학기술부였다. 이명박 정부가 들어선 첫해인 2008년에는 건국 60주년을 기념하는 국가사업이 추진되는 가운데,《한국 근·현대사》교과서 파동을 포함하여 1년 내내 역사 전쟁이 벌어졌다. 7월에는 건국절 파동이 있었다. 한나라당 국회의원 열세 명이 광복절을 건국절로 바꾸자는 내용의 개정안을 발의했다. 역사학계와 역사교육계가 강하게 반대하고, 광복회 등 독립운동 관련 단체가 반발하면서 부정적인 여론이 확산되자, 한나라당은 결국 개정안 발의를 취소했다. 12월에는 '기적의 역사' DVD 파동이 일어났다. 교육과학기술부는 건국 60주년 기념사업의 일환으로 '기적의 역사'라는 DVD를 만들어 전국 초·중·고등학교에 교육용 교재로 배포했다. 여기서 4·19혁명을 4·19 데모로 표현한 것이 알려지면서 비판이 잇따르자, 교육과학기술부가 이를 전량 회수하여 폐기했다.[12]

이명박 정부는 역사교육을 국가의 정책 의지나 목적을 달성하는 이데올로기적 수단으로 보았다. 그러니 보수·우파를 대변하는 정권으로서《한국 근·현대사》교과서의 '개편'에 나서는 것은 문제가 없다는 태도를 취했다. 2007년까지만 해도 교육인적자원부는 교과서가 교육과정과 검정 절차에 따라 간행되었으므로 문제가 없다는 원칙적 입장을 고수했다. 하지만 이명박 정부가 들어선 2008년에 교육과학기술부 스스로 기존 입장을 뒤집고《한국 근·현대사》교과서 내용의 편향성 문제를 공론화했다.

2008년 5월 14일, 김도연 당시 교육과학기술부 장관은《한국 근·현대사》교과서가 좌편향이라는 주장에 손을 들어주었다. 지금의 역사교육이나 교과서가 다소 좌편향이므로 앞으로 전문가들의 의견을 들어 수정하겠다는 것이었다. 이명박 대통령까지 나서서, 역사 교과서의 좌편향을 우편향으로 시정하는 것이 아니라 좌도 우도 동의하는 가운데 정상화하겠다며 교육과학기술부가 주도한《한국 근·현대사》교과서 수정 시도에 힘을 실어주었다.

이처럼 교육과학기술부가 방침을 변경하고 대통령까지 나서서 교과서 수정 작업을 독려한 데는 2008년 봄을 뜨겁게 달군 촛불 시위의 영향이 컸다. 보수·우파 세력은 고등학생들이 들고일어나 갓 출범한 이명박 정권을 위기에 몰았던 촛불 시위의 사상적 배후로 역사교육, 특히 한국 현대사에 대한 비판적 시각을 키워준《한국 근·현대사》교과서를 지목했다.

2008년 7월에는 교육과학기술부의 의뢰를 받은 통일부와 국방부를 비롯한 열일곱 개 기관이《한국 근·현대사》교과서를 검토한 수정 의견을 제출했다. 수정 의견 중에는 4·3항쟁이 좌익의 반란이라고 주장한 것도 있어 제주도민과 4·3항쟁 관련 단체가 거세게 항의하기도 했다. 교과서포럼 역시《한국 근·현대사》교과서를 분석하고 내용 수정을 요구하는 건의안을 9월에 교육과학기술부에 제출했다. 그런데 교과서포럼의 수정 건의안은 금성출판사《한국 근·현대사》 교과서의 현대사 내용만을 집중 검토한 것으로, 비판의 핵심은 대한민국의 정통성을 부정하고 북한을 옹호한다는 것이었다. 가장 채택률이 높은 금성출판사 교과서에 '전교조 해직 교사 출신 등 친북 좌파가 집필한 좌편향적 교과서'라는 낙인을 찍는 것이 교과서포럼을 비롯한 보수·우파 연합 세력의 전술이었다.

이때부터 교육과학기술부는 본격적인《한국 근·현대사》교과서의 수정 작업에 들어갔다.《한국 근·현대사》교과서의 문제점을 지적한 열일곱 개 기관의 의견을 간추려 7월 23일 국사편찬위원회에 257개 항목을 검토해달라고 의뢰했다. 국사편찬위원회는 한국사교과서심의협의회를 결성하여 검토에 들어갔다. 그러나 교육과학기술부가 일방적으로 교과서 수정을 주도하는 행위에 대한 비판이 거세지자, 부담을 느낀 국사편찬위원회는 각 항목에 대한 개별 의견은 생략한 채 마흔아홉 개 항의 서술 방침만을 제시했다. 그러자 교육과학기술부가 10월에 임의기구인 역사교과전문가협의회를 구성하여 구체적인 수정권고안을 작성했다. 위원 열한 명은 학자 두 명과 교감 네 명, 교사 네 명, 장학사 한 명으로 구성되었다. 그런데 학자 중에는 수정 대상인 한국 현대사 관련 전공자가 없었다. 교육과학기술부는 10월 30일 쉰다섯 개 항목의 수정권고안을《한국 근·현대사》교과서 출판사와 저자에게 전달했다. 쉰다섯 개 항목 중 서른여덟 개 항목이 금성출판사 교과서에 해당되는 것이었다. 교육과학기술부는 교과서에 대한민국의 정통성을 저해하는 내용이 담겨서는 안 된다는 사명

감에 직접 수정을 권고하게 되었다고 해명했다.

이에 교과서 저자 중 대학에 재직하는 학자들이 한국근현대사집필자협의회를 구성하고 교육과학기술부의 수정 요구를 거부한다는 성명을 발표했다. 저자들은 교육과학기술부에 검정 제도의 취지를 훼손하는 수정 권고를 철회하라고 요구했다. 한국근현대사집필자협의회는 성명서를 통해 입장을 표명하는 것에 더하여, 출판사별로 수정권고안을 검토한 뒤 이에 대한 수정 의견을 교육과학기술부에 제출했다.

금성출판사 교과서 저자들은 수정권고안 중 열여섯 개 항목을 포함한 총 스물여덟 개 항목에 대해 수정 의견을 내놓았다. 하지만 교육과학기술부는 저자들의 수정 의견을 무시하고 다시 수정권고안 내용을 반복한 수정지시안을 내놓았다. 이에 저자들은 이미 수정권고안을 검토하여 수정 의견을 냈으므로 같은 내용의 수정지시안은 받아들일 수 없다는 입장을 밝혔다.

이 과정에서 금성출판사 교과서가 보수·우파 세력의 집중 비판 대상으로 부상했다. 그들은 교육과학기술부에 검정 취소나 발행 정지와 같은 강력한 조치를 요구하고 금성출판사 앞에서 시위를 했다. 금성출판사 교과서를 사용하는 학교 명단도 공개했다. 결국 금성출판사는 저자의 동의 없이 교육과학기술부의 수정지시안을 그대로 반영한 수정 의견을 교육과학기술부에 제출했다. 교육과학기술부가 이를 승인함에 따라 저자의 동의 없이 교과서 내용이 수정되는 초유의 사태가 벌어졌다. 이에 금성출판사 교과서 저자들이 출판사가 마음대로 수정한 교과서의 사용을 막기 위해 법원에 저작권 침해 금지

가처분 신청을 냈으나 기각되었다.

《한국 근·현대사》 교과서 파동은 50퍼센트 정도의 채택률을 보이고 있던 금성출판사 교과서를 다른 출판사의 교과서로 바꾸라는 압력으로 이어졌다. 2008년 9월 서울시교육청은 균형감 있고 정제된 표현으로 기술되어 있는 교과서 선정을 위해 《한국 근·현대사》 교과서를 분석해 학교장과 학교운영위원회 위원들을 대상으로 연수를 실시한다고 발표했다. 이 연수의 실제 목적은 금성출판사 교과서를 교체하도록 압력을 행사하는 데 있었다.

서울시교육청에 이어 강원도, 부산시, 경기도, 충청남도 등에서 금성출판사 교과서 교체를 겨냥한 연수나 행정 지시가 잇달았다. 일부 교육감은 교체를 거부하는 학교에 대한 행정적·재정적 불이익을 검토하겠다는 압력을 넣었고, 일부 교장들은 교사들의 반대를 무릅쓰고 교체를 밀어붙였다. 그런데 이는 교과서 주문은 사용 학기 6개월 전에 해야 한다는 '교과용 도서에 관한 규정'을 위반한 것이었다. 실제로 2009년에 사용할 《한국 근·현대사》 교과서를 바꾼 350개 학교 가운데 339개 학교가 금성출판사 교과서를 다른 출판사의 교과서로 교체했는데, 주문 시한을 넘긴 학교가 324곳에 달했다.

2008년 노골적으로 보수·우파의 편에 섰던 교육과학기술부의 《한국 근·현대사》 교과서 수정과 금성출판사 교과서 교체 압력에 맞서 역사학계와 역사교육계는 학문의 자유와 교육의 정치적 중립, 교과서 채택의 자율성을 지키기 위한 역사 운동을 펼쳤다. 한국사연구회, 한국역사연구회 등 스물한 개 역사학 관련 학회들은 10월 8일 공동 성명을 발표해 역사학의 전문성 및 역사교육의 정치적 중립을 보장하라고 요구했다. 학회들은 교과서의 객관성을 보호해야 할 정부가 오히려 헌법에 보장된 교육의 정치적 중립성을 부정하고 있다고 비판하면서, 교육과학기술부의 일방적인 교과서 수정 시도를 중단하고 교과서 채택에 대한 부당 개입을 중지하라고 요구했다.

역사 교사와 역사교육 관련자 1,300여 명도 '역사교육자선언'을 발표하고 교육과학기술부를 향해 부당한 수정 요구의 중단을 촉구했다. 11월 11일 역사학자 676명이 발표한 공동 성명에는 한국학 및 동아시아학을 전공하는 해외 학자 114명이 동참했다. 이들 역시 정치적 목적으로 진행 중인 교과서 수정 작업의 중단을 요구했다. 12월 3일에 역사교육연대회의가 내놓은 성명서의 제목은 '근조! 대한민국 역사교육'이었다. 성명서는 교육과학기술부, 시·도 교육청, 학교장, 출판사들이 함부로 민주주의의 가치와 절차를 훼손하면서 역사교육을 겁박하는 행태를 강도 높게 비판했다.

> 첫째, 실체 없는 수정 논란을 증폭시키고, 교과서 집필자들의 명예를 훼손하며, 검정교과서 제도의 근간을 부정한 교과부를 고발한다.
> 둘째, 검정교과서에 대한 월권적 행위, 학교의 자율성과 학교운영위원회의 고유 권한을 무시한 일부 시·도 교육청의 권력 남용을 고발한다.
> 셋째, 학교운영위위원회와 관련한 최소한의 절차와 의견 수렴도 무시한 채 불법적으로 교과서 채택을 변경한 일부 학교장을 고발한다.
> 넷째, 정권의 외압이 있었다고는 하지만, 저자와의 협의 없이 독자적인 수정에 나서겠다는 출판사들의 비양심적 행태에 대해서도 책

임을 묻는다.[13]

뉴라이트를 앞세운 보수·우파와 권력의 정치적 파상 공세에 역사학계와 역사교육계는 정치적 대응에 나서기보다는 교육 차원에서 민주주의적으로 문제를 해결하려 했다.

> 근거 없는 색깔론으로 눈을 가린 권력, 영혼 없는 관료, 그리고 이익에 눈이 먼 출판사의 야합은, 지금 이 순간에도 최소한의 다양성도 없는 검정교과서와 무너진 법도와 짓밟힌 상식을 우리에게 강요하고 있다. 우리 앞에는 낡은 독재의 논리가 펼쳐져 있으며, 무능과 편법으로 얼룩진 비교육적 현실이 드리워져 있다. 우리는 이 모든 것을 허위로 규정한다. 죽은 역사교육이라고 엄숙히 주장한다. 그리하여 근조 역사교육의 기치를 치켜들 것이다.
> 그리고 그 주검 위에 새로운 역사교육의 이정표를 세울 것이다. 우리는 다양성에 바탕하여 창의적 사고로 21세기 대한민국의 역사를 힘차게 열어갈 건강한 역사교육을 펼칠 것이다. 갈등과 파행으로 무너진 학교 현장의 상흔을 보듬고, 정직과 신뢰로 다시 일으켜 세울 것이다. 나아가 온갖 관료적, 비민주적, 비상식적 행태를 바로잡기 위해 우리 사회의 양식 있는 시민들과 함께 맞서 싸울 것이다.[14]

이때 한목소리를 낸 역사학계와 역사교육계는 매 성명서에서, 유신 정권이 국정교과서 제도를 만들어 독재를 찬미하도록 강요했던 과거를 떠올리며 심각한 우려를 표명했다.

3. 끝나지 않는 파동, 편을 가르다

금성 교과서 소송 사건

금성출판사《한국 근·현대사》교과서 파동은 재판정으로 자리를 옮겨 2009년에도 계속 이어졌다. 일찍이 일본에서도 '이에나가 소송'이라 불리는 교과서 소송이 있었다. '이에나가 소송'이란 도쿄교육대 이에나가 교수가 자신이 집필한 고등학교《신일본사》를 불합격시킨 문부성의 검정 제도에 항의하며 1965년부터 32년간 벌인 법정 투쟁을 가리킨다. 1997년 일본 최고재판소는 그의 손을 들어주었다. 그런데 2009년에 우리도 '이에나가 소송'처럼 역사 인식이나 역사 교과서 문제를 법이라는 잣대로 해결해야 하는 현실을 맞게 된 것이다. 저자들이 소송을 냈고, 역사학과 역사교육 단체들은 역사 교과서 문제 해결을 위한 공동대책위원회를 꾸려 소송을 지원했다. 교과서 관련 소송은 세 가지였다.

(1) 저자가 금성출판사를 상대로 낸 저작인격권 침해 금지 소송

(2) 저자가 교육과학기술부를 상대로 낸 부당 수정 명령 취소 청구 소송

(3) 학생, 학부모, 교사들이 헌법재판소에 낸 헌법소원

먼저, 셋째 소송인 헌법소원은 행정처분 당사자는 출판자와 저자이므로 학생, 학부모, 교사들은 소원을 제기할 자격이 없다는 이유로 2009년 4월에 각하되었다.

첫째 소송인 저작권 소송에서는 2009년 9월 2일에 1심 재판부가 교과서라 하더라도 저자의 동일성유지권은 보호되어야 하는데, 금성출판사가 저자의 동의나 승낙 없이 교과서를 임의로 수정하여 발행·판매·배포한 행위는 저자의 동일성유지권을 침해하는 행위이므로 이를 중지하고 손해를 배상하라고 판결했다. 저자가 수정 지시를 거부할 경우, 검정을 취소할 수는 있어도 출판사가 내용을 바꿔 출판해서는 안 된다는 것이다.

금성출판사는 이에 불복해 항소했고 2010년 8월, 2심 재판부는 출판사의 손을 들어주었다. 1심과 달리 2심 재판부는 교과서 수정은 교육과학기술부 장관의 수정 지시를 그대로 따른 것이어서 금성출판사가 마음대로 교과서를 수정한 것으로 간주할 수 없다고 보았다. 또한 저자들이 계약서와 동의서의 형식으로 교육과학기술부의 지시사항을 성실히 이행하겠다고 동의했기 때문에 출판사의 수정 발행은 저작인격권 위반이 아니라고 보았다. 2심 재판부의 논리대로라면 검정교과서 저자들은 모두 계약서와 동의서를 제출하므로 교육과학기술부가 수정 지시를 한다면 출판사가 이를 근거로 저자의 동의 없이 교과서를 수정해도 아무런 문제가 없다. 저자가 수정에 동의하지 않아도 해당 저자의 이름으로 교과서가 버젓이 발행되는 모순을 인정하는 판결인 셈이다.[15]

교육과학기술부는 이런 논란을 피하려고 2009년부터는 검정교과서 저자에게 동의서가 아닌 각서를 요구하고 있다. 결국 이 판결은 교육과학기술부가 마음만 먹으면 교과서를 마음대로 고칠 수 있도록 빌미를 주고 말았다. 이번에는 저자들이 즉각 상고를 제기했다.

그리고 2013년 4월 26일, 대법원은 원심을 확정하여 금성출판사의 손을 들어주었다.

둘째 소송인 행정소송에서는 원고 적격 문제, 수정 내용의 적절성 문제, 수정 절차의 적법성 문제 등이 쟁점이었다. 2010년 9월, 1심 재판부는 교육과학기술부가 교과용도서심의위원회를 통한 적법 절차를 밟지 않아 절차상 하자가 있다며 저자의 손을 들어주었다. 재판부는 교육과학기술부의 수정 지시 자체는 위법하지 않으나, 이미 검정에 합격한 교과서에 일부 내용이 검정 기준에 어긋난다는 이유로 수정을 명령해 실질적으로 새로운 검정을 실시했고, 이런 경우 검정 절차를 준수해야 하나 이를 위반했으므로 위법하다고 판결했다. 교육과학기술부가 임의로 교과서 내용을 수정하는 것을 인정한다면, 검정 절차를 준수하여 교육의 자주성, 전문성, 정치적 중립성을 확보하도록 한 검정 제도의 취지를 침탈하게 될 우려가 있다는 것이다.

2011년 8월 16일, 2심 재판부는 1심 판결을 뒤집었다. 재판부는 수정은 검정이나 개편과는 개념적으로 구분되고, 수정 명령은 규정상 검정 절차와는 달리 교과용도서심의회의 심의를 거치도록 하지 않는다는 이유로 절차상 하자를 인정하지 않았다. 하지만 대법원은 다시 2심 판결을 뒤집었다. 2013년 2월 15일, 대법원은 표현의 잘못이나 기술적 사항 또는 객관적 오류를 바로잡는 정도를 넘어서 이미 검정을 거친 내용을 실질적으로 변경하는 경우에는 새로운 검정 절차를 밟는 것에 해당되므로 교과용도서심의회의 심의에 준하는 결정을 거쳐야 한다고 판단했다. 마침내 2013년 11월 7일, 금성출판사 《한국 근·현대사》 교과서에 대한 교육과학기술부의 수정 지시가 부당하다는 최종 판결이 확정되었다.

이렇게 4년에 걸쳐 진행된 금성출판사 교과서 수정을 둘러싼 소송에서 첫째 소송과 둘째 소송은 민사소송과 행정소송으로 소송 형식이 다르긴 하나, 패소와 승소로 결과가 엇갈렸다. 이렇듯 교과서 수정에 대한 법리 해석이 일관된 판례를 남기지 못한 까닭에 이후에도 교과서 수정을 둘러싼 갈등이 소송으로 비화될 여지가 남게 되었다.

정치와 학문 · 교육의 대립

2005년 교과서포럼은 창립선언문에서《한국 근·현대사》교과서들이 '대한민국=악'의 이미지를 심어주는 자학 사관에 근거한 탓에 청소년들이 자랑스러운 대한민국이 이룩한 업적과 성취를 배우지 못하고 있다고 비판했다. "우리의 미래 세대는 교과서와 참고서를 통하여 대한민국이 잘못 태어났고, 성장에 장애를 겪고 있는 국가라고 배우고 있다"라며 "어떤 기준을 적용해도 '미션 임파서블'을 이루어낸 대한민국의 역사는 올바로 다시 써야 한다"고 주장했다.[16] 이는 교과서를 민족사가 아닌 대한민국사라는 관점에서 서술하자는 주장으로 이어졌다. 실제 교과서포럼의《대안 교과서 한국 근·현대사》는 분단 현실의 한 축인 북한의 역사를 보론補論으로 처리하고 있다. 여기에서 북한 정권은 스탈린에 의해 태어난, 악행을 일삼는 적대적 범죄 집단으로 그려지고 있다.

이처럼 교과서포럼의 '대한민국=선', '북한=악'의 구도는《한국 근·현대사》교과서 파동이 역사의 정치화를 위한 시도였음을 드러낸다. 즉《한국 근·현대사》교과서 파동의 본질은《한국 근·현대사》교과서, 나아가 역사교육이 정쟁의 도구가 되어버렸다는 데 있다. 뉴라이트를 앞세운 보수·우파 연합은 정치적 상대를 친북 좌파로 몰아가기 위한 공격 수단으로《한국 근·현대사》교과서에 주목했던 것이다.

교과서 검정 제도를 조금이라도 알고 있는 사람이라면 금성출판사 교과서에 좌편향이라는 덫을 씌우지 못한다.《한국 근·현대사》교과서는 2001년에 개발되어 1차 검정 절차를 거쳤고 이후 1년 동안 수정·보완 절차를 마쳤다. 검정은 김대중 정부 때 실시됐으나, 검정 합격을 좌우하는 교육과정과 준거안은 김영삼 정부 때 만들어졌다. 교과서들은 두 공문서 외에 교육인적자원부가 만든 집필유의점이나 검정 기준을 따랐고, 교육인적자원부가 지정한 편수 용어를 사용했다.

출간 이후에는 역사학과 역사교육 학회들이 여러 차례 학술대회를 열어 내용을 검토했다. 처음으로 '한국 근·현대사' 과목이 만들어져 관심이 높았기 때문이다. 하지만 많은 사람들이 기대와는 달리 과거 국정교과서 근현대사 부분의 체제와 내용에서 크게 달라지지 않았다고 평가했다. 독립운동사 서술에서는 우편향이라는 비판도 받았다. 1980년대 이래 근현대사 연구가 비약적으로 발전했는데, 교과서가 대체로 이를 반영했다는 긍정론과 함께 회의론 역시 만만치 않게 제기되었다.

그런데 뉴라이트는 김대중·노무현 정부를 비판하는 수단으로《한국 근·현대사》교과서의 좌편향 문제를 발굴했고, 이를 매개로 보수·우파 세력을 결집시켰다. 결과적으로《한국 근·현대사》교과서 파동을 겪으면서 보수·우파 연합 세력 대 역사학계·역사교육계의 대립 구도가 형성되었다. 물론 역사학계나 역사교육계가 모두 진보 성향은 아니며 보수 성향을 보이는 이들도 적지 않다. 그런데 교과서는 정부의 공문서인 교육과정에 맞춰 집필하므로 개인의 저서나 논문에 비해 편차가 아주 적다. 더구나 교과서를 준비하는 데는 오랜 시간과 돈이 들기에 출판사 입장에서도 교과서가 검정을 통과하지 못하면 손실이 크다. 이런 요인 때문에 교과서 집필은 기본적으로 보수적인 작업일 수밖에 없다.

그러니 역사학계와 역사교육계가 《한국 근·현대사》 교과서 파동의 소용돌이 속에서 굳이 스스로 보수 대 진보, 좌파 대 우파로 분화하여 갈등할 이유가 없었다. 《한국 근·현대사》 교과서의 내용이 역사학계나 역사교육계가 이념적으로 갈등할 만한 전선을 형성할 수준이 아니라는 뜻이다. 어떤 이는 교과서포럼의 도발이 역사에 대한 고민에서 출발한 것이 아니라 신자유주의 정책을 뒷받침하기 위해 짜 맞춰진 것이라고, 다시 말해 역사의 과잉 정치화에 기반을 둔 움직임이므로 역사학을 전공하는 학자들이 거기에 가담하는 것은 곤란하다고 주장한다.

자유민주주의 파동, 집필기준안 파동

《한국 근·현대사》 교과서 파동은 찻잔 속의 태풍으로 끝나지 않았다. 이명박 정부는 2009 개정 교육과정을 통해 노무현 정부 시절에 만든 2007 개정 교육과정을 무력화했다. 2011년에는 교육과정을 개편하는 과정에서 '자유민주주의 파동'과 '집필기준안 파동'을 자초했다. 2011년 8월 8일, 교육과학기술부는 국사편찬위원회에 맡겼던

'2009 개정 교육과정에 따른 역사교육과정'을 확정 고시했다.

그런데 역사학계와 역사교육계가 크게 반발하며 철회를 요구하는 사태가 벌어졌다. 애초에 국사편찬위원회 산하의 역사교육과정개발정책연구위원회가 제출한 교육과정에 명시된 '민주주의'란 용어가 교육과학기술부 발표에서는 '자유민주주의'로 둔갑했기 때문이었다. 교육과학기술부가 뉴라이트 계열인 한국현대사학회의 건의를 받아들여 일방적으로 수정한 것이었다. 한국현대사학회는 "대한민국의 국가적 정체성이 '자유민주주의 체제'라는 사실을 분명하게 명시할 것과 그 정체성을 구체화하여 가르칠 수 있는 충분한 내용 구성이 가능하도록 교육과정의 항목을 보강해주실 것"을 건의했고 교육과학기술부 이주호 장관이 이 건의를 받아들여 임의로 용어를 바꾸면서 사달이 난 것이다.[17] 그러자 역사교육과정개발정책연구위원회 위원 스물네 명 중 스물한 명이 항의 성명을 발표하고 사퇴했다.

> 우리 정책위 위원들은, 대한민국의 미래를 담당할 학생들에게 바람직한 역사교육을 시행하는 데 미력이나마 보탠다는 일념으로 교과부가 구성한 논의 구조 속에서 수많은 지침을 충실히 지켰고, 역시 교과부가 설정한 겹겹의 검증 과정을 모두 통과한 끝에 교육과정안을 제출하였다. 그런데도 그 핵심 개념이 교과부에 의해 하루아침에 일방적으로 변경되었다는 사실을 확인하고 참담한 심경을 금할 길 없다. 우리 정책위 위원들은 교육과정안 작성의 절차적 합리성, 학생들에게 바른 역사를 가르칠 수 있는 교육과정의 일관성, 헌법 정신을 구현하는 개념을 인정받아온 정당성을 모두 갖추고 있는 '민주

주의'를 역사교육 과정에 되살릴 것을 강력히 요구한다.[18]

이명박 정부는《한국 근·현대사》교과서 파동 때와 마찬가지로 이번에도 절차적 민주주의를 무시하고 일방적으로 밀어붙이는 데 급급했다. '자유민주주의 파동'은 역사교육을 넘어 학계와 정치권에서 공방이 이어질 만큼 파장이 컸다. 보수·우파는 적법한 절차를 거치지 않은 임의 수정에 대한 문제 제기에는 아랑곳하지 않고 가짜 민주주의인 인민민주주의와 구별하기 위해 자유민주주의를 써야 한다며 교육과학기술부를 두둔했다. 자유민주주의를 반대하는 사람들은 북한으로 가라는 발언까지 등장했다.

'자유민주주의 파동'은 '집필기준안 파동'으로 이어졌다. 국사편찬위원회는 2011년 8월 역사 교과서 집필 기준 공동 연구진을 발족했다. 10월 17일 공청회에서 집필 기준 초안이 발표되었는데, 무엇보다 현대사 부분에서 독재라는 표현이 아예 빠져 충격을 주었다. 교육과학기술부가 임의로 넣은 '자유민주주의'는 물론 굳건히 살아 있었다. 역사학계는 이참에 학문적 개념으로 제대로 합의되지 않은 자유민주주의를 쓰지 말고 헌법 전문에 등장하는 '자유민주적 기본 질서'라고 쓰자고 제안했다.

이런 반발에 연구진은 전향적인 자세를 보였으나, 교육과학기술부는 이를 거부하고 초안과 다름없는 집필 기준을 11월 8일 발표했다. 집필 기준에는 논란이 되었던 부분을 '자유민주주의가 장기 집권 등에 따른 독재화로 시련을 겪기도 했으나'라는 식으로 애매하게 표현하고 넘어가려 했다. 이번에도 연구진 책임자가 교육과학기술부의 일방적인 태도에 반발해 사퇴했다.

사태는 여기서 끝나지 않았다. 친일파 청산 노력, 5·16군사정변, 4·19혁명, 5·18민주화운동, 6월민주항쟁 등이 집필 기준에서 빠졌다는 사실이 알려지면서 비판 여론이 거세게 일어났다. 이번에는 국사편찬위원회가 나섰다. 다음 해에 꾸릴 예정이던 검정심사위원회를 급조해 검정기준안에 이들 사건을 명시하는 편법으로 사태를 무마하려 했다.

역사학계와 역사교육계는 이명박 정부, 특히 교육과학기술부가 민주주의의 가치와 절차를 파괴하는 행태를 일삼는 데 크게 반발했다. 11월 29일 스물네 개 단체, 연구자 770명의 이름으로 대통령에게 역사교육과정과 집필 기준의 재고시 및 교과부 장관의 해임을 요구하는 공문이 청와대에 제출되었다. 그날 역사 교사 865명은 '역사교육의 정상화를 위해 교육과정과 집필 기준은 재고시되어야 한다'는 성명서를 발표했다.[19] 이 성명서에서 역사 교사들은 '자유민주주의 파동'이나 '집필기준안 파동'이 얼마나 비교육적이고 비민주적인지를 고발했다.

> 현대사 부분에서 '민주주의'를 모두 '자유민주주의'로 바꾼 것에 대해서도 큰 논란이 일었다. 사회, 도덕(윤리), 정치, 경제 등의 다른 과목에서는 대부분 '민주주의' 용어를 사용하는 데 비해 유독 역사에서만 '자유민주주의'라는 용어를 사용할 경우 학생들이 느낄 혼란은 전혀 고려되지 않았다. 게다가 '자유민주주의'는 학술적, 교육적으로 명확히 개념화되지 않는 용어이다. 게다가 용어를 바꾸는 과정

에서 절차적 민주주의조차 지켜지지 않았음이 드러났다. 집필 기준도 비슷한 문제를 가지고 있음이 드러났다. 다양하고 창의적인 교과서를 지향하는 검정제의 취지를 생각하면 교육과정 이외에 집필 기준이 또 있다는 자체가 난센스이지만, 국정에서 검정으로 바뀐 과도기의 산물로 이해한다 하더라도, 그것이 특정 이념 집단의 주장에 휘둘려 검열의 도구로 활용되는 것은 막아야 한다.[20]

이처럼 교육 당국이 노골적으로 정쟁과 이념 갈등을 일으키는 정치 행위에 적극 가담하여 교육계를 뒤흔든 것은 그야말로 초유의 사태였다. 2008년 《한국 근·현대사》 교과서 파동부터 2011년 집필 기준안 파동에 이르기까지 교육과학기술부가 보인 행태는 민주주의의 가치와 절차를 심각히 훼손하는 것이었다.

상식은 늘 자명하다. 《한국 근·현대사》 교과서 파동은 말한다. 역사 교과서는 정부나 정당 혹은 법원이라는 권력의 담 안팎에서 일어나는 정쟁의 산물이 되어서는 안 된다. 역사 교과서는 역사학과 역사교육 간의 충분한 대화와 소통의 산물이어야 한다. 이를 위해 역사학과 역사교육의 전문성과 학문적 중립성을 존중하는 풍토의 조성이 절실하다. 이는 권력과 사회, 그리고 역사학계와 역사교육계가 함께 노력해야 일구어낼 수 있다.

2장
역사 전쟁의 진원지, 교과서 속 현대사

해방 이후 1970년대 초까지 고등학교《국사》는 검정으로 발간되었다.[1] 이들 교과서에서 현대사는 전체 분량의 5퍼센트 미만을 차지했다. 냉전 반공 이데올로기의 관점이 투영돼 있을 뿐 아니라 역사 교과서답지 않게 과장되거나 왜곡된 부분이 적지 않았다. 교과서를 쓴 문헌고증 사학자들은 실증과 고증이라는 잣대를 현대사에 엄밀히 적용하지 않았다. 반공 이념을 드러내는 과격한 표현이 구사되었다. 현대사 집필자들은 역사학자가 아니라 '반공투사'였다.[2] 그들 문헌고증 사학자들은 역사학계의 권력으로 군림하면서 현대사 연구는 물론 현대사 교육도 금기시했다.

1970년대 국정화 이후에도 현대사 교육은 홀대를 받았다. 1974년판 국정 고등학교《국사》교과서(이하, 1974년판 국정교과서)의 경우, 전체 302쪽 중 현대사는 18쪽에 불과했다. 또한 현대사 연구가 부재한 가운데 현대사 교육은 정치적인 이념 교육의 장 역할을 수행해야 했다.

현대사 교육의 양적이고 질적인 변화는 1980년대 민주화의 흐름 속에서 일어난 현대사 연구의 '붐'과 함께 시작되었다.《역사학보》는 역사학의 연구 동향을 정리하고 분석한 연구사를 싣는 전통이 있다. 현대사 관련 연구 동향은 6월항쟁이 일어난 1987년에 처음 실렸다.[3] '최근세'라고 시기를 구분해 개항 이후 현대까지의 연구사를 정리했다. 1993년에 나온《역사학보》140호부터는 일제 시기부터 현대까지를 '현대'로 이름 붙여 연구사를 정리했다. 1945년 이후만을 '현대'로 구분해 연구사를 정리한 것은 1999년에 나온《역사학보》163호가 처음이었다. 현대사 관련 연구의 양적, 질적 성장을 반영한 변화라 할 수 있다. 이러한 현대사 연구는 1990년대부터 현대사 교육에 실질적인 영향을 미쳤다. 더불어 현대사에서 이념 교육적 색채가 점차 사라져갔다. 분량은 늘었고 체계와 내용은 풍성해졌다.

2000년대 들어와서는 국정이 아닌 검정 고등학교《한국 근·현대사》교과서가 탄생했다. 이는 현대사 연구에 힘입은 현대사 교육이 본격적인 궤도에 올랐음을 의미했다.《한국 근·현대사》에 이어 2012년부터 검정으로 발간된 고등학교《한국사》교과서들 역시 현대사 연구와 현대사 교육의 발전을 동시에 계승한 진화의 산물이었다.

1. 이념이 실증을 압도하다

1974년판 고등학교《국사》의 현대사

1974년 국정 고등학교《국사》교과서가 탄생했다. 왜 한국사를 굳이 국정 체제로 가르치려 했을까? 국정화의 주체들이 앞세운 "주체적인 민족의식에 투철하고 민족중흥의 의욕에 충만한 후세 국민 양성"[4]이라는 거창한 논리가 아닌 현대사 교육의 체계와 내용에서 이유를 탐색해보자.

〈표1〉 1974년판 국정교과서의 현대사 체계

대단원	중단원	소단원	소항목
Ⅴ. 현대사회	대한민국의 정통성	대한민국의 성립	8·15 민족 해방과 국토 분단
			대한민국의 수립
		6·25의 민족 시련	북한의 공산화
			6·25의 민족 시련
	민족중흥의 새 전기	민주주의의 성장	4월학생의거
			5월혁명
		대한민국의 발전	경제성장
			새마을운동
			10월유신

〈표1〉에서 알 수 있듯이 1974년판 국정교과서의 현대사 대단원 제목은 '현대사회'다. 중단원은 '대한민국의 정통성', '민족중흥의 새

전기'로 구성되어 있다. '대한민국의 정통성', 이는 이전 검정교과서에는 없었던 중단원이다.

1968년에 검정을 통과한 인문계 고등학교 국사 교과서와 비교해보자. 신석호가 쓴 인문계 고등학교《국사》와 이병도가 쓴 인문계 고등학교《국사》에서 현대사는 일제 시기를 포함한 '민주 대한의 발달'이라는 제목의 대단원에 들어 있다. 윤세철 등이 쓴《새로운 국사》의 현대사 대단원 제목은 '대한민국의 탄생'이다.[5] 이렇듯 1974년 국정교과서가 탄생하는 순간부터 역사교육을 받는 학생들은 정통성이란 개념과 맞닥뜨려야 했다.

중단원 '대한민국의 정통성'은 '대한민국의 성립'과 '6·25의 민족 시련'이라는 두 개의 소단원으로 구성되어 있다. 소단원 '대한민국의 성립'은 '8·15 민족의 해방과 국토 분단', '대한민국의 수립'이라는 소항목으로 구성되어 있다. 소단원 '6·25의 민족 시련'은 '북한의 공산화', '6·25의 민족 시련'이라는 소항목으로 구성되어 있다. 중단원, 소단원, 소항목의 제목들에서도 살필 수 있듯이, 1974년판 국정교과서가 말하는 대한민국의 정통성이란 곧 반공주의를 의미했다. 반공주의에 입각한 현대사 교육은 신탁통치에서 시작된다.

> 공산주의자들까지도 처음에는 반탁 운동에 참가하였으나, 소련의 사주를 받은 그들은 중도에 돌변하여 민족적 양심을 짓밟고 찬탁을 주장하여 국민을 실망하게 하였다. 한편, 소련 측은 찬탁을 주장하는 단체들만으로 정부를 세우자는 주장을 내세웠기 때문에, 미소공동위원회는 성과 없이 결렬되고 말았다. 이와 같은 외세의 작용은

> 단합하여 통일 정부 수립에 매진하여야 할 정계를 더욱 혼돈시키고, 국토 분단의 비극을 몰고 왔던 것이다.[6]

미소공동위원회를 무산시킨 소련이 분단에 책임을 져야 한다는 것이다. 또한 "북한의 공산주의자들은 김일성을 우두머리로 하는 소위 조선민주주의인민공화국을 만들고 공산 독재를 북한 땅에서 시행할 뿐 아니라 대한민국의 교란을 시도"[7]하며 "남한의 공산주의자를 사주하여 제주도에서의 폭동과 여수 순천에서의 반란을 일으키게"[8] 한 악의 무리다. 6·25전쟁에 관한 서술은 이렇게 시작한다.

> 1950년 6월 25일, 일요일 새벽, 북한의 공산군은 소련과 중공의 후원 아래 일제히 남침을 개시하여 민족 상쟁의 비극을 야기시켰다.[9]

단 한 문장에 '북한=소련=중국=공산주의=적=악'의 논리가 응축되어 있다. 반면에 미국과 유엔은 '혈맹=은인=선'이다. 미국은 독립을 열망하는 한국인들의 주장을 유엔총회에 반영하도록 노력했으며 유엔은 대한민국 정부의 수립에 기여하고 이 정부를 승인했으며 6·25전쟁이 발발하자 공산군을 침략자로 규정하고 유엔군을 보내주었다는 것이다. 이렇게 국정교과서의 현대사는 대한민국이 반공주의를 정통성의 기반으로 삼아 탄생했다는 시각에서 출발한다.

중단원 '민족중흥의 새 전기'는 '민주주의의 성장'과 '대한민국의 발전'이라는 두 개의 소단원으로 구성되어 있다. 소단원 '민주주의의 성장'은 '4월 학생 의거', '5월혁명'이라는 소항목으로 짜여 있다. 5·

16군사정변을 5월혁명으로 개념화하여 '민주주의의 성장'에 넣은 이유는 뭘까? 1974년판 국정교과서는 이렇게 서술하고 있다.

> 박정희 장군을 중심으로 하여 일어난 혁명군은 대한민국을 공산주의자들의 침략 위협으로부터 구출하고 국민을 부정부패와 불안에서 해방시켜 올바른 민주주의 국가를 건설하기 위하여 1961년 5월 16일 혁명을 감행하여 정권을 장악하였다.[10]

5·16군사정변이 반공을 위한 혁명이고, 민주주의를 위한 혁명이라는 것이다. 반공이 곧 민주주의라는 공산주의 대 민주주의 프레임은 해방 정국에서 이미 우익에 의해 정립되어 냉전체제에서 정착되었다. 우익은 '공산주의적 독재 대 자유'에 기초한 민주주의를 내세우며 '반공투사=자유민주주의의 수호자'라는 통념을 형성해나갔다.[11] 그러한 인식에 기초하면 5·16군사정변도 민주주의를 위한 혁명인 셈이다.

5·16군사정변에 대한 긍정적 평가는 장면 정부에 대한 폄하에 기반을 두고 있다. 장면 정부는 파벌주의로 국민의 성원과 기대를 저버렸고, 사회질서를 유지할 능력을 상실한 집단이다. 국민도 철없는 불평분자에 불과했다. "국민 가운데 분별없는 자유를 주장하여 가지각색의 자기주장을 요구하는 데모 사태가 벌어졌고, 심지어 데모대가 국회의사당을 점령하기까지에 이르렀다"[12]는 것이다. 4·19혁명에 대해서는 "독재와 부정선거에 분노한 학생들의 4월의거로 말미암아 자유당 정권은 무너지고 이승만 박사는 물러나게 되었다"[13]라고

하여 학생들이 어떻게 저항했고 어떤 희생을 치렀는지를 서술하지 않고 일개 정치 변동 사건처럼 쓰고 있다. 반면 군사정변 주도 세력은 혁명군으로서 찬양의 대상이다.

> 국가통치권을 행사하는 국가재건최고회의는 의욕적이고도 참신한 설계로 국정을 과감하게 개혁하였다. 우선 반공 태세를 정비하고 사회 기풍을 쇄신하였다. 폭력배 일소, 밀수품 단절, 부정선거 원흉과 부정 축재자의 처단, 농어촌 고리채 정리 등 사회 모순을 과감하게 제거하고, 자립 경제의 터전을 마련하기 위하여 경제개발 5개년 계획을 추진하는 등 혁명 공약을 실천에 옮겨갔다.[14]

소단원 '대한민국의 발전'은 '경제성장', '새마을운동', '10월유신'이라는 소항목으로 구성되어 있다. 유신 독재의 대중적 기초라 할 수 있는 새마을운동을 유달리 강조한 것이 눈길을 끈다.

> 새마을운동은 농촌의 생활환경의 개선과 소득 증대를 꾀하고 이를 통하여 농촌의 자립, 자조 정신을 확립하기 위한 것이다. 농촌의 자조 정신이 확립되면 이 정신적 기반 위에서 전통문화의 올바른 계승과 민족 역량의 근대적인 발전이 가능한 것이므로 이 운동을 역사적인 과제로 인식하고 계속 추진하여야 할 것이다.[15]

아마도 1974년판 국정교과서에서는 10월유신을 어떻게 정당화했는지가 가장 궁금한 대목일 것이다. 이렇게 적혀 있다.

대한민국 정부는 1972년 10월 급변하는 국제 정세에 대처하고 민족중흥의 역사적 사명을 달성하고자 헌법을 개정하고 10월유신을 단행하였다. 우리는 이제 한국적 민주주의를 정립하고 사회의 비능률과 비생산적 요소를 불식하여야 할 단계에 와 있다. 그리하여, 자주국방력과 자립 경제력을 배양하고 범람하는 외래문화를 가려 섭취하면서 민족문화의 계승 발전을 통하여 남북의 동질성을 회복하고 국민 생활의 과학화를 추진하여 민족의 중흥을 기약하여야 하겠다.[16]

이를 통해 중단원 제목인 '민족중흥의 새 전기'가 바로 10월유신을 가리키는 것임을 간파할 수 있다. 이처럼 1974년판 국정교과서는 반공주의를 골간으로 하는 대한민국 정통성과 10월유신의 당위성을 가르치는 현대사 교육을 추구했다. 이것이 바로 유신 정부가 한국사 교과서를 검정에서 국정으로 바꾼 이유이기도 했다. 역사교육을 국민윤리 교육과 마찬가지로 이념 교육의 장으로 활용하려 했던 것이다.

대단원 '현대사회'의 끝자락에는 '오늘의 역사적 사명'이라는 별도의 소항목이 설정되어 있다. 요약하자면 '민족정신의 현대적 확립과 경제적 자주성의 확립에 기반한 남북통일의 달성'을 주장하고 있어 마치 국민윤리 교과서를 보는 듯하다. 이념 교육의 장으로서 '합당한' 마무리인 셈이다.

1974년판 국정교과서에서 해방 정국과 6·25전쟁은 반공 교육의 전시장이었다. 민주주의란 그저 공산주의에 대한 우월성의 징표에 불과했다. 현대사 대단원의 첫 페이지를 유조선의 진수식 사진으로 장식했듯이 현대사를 통해 강조하고자 한 경제성장 역시 공산주의와의 경쟁을 의식한 업적이자 우월성의 징표였다.

1979년판 고등학교《국사》의 현대사

1979년에 나온 고등학교《국사》 교과서(이하, 1979년판 국정교과서)는 체제와 내용 면에서 1974년판 국정교과서를 답습하고 있다. 하지만 유신 정부의 정통성을 선전하는 이념 교육의 장이라는 성격은 더욱 강화되었다.

〈표2〉에서 알 수 있듯이 체계상 변화로는 우선 중단원으로 '오늘의 역사적 사명'이 도입된 것을 들 수 있다. 1974년판 국정교과서에

〈표2〉 1979년판 국정교과서의 현대사 체계

<table>
<tr><th>대단원</th><th>중단원</th><th>소단원</th><th>소항목</th></tr>
<tr><td rowspan="11">V. 현대사회</td><td rowspan="5">대한민국의 정통성</td><td rowspan="3">대한민국의 성립</td><td>*광복군의 항전*</td></tr>
<tr><td>*민족의 해방*</td></tr>
<tr><td>대한민국의 수립</td></tr>
<tr><td rowspan="2">*6·25사변*과 민족 시련</td><td>북한의 공산화</td></tr>
<tr><td>*민족 시련의 극복*</td></tr>
<tr><td rowspan="5">민족중흥의 새 전기</td><td rowspan="2">민주주의의 성장</td><td>4*월의거*</td></tr>
<tr><td>5월혁명</td></tr>
<tr><td rowspan="3">대한민국의 발전</td><td>경제성장</td></tr>
<tr><td>새마을운동</td></tr>
<tr><td>10월유신</td></tr>
<tr><td>*오늘의 역사적 사명*</td><td colspan="2">민족정신의 현대적 확립과 경제적 자주성의 확립에 기반한 남북통일의 달성</td></tr>
</table>

*1974년판과 달라진 부분은 이탤릭체로 표시함.

서 대단원 '현대사회'의 끝자락에 소항목으로 설정돼 있었던 '오늘의 역사적 사명'을 중단원으로 끌어올린 것이다. 이 부분은 '국민교육헌장 선포식' 사진을 추가했을 뿐, '민족정신의 현대적 확립과 경제적 자주성의 확립에 기반한 남북통일의 달성'을 주장한 내용에는 변함이 없다. 소단원 '대한민국의 성립'에 '광복군의 항전'이라는 소항목이 추가된 것이 눈에 띈다. 단원 제목과 소항목 제목에 등장하는 역사 용어들 중에서는 6·25가 6·25사변으로, 4월 학생 의거가 4월의거로 바뀌었다.

1974년판 국정교과서와 비교할 때, 중단원마다 개요를 신설한 것도 체계상의 변화다. 중단원 '대한민국의 정통성'의 개요에서는 "안으로 식민지 잔재의 해독과 밖으로 공산주의의 만연으로 사회와 경제가 혼탁했으나, 자주성에 기반하여 1948년 대한민국을 건립하여 민족사의 정통성을 되찾고 민주주의 새 국가를 건설했다"[17]라고 하여 대한민국의 수립에 민족주의와 민주주의적 정통성을 덧씌우고 있다.

중단원 '민족중흥의 새 전기'의 개요는 다음과 같다.

> 우리 사회는 6·25사변 후에 민주주의의 발전을 위해 많은 노력을 기울였으나, 식민지 지배로 배태된 정치적 후진성을 쉽게 극복하지 못하고, 이승만을 중심으로 하는 자유당 독재 체제가 생겼으며, 한편 공산주의의 위협이 다시 가해져왔다. 그러나 온 국민은 이를 잘 극복하고 4월의거와 5월혁명을 거쳐서 제3공화국을 성립시켰다. 제3공화국은 혁명 정부의 정책을 계승하여 반공 체제를 굳히는 한

편, 고도의 경제성장을 촉진하여 경제적 자립의 터전을 구축했다. 또한 농촌의 근대화와 국민의 정신 혁명을 이룩하는 새마을운동과 남북통일을 앞당기기 위한 정치체제를 조성하는 10월유신을 단행하여 민족중흥의 새 전기를 마련했다. 그리하여, 발전하는 국력을 바탕으로 남북통일을 강력히 추진하게 되었고, 세계에 새로운 한국을 부각시키게 되었다.[18]

이 중단원의 개요와 본문을 함께 분석해보면, 먼저, 민주주의 대 공산주의의 이분법에 입각한 반공주의가 1950년대 이후 현대사까지 확장 적용되고 있음을 알 수 있다. 반공주의가 5·16군사정변을 더욱 정당화하는 장치로도 작동한다. 1974년판 국정교과서는 '민주당 정부가 사회질서를 유지할 능력을 상실하고 말았다'는 정도의 서술에 그쳤으나, 1979년판 국정교과서는 여기에 덧붙여 "북한 공산주의의 침략 위험을 증대시키는 어려운 시국을 맞이하게 되었다"라고 쓰고 있다.[19]

박정희 정부와 관련해서는 산업화를 더욱 부각해 체제 우월 의식에 기반한 통일과 세계화를 내세우고 있다. 또한 새마을운동에 대한 서술이 두 배 이상 늘어나면서 '새마을 정신'을 강조하고 있다. 또한 7·4남북공동성명을 통일 노력의 일환이라고 서술하고 있다. 하나같이 10월유신이 민족중흥의 새 전기임을 입증하는 근거로 재구성된 것들이다.

1979년판 국정교과서의 현대사에는 단 하나의 사료가 제시되어 있다. 바로 혁명 공약이다. 그런데 혁명 공약 6항이 1961년 5월 16일

군사정변 세력이 제시한 원문과 다르다. 군사정변 세력이 내놓은 혁명 공약 6항은 다음과 같다.

> 이와 같은 우리의 과업이 성취되면 참신하고도 양심적인 정치인들에게 언제든지 정권을 이양하고 우리들은 본연의 임무에 복귀할 준비를 갖추겠습니다.[20]

그런데 1979년판 국정교과서에 실린 6항의 내용은 다르다.

> 이와 같은 우리의 과업을 조속히 성취하고 새로운 민주공화국의 굳건한 토대를 이룩하기 위하여, 우리는 몸과 마음을 바쳐 최선의 노력을 경주한다.[21]

사연은 이렇다. 군사정변 세력은 5·16군사정변 직후 민정이양을 약속한 본래의 6항을 '민간인용'이라는 모호한 근거를 대며 1979년도판 국정교과서의 6항처럼 개조했다. 《민국일보》에서 이 사실을 보도하면서 정치부장인 조세형이 국가재건최고회의령 제15호 위반으로 구속되는 필화 사건이 일어나기도 했다.[22] 이렇게 사실에 기초한 역사를 가르쳐야 하는 교과서가 군사정변 당일에 주도 세력이 발표한 6항이 아니라 이후 개조된 6항을 자료로 소개했다. 한마디로 의도적인 왜곡이라고 할 수 있다. 이렇듯 1979년판 국정교과서의 현대사 교육도 박정희 정부의 독재정치를 미화하거나 정당화하는 이념교육에 충실했다.

1982년판 고등학교《국사》(하)의 현대사

전두환 정부가 들어선 이후 1982년에 나온 국정 고등학교《국사》교과서(이하, 1982년판 국정교과서)는 상·하권으로 나뉘어 발행되었다. 하권에 현대사 대단원인 '현대사회의 발달'이 실려 있다. 대단원은 〈표3〉에서 알 수 있듯이 '대한민국의 정통성'과 '민주주의 발전의 새 전기'라는 중단원으로 구성되어 있다. 민족중흥이란 네 글자가 민주주의로 바뀌었다.

중단원 '대한민국의 정통성'은 소단원 '대한민국의 성립', '6·25 남침'으로 짜여 있다. 1974년판 국정교과서의 틀이 지속되고 있다. '대한민국의 성립'은 '민족의 광복', '국토의 분단', '대한민국 정부의 수립'이라는 소항목으로 구성되어 있다. '민족의 해방'이 오늘날의 교과서에서도 쓰이고 있는 '민족의 광복'으로 바뀐 점이 눈에 띈다.[23]

무엇보다 반공주의가 한층 강화되는 양상이 나타났다. "광복 이후 북한 공산주의자들의 민족을 분열시키는 행동은 더욱 사회질서를 어지럽혔다"[24]라고 서술함으로써 해방 후의 정치 격변을 북한 공산주의자들의 책임으로 돌리고 있다. 소단원 '6·25 남침'은 '북한의 공산화', '공산 집단의 남한 교란', '6·25 남침과 공산군 격퇴', '휴전 반대와 전후 복구'라는 소항목으로 구성되었다. 남침을 강조하는 소단원 제목과 소항목의 제목에서 알 수 있듯이 반공주의의 강도가 전에 없이 높다. 아我와 비아非我의 경계도 분명하다. 북한과 소련은 대한민국 정부의 수립을 방해했으나 유엔은 대한민국을 한반도의 유일한 합법 정부로 인정했다는 것이다. 1982년판 국정교과서는 이전의 국정교과서보다 유엔의 승인 과정을 더 자세히 묘사하고 있다.

> 그해 12월 파리에서 개최된 유엔총회에서 48대 6이라는 절대다수로 대한민국이 한반도에서 유일한 합법 정부임을 공인받게 되었고 이어서 개별적인 승인이 뒤따라 자유 우방 50여 개국으로부터 절대적인 지지를 받아 대한민국은 민주주의 국가로 발전하게 되었다.[25]

이 대목에서는 국정교과서의 현대사 교육이 지향하는 대한민국 정통성이 '반공주의+유엔의 합법 정부 승인+민주주의'로 구축되었

〈표3〉 1982년판 국정교과서의 현대사 체계

대단원	중단원	소단원	소항목
Ⅲ. 현대사회의 발달	대한민국의 정통성	대한민국의 성립	*민족의 광복*
			국토의 분단
			대한민국 *정부*의 수립
		6·25 남침	북한의 공산화
			공산 집단의 남한 교란
			6·25 남침과 공산군 격퇴
			휴전 반대와 전후 복구
	민주주의 발전의 새 전기	민주주의의 성장	4월의거
			5월혁명
		대한민국의 발전	경제성장
			새마을운동
			평화통일의 노력
		제5공화국의 성립	*제5공화국의 출범*
			민주복지국가로의 지향
		오늘의 역사적 사명	

*1979년판과 달라진 부분은 이탤릭체로 표시함.

음을 간파할 수 있다. 반공의 그늘 아래 숨 쉴 수 있는 민주주의만이 대한민국이 포용하는 민주주의라는 것이다.

1982년판 국정교과서의 반공주의는 제주 4·3사건과 여수·순천에서 일어난 10·19사건에 대한 서술에서 더욱 노골적으로 드러난다. 여기서는 두 사건 다 북한 공산주의자의 사주를 받아 남한의 공산주의자가 일으킨 사건으로 서술하고 있다.

> 북한 공산주의자들은 대한민국 내의 정치적 불안정, 경제적 취약점을 이용하여 교란 작전을 폈다. 남한의 공산주의자들을 사주하여 제주도 폭동 사건과 여수순천반란사건을 일으켰다. 제주도 폭동 사건은 북한 공산당의 사주 아래 제주도에서 공산 무장 폭도가 봉기하여 국정을 위협하고 질서를 무너뜨렸던 남한 교란 작전 중의 하나였다. 공산당들은 도민들을 선동하여 폭동을 일으키고 한라산을 근거로 관공서 습격, 살인, 방화, 약탈 등 만행을 저질렀다.[26]

6·25전쟁에 대한 정의도 명쾌하다. "6·25 남침은 북한 공산주의자들이 대한민국 전역을 차지하려는 영토적 야욕을 가진 소련의 사주를 받아 일으킨 전쟁이다."[27] 반면에 "한미상호방위조약을 체결하여 앞으로 어떠한 외부의 침략에도 상호 협조하고 대항할 수 있는 공동의 준비를 해나"[28]가는 미국은 우리와 공동운명체다.

새롭게 등장한 중단원 '민주주의 발전의 새 전기'의 서술 내용은 제목이 달라졌음에도 이전의 국정교과서와 크게 다르지 않다. 체계와 내용의 변화를 함께 살펴보면, 우선 민주주의 관련 서술로는 4·19

혁명의 발발 원인으로 독재와 부정부패, 부정선거와 함께 "국민 전체의 이익보다는 일당의 정권 욕망을 채우기 위하여 민주주의 기본 원칙마저 함부로 어기는 처사에 대한 분노"[29]를 제시한 점이 주목된다.

10월유신을 대신해서는 국정교과서에선 처음으로 '평화통일의 노력'이라는 항목이 등장했다. 그럼에도 반공주의에 입각한 주장이 되풀이되고 있다.

> 남북 대화에 응하던 북한은 그들이 대한민국에 비하여 국력이 뒤떨어졌다는 것을 알게 된 뒤 일방적으로 대화를 중단하고 말았다. 그러면서도 그들은 적화통일의 망상을 버리지 못하고 남침의 기회만을 노리고 있다.[30]

무엇보다 1982년판 국정교과서의 현대사 교육에서 가장 눈에 띄는 변화는 '제5공화국의 성립'이라는 소단원의 존재다. 이 교과서는 제1공화국부터 제4공화국까지를 전혀 언급하지 않은 채 제5공화국을 부각하는 파격을 선보이며 반공주의적 언술로 제5공화국 성립의 정당성을 읊고 있다.

> (10·26사태) 이후 한때 혼란 상태가 나타났고, 이러한 혼란 속에서 북한 공산군의 남침 위기에서 벗어나고 국내 질서를 회복하기 위하여 정부는 국가보위비상대책위원회를 구성한 뒤 각 부분에 걸쳐 과감한 개혁을 추진하였다.[31]

1982년판 국정교과서의 현대사는 중단원에서 소단원으로 자리를 바꾼 '오늘의 역사적 사명'의 친정권적인 헌사로 마무리된다.

> 제5공화국은 정의사회를 구현하기 위해 모든 비능률, 모순, 비리를 척결하는 동시에 국민의 진정한 행복을 위해 민주 복지 국가 건설을 지향하고 있는 만큼 우리나라의 장래는 밝게 빛날 것이다.[32]

이렇듯 1982년판 국정교과서는 평화통일마저 반공적 시각에서 서술하는 등 반공주의적 색채가 더욱 강화된 가운데 5·18민주화운동을 유혈 진압하고 들어선 전두환 정부, 즉 제5공화국의 수립이 민주주의 발전의 새 전기임을 부각하는 데 주력하는 현대사 교육을 시도했다. 5·18민주화운동을 은폐한 채 전두환 정부를 찬미한 것이다.

2. 현대사 교육 정상화의 길에 다가서다

1990년판 고등학교《국사》(하)의 현대사

1970년대와 1980년대 국정 고등학교《국사》의 현대사는 체제와 내용이 실증적 사실에 근거를 두었다기보다는 이념적 색채가 또렷하다는 점에서 일맥상통한다. 이 점에 주목하여 이를 '7080 국정 체제'라고 부르기로 한다. '7080 국정 체제'에서 현대사 교육이 이념 교육의 장으로 활용된 데는 현대사 연구의 부재도 적지 않은 영향을 미쳤다. 그렇다면 1980년대 이후 현대사 연구가 활발해진 가운데 탄생한 1990년대 고등학교《국사》교과서를 통해서는 정상적인 현대사 교육이 가능했을까?

1990년에 나온 고등학교《국사》(하) 교과서(이하, 1990년판 국정 교과서)는 〈표4〉에서 알 수 있듯이, '7080 국정 체제' 교과서와는 체계에서 상당한 변화를 보였다. 대단원 '현대사회의 전개'는 '민주정치의 발전', '경제성장과 사회 변화', '현대 문화의 동향'이라는 중단원으로 구성되었다.

중단원 '민주정치의 발전'의 경우, '7080 국정 체제'가 포함한 내용을 거의 그대로 담고 있다. 하지만 단원 제목에서 정통성이 사라지는 변화가 있었다.[33] 소단원 '민주주의의 발전'은 제1공화국부터 제6공화국까지 각 공화국별로 시기를 구분하여 현대 정치사의 흐름에 따라 서술하는 체계 상의 변화를 보였다. 5월혁명이 5·16군사혁명으로 바뀐 점도 눈에 띈다.

중단원 '경제성장과 사회 변화'에서는 처음으로 해방 이후의 경제사가 시기별로 정리되었으며 소단원 '사회 개혁 운동의 전개'와 중단원 '현대 문화의 동향'은 처음 교과서에 실린 내용들이다. '오늘의 역사적 사명'은 소단원으로 명맥을 유지하고 있지만, '투철한 역사의식'을 강조하는 등 이념적 색채는 상당히 옅어졌다.

구체적인 변화를 살펴보면, 먼저 반공주의의 약화를 꼽을 수 있다. 1960년대 이후 역사 서술에서 반공주의적 언급이 거의 사라졌다. 그러나 해방 정국 관련 서술에서는 반공주의적 색채가 여전했다. "특히 공산주의자들의 공작 활동이 심해지면서 사회 불안은 날로 고조되었다"[34], "공산주의자들이 민족을 분열시키는 행동을 계속함으로

〈표4〉 1990년판 국정교과서의 현대사 체계

대단원	중단원	소단원	소항목
Ⅳ. 현대사회의 전개	*민주정치의 발전*	대한민국의 수립	*건국 준비 활동*
			민족의 광복
			국토의 분단
			신탁통치 문제
			대한민국 정부의 수립
		북한의 공산화와 6.25전쟁	*북한 정권의 수립*
			공산 집단의 남한 교란
			*6·25전쟁*과 공산군 격퇴
			휴전과 전후 복구
		민주주의의 발전	*제1공화국*
			4·19의거
			제2공화국
			5·16군사혁명
			제3공화국
			10월유신과 제4공화국
			제5공화국
			제6공화국의 출범
		통일을 위한 노력	*적극 외교의 추진*
			북한의 변천
			통일 정책의 추진
	경제성장과 사회 변화	*경제활동의 진전*	*미군정기의 경제*
			정부 수립과 경제 건설
			6·25전쟁 후의 경제 복구
			경제개발 5개년 계획의 추진
		사회 개혁 운동의 전개	*의식 개혁 운동*
			언론 운동
			노동 운동
	현대 문화의 동향	*교육과 학술 활동*	*교육 활동*
			학술 활동
		종교 생활과 문예 활동	*종교 생활*
			문예 활동
		체육의 발전과 올림픽의 개최	*체육의 진흥*
			올림픽의 개최
		오늘의 역사적 사명	

*1982년판과 달라진 부분은 이탤릭체로 표시함.

써 사회질서가 더욱 어지러워졌다"[35] 등의 서술이 지속되었다. 또한 신탁통치 문제가 처음으로 별도 항목으로 다루어졌고, "처음에는 공산주의자들까지 반탁 운동에 참가하여 민족 단합의 계기가 마련되는 듯하였으나, 소련의 사주를 받은 그들은 곧 찬탁으로 돌아서서 많은 국민의 빈축과 실망을 샀다"[36]라는 서술을 통해 공산주의자의 노선 전환이 비판되었다.

제주 4·3사건과 여수·순천 10·19사건 역시 공산 집단의 남한 교란 작전에 의해 일어난 무장 폭동이라 쓰고 있다. "제주도 4·3사건은 공산주의자들이 남한의 5·10선거를 교란시키기 위해 일으킨 무장 폭동이고 여수순천반란사건은 새로이 수립된 대한민국을 혼란시키기 위한 반란"[37]이라는 것이다. "반공 의거와 공산 폭동"[38]이라는 제목의 지도도 이때 처음 선보였다.

이승만의 반공제일주의 노선도 적극적으로 서술되었다. 공산주의자들의 책동으로 심각한 사회 혼란이 야기되었지만, 이승만은 일관되게 반공 노선을 견지했고 전란 중에도 공산 침략을 막고 반공 포로들을 석방하는 등 과감한 반공 정책을 펼쳤다는 것이다.

반면, 기존의 '6·25 남침'이란 표현을 '6·25전쟁'으로, '북한의 공산화' 항목을 '북한 정권의 수립'으로 바꾸는 등 북한에 대한 인식을 객관화하려는 시도가 엿보이는 가운데, 소단원 '통일을 위한 노력'에는 '북한의 변천'이라는 항목을 두어 1980년까지의 북한의 역사를 중립적으로 서술하고 있다.

북한의 김일성은 6·25전쟁을 거치면서 그를 따르지 않는 세력들을 숙청하여 1인 독재 기반을 강화하였다. 그는 패전의 책임을 물어 남로당을 비롯한 국내파 공산주의자들을 제거하였고, 이어서 그의 독재 체제를 비판한 연안파 공산주의자들도 숙청하였다. 1960년대에 이르러 북한에서는 김일성 독재 체제가 더욱 강화되어 그의 유일 지배 체제가 구축되었고 그 과정에서 김일성에 대한 개인숭배가 강화되었다. 1973년에 김일성은 새 헌법을 채택하여 국가주석의 새 지위를 차지하고 강력한 권력기관인 중앙인민위원회의 위원장이 되었다. 그리고 그의 정치권력을 아들인 김정일에게 세습시키려는 노력을 계속하여 1980년 10월에 개최된 당대회에서 김정일을 자신의 후계자로 공인하였다.[39]

1990년판 국정교과서는 통일 정책 관련 항목도 두어 8·15선언, 남북적십자회담, 7·4남북공동성명, 6·23선언에 이어 북방 정책과 한민족공동체 통일 방안 등을 소개하고 있다.

이처럼 1990년판 국정교과서는 반공주의적 서술이 약화되는 경향을 보이는 가운데 북한사 연구 성과를 반영하고 있을 뿐만 아니라 민주화 운동 서술에서도 질과 양에서 적지 않은 진전을 이루어냈다. 민주화의 역사를 개괄하는 서술은 다음과 같이 간명하다.

5·16군사혁명 이후 경제적 성장은 이룩했으나 정치 면에서 민주화 운동을 둘러싸고 오랜 진통이 계속되었고 민주화에 대한 국민적 열망이 높았다.[40]

이와 관련한 변화로 주목할 것은 두 가지다. 첫째, 이전 국정교과서에는 없던 자유민주주의라는 개념이 등장하고 있다. "대한민국은 자유민주주의 국가로서 새롭게 출범하였다"[41]라고 서술된 것이다. 민주당 정부에 대해서도 "자유민주주의 이념을 훼손하지 않으면서 경제적 발전을 도모하고자 했다"[42]라고 서술되어 있다. 대한민국의 성립과 민주당 정부에 자유민주주의적 성격을 새롭게 부여한 변화는 공산주의 비판이라는 공세적 반공주의에서 민주화 시대를 맞아 '대한민국=자유민주주의 체제'를 강조하는 수세적 반공주의로 노선이 전환되었음을 의미한다.

둘째, 독재 대 민주화라는 이분법적 역사 인식의 단초가 엿보인다. 4·19혁명과 관련해서는 시위 양상이 처음으로 서술되어, "각지 학생들이 대규모의 시위를 일으켰고 이어서 시민이 합세함으로써 의거는 본격화되었다"[43]라고 쓰여 있다. 이에 비해 유신 체제에 대한 비판은 단호하다. "유신 체제는 능률을 극대화하고 국력을 집약한다는 명분 아래, 자유민주주의 체제를 변질시킨 권위주의 체제였으며 이것은 민주 헌정 체제로부터의 이탈을 의미하는 것이었다"[44]라고 쓰여 있다.

5·18민주화운동에 대해서는 "5·18광주민주화운동이 일어났다"[45]라고, 국정교과서에서는 처음으로 이 사건 자체를 언급했다. 그러나 6월민주항쟁을 누락한 채 6·29민주화선언만 제시했다는 점에서 의도적인 은폐를 시도했다고 볼 수 있다. 노동 운동에 대해서는 처음으로 '노동 운동'이란 항목을 두어 다음과 같이 쓰고 있다.

> 정부는 수출 목표와 경제성장 목표의 달성, 안보의 유지, 정치적 안정 등을 이유로 노사관계에 국가가 강력히 개입하여 노동자의 단체교섭권과 노동쟁의 행위를 실질적으로 불법화시켰다. 1987년 이후 정치적 민주화가 추진되면서 노동 운동도 활성화되었다.[46]

이처럼 1990년판 국정교과서는 정치사, 경제사, 사회사, 문화사라는 분류사 체계에 따라 서술하여 정치사에 치우쳤던 현대사 교육 체계의 정상화를 시도한 데서 의의를 찾을 수 있다. 또한 내용적으로도, 이념 교육의 장이라는 성격을 서서히 탈각하면서 1980년대 이후의 민주화 흐름과 현대사 연구의 성과에 기반을 둔 현대사 교육을 시도했다는 점에서 의의가 적지 않다.

1996년판 고등학교《국사》(하)의 현대사

1996년에 나온 고등학교《국사》(하) 교과서(이하, 1996년판 국정교과서)의 대단원 '현대사회의 발전'은 1990년판 국정교과서처럼 '현대사회의 성립', '대한민국의 수립', '민주주의의 시련과 발전', '경제 성장과 사회 변화', '현대 문화의 동향'이라는 다섯 개의 분류사별 중단원으로 구성되어 있다.

'현대사회의 성립'은 냉전 체제와 제3세계의 대두라는 세계사적 사건을 다룬 소단원 '현대의 세계'와 광복 직전의 건국 준비 활동부터 신탁통치 문제까지 다룬 소단원 '한국의 현대사회'로 구성되어 있다. 소단원 '대한민국의 수립'에는 유엔한국임시위원단의 활동부터 대한민국 정부 수립까지를 다룬 소항목인 '건국 초기의 국내 정세'가 있다. 여기서 처음으로 '건국'이란 용어가 등장한다. 앞선 국정교과서에 등장했던 '오늘의 역사적 사명'은 '세계 속의 한국'이라는 소단원으로 대체되었다.

1996년판 국정교과서에서 주목할 만한 내용 변화를 살펴보면, 첫째, 공세적 반공주의는 이승만 정부와 제주 4·3사건에 관한 서술에서 표현되는 데 그쳤다. 이승만 정부에 대해서는 자유민주주의 체제를 지키기 위해 반공 노선을 채택했다고 서술된다.

> 이승만 정부는 공산군의 남침을 경험했기 때문에 국가 안보를 가장 중요하게 생각하였다. 그러므로 자유민주주의 체제를 지키기 위해서 반공을 강조하였으며 미국 등 우방 국가와의 외교에 힘을 쏟았다.[47]

국정교과서에서 반공과 자유민주주의는 '샴쌍둥이' 같은 존재임을 다시 확인하게 된다. 제주 4·3사건 역시 공산주의자가 일으킨 무장 폭동이라고 서술된다. 하지만 중요한 변화가 있다. 무고한 주민의 희생이 처음 언급되었다.

> 공산주의자들이 남한의 5·10총선거를 교란시키기 위해 일으킨 무장 폭동으로 진압 과정에서 무고한 주민들까지도 희생되었으며 제주도 일부 지역에서 총선거도 실시되지 못하였다.[48]

둘째, 친일파 청산 문제가 처음으로 언급되었다. 친일파 청산에 대한 연구 성과가 반영된 것이다.

〈표5〉 1996년판 국정교과서의 현대사 체계

대단원	중단원	소단원
Ⅳ. 현대사회의 발전	*현대사회의 성립*	*현대의 세계*
		한국의 현대사회
	대한민국의 수립	대한민국의 수립
		6·25전쟁
	민주주의의 시련과 발전	*4·19혁명과 민주주의의 성장*
		5·16군사정변과 민주주의의 시련
		민주주의의 발전
		통일을 위한 노력
	경제성장과 사회 변화	*경제활동을 위한 노력*
		사회의 변화
	현대 문화의 동향	교육과 학술 활동
		종교 생활과 문예 활동
		체육의 발전과 올림픽의 개최
		세계 속의 한국

*1990년판과 달라진 부분은 이탤릭체로 표시함.

민족정기를 바로잡기 위해서 제헌국회에서는 친일파를 처벌하기 위한 반민족행위처벌법을 제정하였다. 그 주요 내용은 일제 시대에 친일 행위를 한 사람들을 처벌하고 공민권을 제한하는 것 등이었다. 이 법을 집행하기 위해서 국회의원 열 명으로 구성된 반민족행위특별조사위원회를 설치하였으며 친일 혐의를 받았던 주요 인사들을 조사하였다. 그러나 반공 정책을 우선하였던 이승만 정부의 소극적

인 태도로 인하여 친일파 처단에 소기의 성과를 거두지 못하였다.[49]

셋째, 1990년판 국정교과서에서 단초를 보였던 독재 대 민주화라는 이분법적 역사 인식이 중단원 '민주주의의 시련과 발전'을 통해 분명하게 제시되었다. 먼저, 4·19의거는 4·19혁명으로, 5·16군사혁명은 5·16군사정변으로 달리 규정되었다. 1장에서 살펴보았듯이, 1994년에 논란 끝에 마련된 '국사 교과서 준거안'에 따른 변화였다.

4·19혁명에 대해서는 "학생과 시민들이 중심이 되어 독재 정권을 무너뜨린 민주혁명으로서 우리 민족의 민주 역량을 전 세계에 보여주었다"[50]라고 서술되었다. 또한 한일회담에 반대한 6·3시위가 처음 언급되었다. "일본과의 국교 정상화를 위해 한일회담을 추진하였는데 이는 시민과 대학생들의 대일 굴욕 외교 반대에 부딪혀 이른바 6·3시위를 유발시켰다"[51]라고 서술되었다. 1969년 3선 개헌에 대해서는 박정희의 장기 집권을 위한 포석이라고, 유신 체제에 대해서는 권위주의 체제이고 독재 체제라고 비판적으로 서술되었다.

> 유신 체제는 의회주의와 삼권분립의 헌정 체제와는 달리 강력한 통치권을 대통령에 부여하는 권위주의 통치 체제였다. 그것은 곧 국가 행정의 능률을 극대화하고 국력을 집약해서 사회를 조직한다는 명분으로 개인의 자유와 민주주의 정치 활동을 제약한 독재 체제였다.[52]

전두환 정부에 대한 서술은 "1979년 12월 12일 이른바 신군부 세력이 일부 병력을 동원해서 군권을 장악하고 정치적 실권도 장악하였다"[53]라는 내용의 12·12쿠데타로 시작한다. 5·18민주화운동에 대해서는 이전보다 좀 더 상세히 서술된다.

> 민주주의를 열망하는 국민의 요구는 5.18광주민주화운동으로 이어졌다. 이때 민주주의 헌정 체제의 회복을 요구하는 시민들과 진압군 사이에 충돌이 일어났으며, 이 과정에서 다수의 무고한 시민들도 살상되어 국내외에 큰 충격을 안겨주었다.[54]

1990년판 국정교과서에서는 빠졌던 6월민주항쟁도 1996년판에서는 서술된다. "전두환 정부의 권위주의적 통치와 강압적 통제에 반대하는 국민적 저항이 전국적으로 일어나 마침내 1987년의 6월민주항쟁으로 발전하게 되었다"[55]라고 쓰여 있다.

넷째, 북한에 대한 서술에서, 우선 1946년 북조선 임시인민위원회의 성립을 "이름만 임시인민위원회이지 사실은 공산주의 정부로서 북한만의 단독정부를 수립한 것이었다"[56]라고 보아 북한이 먼저 단독정부를 수립했다고 썼다. 북한사에 관한 서술은 1990년판 국정교과서와 대동소이하다. 다만, "북한의 김일성은 다른 공산주의 국가에서는 그 유례를 찾아볼 수 없는 부자 세습의 권력 승계를 꾀하여 아들 김정일이 김일성의 자리를 차지하기에 이르렀다"[57]라는 말로 부자 세습을 비판한 점이 다르다. 또한 통일을 위한 적극 외교는 경제성장을 통해 북한과의 체제 경쟁에서 승리한 데 따른 자신감에서 나왔음을 분명히 하고 있다.

> 우리나라는 통일을 민족의 중요한 과제로 삼고서 이를 달성하기 위하여 꾸준히 노력해왔다. 1960년대까지는 반공을 강조했는데, 이는 북한의 무력 도발을 막기 위해서였다. 그러나 1970년대에 이르러 경제가 성장하면서 자주국방에도 힘을 쏟게 되었으며 신장된 국력을 바탕으로 적극 외교를 추진하게 되었다.[58]

이처럼 1996년판 국정교과서에는 1990년판 국정교과서처럼 이념 교육적 내용과 현대사 연구에 기반을 둔 내용들이 공존하고 있다. 1946년 북한이 먼저 단독정부를 수립했고 이승만은 반공을 내세워 자유민주주의 체제를 수호했으며 지속적인 경제성장을 바탕으로 통일을 이룰 것이라는 이념성 강한 논리가 등장하는 반면, (현대사 연구가 진전되는 가운데) 민주화 운동의 흐름이 독재 체제에 대한 강한 비판 의식과 함께 일목요연하게 서술된다.

2002년판 · 2006년판 고등학교《국사》의 현대사

2002년에 나온 고등학교《국사》교과서(이하, 2002년판 국정교과서)는 검정으로 발간한 고등학교《한국 근·현대사》교과서가 있어서 현대사 부분을 대폭 축소했다. 근현대사를 '근현대사의 흐름'이라는 하나의 단원으로 묶었는데, 현대사에 할애한 분량은 7쪽에 불과하다. '대한민국의 발전'이라는 제목으로 광복 직후의 국내 정세, 대한민국 정부의 수립, 민주주의의 시련과 발전, 북한의 변화, 통일을 위한 노력 등을 개략적으로 서술하고 있다. 친일파 문제에 대해서만은 도움글 형식을 빌려 반민족행위특별조사위원회의 활동을 다루는 등 자세히 서술하고 있다. 5·16군사정변을 일으킨 군부 세력이 민정 복귀 약속을 저버린 점을 처음으로 비판한 점도 눈에 띈다. 북한의 변화에 대해서는 중립적인 시각에서 서술하고 있다. 재벌에 대한 비판도 이때 처음 등장한다. "자본 집중이 심화되어 소수의 재벌이 생산과 소득에서 지배적인 위치를 차지하게 되었고 국내 산업의 수출 의존도가 심화되는 등 폐단도 나타났다"[59]라고 쓰여 있다.

2006년에 나온 고등학교《국사》교과서(이하, 2006년판 국정교과서)는 2002년판 국정교과서의 근현대편이 너무 소략하다는 비판에 따른 수정의 결과물이다. 그래서 2002년판 국정교과서보다는 현대사에 많은 분량을 할애해 분야사별로 서술했다. 주목할 만한 변화는 자유민주주의 개념의 재등장이다. "자유민주주의와 자본주의를 기본 이념으로 한 새로운 대한민국의 건설은 많은 시련을 겪어야만 했다"라고 쓰고 있다.[60] 경제 변화와 관련해서는 원조 경제라는 개념을 처음으로 사용하며 미국 원조의 명암을 서술하고 있다.

> 미국의 원조 물자로 식량이나 생활필수품이 대량 공급되어 물자 부족이 해소되고 소비재 공업도 성장하였다. 그러나 밀이나 면화 같은 농산물이 값싸게 들어와 당시 농촌 경제는 타격을 입었다.[61]

2006년판 국정교과서는 전태일 사건, YH무역 관련 노동 운동, 그리고 시민운동을 처음으로 서술하는 변화를 보이기도 했다.

이와 같은 2002년판, 2006년판 국정교과서의 현대사는 검정으로 출간된 고등학교《한국 근·현대사》교과서에 서술된 현대사보다 비교도 안 될 정도로 분량이 적었지만 체계와 역사 인식에서는 둘이 서로 통하는 면이 있었다.

이때부터 현대사 교육은 국정교과서가 아니라 검정교과서가 주도했다. 《한국 근·현대사》 교과서가 국정인 《국사》 교과서를 이끄는 형태를 띠었다. 《한국 근·현대사》 교과서는 30여 년간 축적된 현대사 연구 성과가 반영된 현대사를 가르쳤다. 그것은 1990년대 이후 국정교과서가 밟아온 현대사 교육의 진화, 즉 정상화 과정 덕분이었다. 〈표6〉은 채택률이 가장 높았던 금성출판사 《한국 근·현대사》의

〈표6〉 금성출판사 《한국 근 · 현대사》의 대단원 '현대사회의 발전'의 체계

중단원	소단원
광복과 대한민국의 수립	제2차 세계대전 이후의 세계 8·15 광복과 통일 국가 수립 운동 대한민국의 수립과 분단 6·25전쟁
민주주의의 시련과 발전	4·19혁명과 민주주의의 성장 5·16군사정변과 유신 체제 민주화 운동과 민주주의의 발전
북한의 변화와 평화통일의 과제	사회주의 경제 건설과 김일성 체제의 확립 주체사상과 김정일 후계 체제 변화를 모색하는 북한 통일 정책의 전개와 남북 교류 국제 정세의 변화와 평화통일의 과제
경제 발전과 사회 문화의 변화	광복 이후의 경제적 상황과 전후 복구 경제성장과 자본주의의 발전 사회 변화와 사회문제 현대 문화의 동향

현대사 목차다.

〈표6〉에서 알 수 있듯이, 《한국 근·현대사》 교과서의 체계는 1990년대 이후의 국정교과서 현대사 교육의 틀에서 크게 벗어나지 않는다. 좌우 합작, 남북 협상 등 해방 직후의 통일을 위한 노력을 서술한 점, 반공주의에 짓눌려 있던 제주 4·3사건을 객관적으로 언급한 점, 5·18민주화운동·6월민주항쟁 등을 포괄하여 민주화 운동의 흐름을 제시한 점, 4·19혁명과 5·16군사정변과 같이 역사적 성격이 드러나도록 역사 용어를 분명히 한 점, 나아가 전태일 사건 등의 노동 운동과 시민운동 등을 다룬 점 등은 1990년대 이래의 현대사 교육 정상화 노력의 응축물이라 할 수 있다.

이러한 현대사 교육의 급성장은 1980년대 이후 현대사 연구가 활발해진 추세와 맞물려 있다. 현대사 연구 성과에 기초한 현대사 교육이라는 상식이 자리를 잡아가면서, 더 이상 한국사 교과서를 '7080 국정 체제'의 《국사》처럼 이념 교육의 장으로 활용할 수는 없을 듯했다.

3. 현대사 교육, 다시 갈림길에 서다

오늘날 고등학교에서는 국정교과서로 한국사를 배우지 않는다. 2012년에 검정 고등학교 《한국사》 교과서 6종이 발간되면서(이하, 2012년판 검정교과서) 1974년 이래 40년 가까이 국정교과서 하나로 가르치고 배우던 한국사 교육이 막을 내렸다. 그리고 불과 2년 만인 2014년에 2011 개정 교육과정에 따라 고등학교 《한국사》 교과서(이하,

2014년판 검정교과서) 8종이 탄생했다. 2013년에는 검정을 통과한 뉴라이트 계열의 교학사 교과서를 상대로 치열한 역사 전쟁이 전개되었다. 이런 소용돌이 속에서 '1종(교학사) 대 7종'의 프레임이 형성되었다.

〈표7〉과 같이 2014년판 검정교과서 8종을 놓고 '대한민국의 발전과 현대 세계의 변화'라는 대단원의 중단원들을 비교해보면, 교과서마다 개성이 뚜렷하지 않다. 천재교육 교과서만이 독자적이고 체계적인 중단원 체제를 갖추었다. 교학사와 비상교육에서 나온 교과서는 중단원이 거의 일치한다. 1990년대 이후의 국정교과서, 그리고 2000년대에 나온 검정《한국 근·현대사》교과서의 현대사와 동일한 틀을 유지하면서 '동북아시아의 영토와 역사 갈등'이 중단원으로 추가되었을 뿐이다. 영토와 역사 갈등을 포함하여 동북아시아 관련 서술은 2012년판 검정교과서부터 증가했다.

가장 눈에 띄는 변화는 단원 제목에 자유민주주의가 등장한다는 것이다. 천재교육 교과서를 제외하고는 해방 이후 민주화의 정치사를 다루는 중단원의 제목에 '자유민주주의의 발전'이라는 용어를 사용하고 있다. 천재교육 교과서도 소단원 제목에서는 자유민주주의란 용어를 채택하고 있다. 국정이든 검정이든 1990년대 이후 나온 교과서들이 민주화의 역사를 '민주주의'라는 용어로 설명한 것과 다른 현상이다.

여기에는 곡절이 있다. 2011년에 교육과정 개정 과정에서 뉴라이트 계열인 한국현대사학회의 정치적 개입으로 '교육과정' 원안의 '민주주의'가 '자유민주주의'로 뒤바뀌는 사건이 일어났다. 한국현대

〈표7〉 2014년판 고등학교 《한국사》 8종의 대단원 '대한민국의 발전과 현대 세계의 변화'의 체계[62]

교학사	비상교육
냉전 질서의 형성과 대한민국정부의 수립 6·25전쟁 자유민주주의의 발전 경제발전과 사회 변화 북한의 실상과 남북 간의 통일 노력 올바른 역사관과 주권 의식 국제적 위상의 향상	냉전과 대한민국정부의 수립 6·25전쟁과 전후 상황 자유민주주의의 발전 경제발전과 사회 변화 북한의 실상과 남북 간의 통일 노력 동북아시아의 영토와 역사 갈등 국제적 위상의 향상
미래엔	**금성사**
대한민국정부 수립과 6·25전쟁 자유민주주의의 시련과 발전 고도성장과 사회 문화의 변화 북한의 변화와 평화통일을 위한 노력 세계와 대한민국	8·15 광복과 대한민국정부의 수립 6·25전쟁과 분단의 고착화 자유민주주의의 발전과 국민 기본권의 성장 경제발전과 사회 문화의 변화 북한 사회의 변화와 통일을 위한 남북한의 노력 동북아시아의 협력과 미래를 위한 노력
지학사	**리베르스쿨**
광복과 대한민국정부의 수립 6·25전쟁 자유민주주의의 발전 경제발전과 사회 문화의 변화 북한 사회의 변화와 통일을 위한 노력 동북아시아의 갈등과 협력 세계 속의 한국	대한민국정부 수립 6·25전쟁 자유민주주의의 발전 과정과 남겨진 과제 경제발전과 사회 문화의 변화 남북한 평화 체제 구축과 남북 교류 동북아시아의 영토와 과거사 문제 대한민국의 위상과 국제사회 공헌
두산동아	**천재교육**
동아시아에 냉전이 확산되다 정부 수립을 위해 노력하다 대한민국정부를 수립하다 6·25전쟁이 일어나다 전후 복구를 추진하다 4·19혁명이 일어나다 박정희 정부 유신 체제로 달려가다 자유민주주의가 발전하다 한강의 기적을 일으키다 사회 문화가 변화하다 북한 유일 체제를 확립하다	냉전의 전개와 대한민국정부의 수립 6·25전쟁과 전후 복구 냉전 체제의 변화와 대한민국의 발전 민주화의 진전과 확대 사회와 문화의 재편 냉전 체제의 해체와 대한민국의 미래

사학회는 민주주의는 인민민주주의를 찬양하는 도구가 될 수 있으니 민주적 절차와 시장경제를 존중하는 자유민주주의를 내세워서 이런 위험성을 배제해야 한다고 주장했는데, 교육기술과학부가 이를 받아들인 것이다.[63] 하지만 자유민주주의는 역사학의 현대사 연구에 기반을 둔 용어가 아니므로 교과서에 내용적으로 용해되어 서술되지는 않았다. 자유민주주의는 주로 단원 제목에만 남는 처지가 되었다. 결국 자유민주주의 파동은 역사의 정치화 현상을 극명하게 보여준 상징적 사례로 남게 되었다.[64]

이런 자유민주주의 논쟁을 야기한 뉴라이트 쪽에서 만든 교학사 교과서는 나머지 7종과 같이 현대사 연구의 진전에 따른 현대사 교육의 진화라는 순리적 현실에 부합하지 않았다. 뉴라이트가 주장하는 친북 좌파라는 이념을 기준으로 한 7종 대 1종 프레임은 선동적 주장에 불과하다. 하지만 현대사 교육의 진화 대 퇴행이라는 기준에 따른 7종 대 1종의 프레임은 역사학계와 역사교육계가 동의하는 '살아 있는' 프레임이다. 교과서 시장에서 교학서 교과서가 완패한 이유 중 하나도 바로 이것이다.

1990년대 이래 국정교과서의 현대사에서 이루어진 체계와 내용상의 진화는 2002년에 나온 국정《국사》교과서와 검정《한국 근·현대사》교과서에 반영되었다. 또한 2012년판을 거쳐 2014년판 검정교과서에 계승되었다. 현대사의 체계와 내용에서 2002년판 검정《한국 근·현대사》교과서와 2014년판 검정교과서 7종 간에 결정적 차이가 있다고 말하기는 어렵다.

2002년판 검정《한국 근·현대사》교과서가 현대사 교육의 수준을 한 단계 끌어올렸다면, 2014년판 검정교과서는 이러한 현대사 교육과 최근의 현대사 연구를 동시에 계승하고 있다고 볼 수 있다. 가령 2012년 검정《한국사》교과서가 나온 이래 뉴라이트는 줄곧 6·25 전쟁에서의 민간인 학살, 베트남전쟁에서의 민간인 학살 등의 서술을 문제 삼았다.[65] 하지만 민간인 학살은 현대사 연구의 중심 주제였고, 관련 성과가 현대사 교육에 반영된 것일 뿐이다. 1990년대 말부터 역사학에서는 민간인 학살에 대한 연구가 늘어났다.《역사학보》에서 현대사 연구 경향을 분석할 때, 'III. 한국전쟁과 양민학살'이라는 장을 설정할 정도였다.[66]

역시 문제는 교학사 교과서이다. 이 교과서는 현대사 교육을 이념 교육의 장으로 보는 듯하다. 반공주의에 기반한 대한민국 정통성론이 부활한 듯한 인상이 든다. 이 교과서는 먼저, 1974년판 국정교과서와 마찬가지로 반공주의의 잣대로 신탁통치를 비판했다.

> 처음에는 모든 정파들이 반탁을 주장하였으나 좌익들은 찬탁으로 방향을 선회하였다. 소련은 이를 기회로 하여 반탁을 주장하는 정파는 미소공동위원회의 협의에 포함하지 말 것을 주장하였다. 미국은 반탁 단체라도 협의 대상에 포함하자고 주장하였다. 소련은 신탁통치 기간 중 적화가 가능하다고 판단하였다. 또한 찬탁을 통하여 일사불란하게 좌익을 규합하고 우익을 배제하는 전술을 구사하였다.[67]

교학사 교과서에 따르면, 좌익 세력은 오로지 남한을 공산화하는 데 매진했으며 이승만은 이를 막아내기 위해 반공적 단독정부 수립에 노력한 인물이다.

> 이승만이 반공적 단독정부 수립을 위해 활동하는 사이 좌익 세력은 남한을 공산화하기 위해 본격적인 활동을 전개하였다. (……) 1946년 6월에 이승만은 통일 정부의 수립이 불가능하다고 판단하여 순회 연설 중 정읍에서 남한만의 임시정부 수립 필요성에 대한 입장을 발표하였다. 북한에서는 이미 1946년 2월에 북조선 임시인민위원회를 구성하였기 때문이다. 그는 12월에 미국으로 건너가 남한 임시정부 수립의 필요성과 공산주의에 대한 경각심을 고취시켰다.[68]

친일파 청산이 무산된 일조차 경찰이 치안 유지와 공산 세력 저지의 공을 내세워 반발한 탓이라고 해석해, 반공주의 시각에서 우회적으로 공감하는 태도를 취하고 있다.

'7080 국정 체제'의 교과서들은 해방 정국과 대한민국 수립의 과정을 반공주의 시각에서 재현하는 동시에 6·25전쟁을 강조하는데, 교학사 교과서 역시 그러하다. 6·25전쟁을 준비부터 영향까지 상세히 서술하면서 이 전쟁을 소련, 중국, 북한 등 공산주의 세력이 연대하여 일으킨 국제전으로 규정하고, 대한민국을 수호하려는 미국의 의지로 전쟁이라는 위기를 극복했다며 미국의 역할을 부각한다.

> 6·25전쟁은 우리 민족의 역사상 가장 처참한 전쟁이었다고 할 수 있다. 신생 대한민국을 공산화하기 위하여 북한은 남침을 하였다.

북한은 소련과 중국의 사전 승인과 전폭적인 지원을 받았다. 처음부터 국제전적 성격을 가졌던 6·25전쟁은 미국의 즉각적인 대한민국 수호 의지로 극복될 수 있었다.[69]

6·25전쟁을 통한 반공 교육은 북한이 남한 점령 지역에서 펼친 정치에 대한 서술에서 또렷하게 드러난다.

북한식의 점령 정치는 남한 사람들에게 공포의 대상이었다. 수많은 인명이 희생당하였고 무자비한 약탈, 폭력적 강제 동원 등이 자행되었다. 남한 사회는 이로써 공산주의가 환상이라는 것을 충분히 경험하였고 자유민주주의가 얼마나 중요한 가치인지도 알게 되었다.[70]

교학사 교과서는 1948년 이후의 대한민국사에서도 공산주의 세력을 늘 위협적이고 사사건건 현실에 개입하는 주체로 그린다. 그리고 이러한 역사 인식을 개괄하여 다음과 같이 서술한다.

대한민국은 공산주의와 대립하면서 건국되었다. 대한민국은 자유민주주의 체제를 기반으로 하여 경제성장과 민주화를 이룩하였다. 자유민주주의 체제가 공산주의 체제보다 더 바람직할 뿐만 아니라 더욱 효율적이라는 사실을 증명하였다.[71]

교학사 교과서는 대한민국은 건국 과정에서부터 공산주의의 도전을 강하게 받았다고 쓰고 있다. 민주주의 발전 과정에서도 공산주의가 질곡이었다고 쓰고 있다. 박정희 정부의 경제개발 계획 추진에 대해서도 반공주의 시각에서 "박정희는 공산주의와의 대결에서 승리하려면 경제적으로 그들을 압도할 수 있어야 한다고 생각하였다"라고 쓰고 있다. 자신들이 '자유민주주의의 덫'이라고 비판한 10월유신의 원인으로도 북한의 끊임없는 남한 공산주의화 시도를 꼽는다.

이처럼 반공주의에 기초하여 대한민국 정통성을 강조하고 독재 혹은 권위주의 체제를 옹호하려는 교학사 교과서의 현대사관은 '7080 국정 체제'의 시각과 크게 다르지 않다.

교학사 교과서는 부실한 서술과 이념적 편향으로 인해 교과서 시장에서 사실상 퇴출되었다. 하지만 교학사 교과서식 현대사관을 강조하는 뉴라이트들은 박근혜 정부의 역사 교과서 국정화 강행으로 더욱 노골적으로 현대사 교육에 개입할 수 있게 되었다. 현대사 연구, 즉 학문에 기반을 두지 않고 파쟁적인 관점을 투영한 오직 하나의 교과서로 현대사를 배운다는 것은 더 말할 나위 없는 퇴보다.

3장
역사교육 민주화의 상징, 국정에서 검정으로의 진화

박근혜 정부에 들어와서도 역사 전쟁은 계속되었다. 이명박 정부는 역사 전쟁의 전사를 자임하며 절차적 민주주의를 훼손해 많은 비판을 받았다. 역사 전쟁에 뛰어든 권력으로서 박근혜 정부는 상식을 뛰어넘는 행보를 보였다.

박근혜 정부가 들어선 2013년에 교학사 교과서 검정 파동이 일어났다. 교육부는 오류투성이의 교학사《한국사》교과서(이하, 교학사 교과서)를 검정 통과시키고 출판사가 내용 수정을 제대로 하지 않아 검정 합격 취소 사유가 발생했는데도 눈감아주었다. 그래서 '교학사 맞춤형 교육'을 하고 있다는 쓴소리를 들어야 했다.

이처럼 교학사 교과서 검정 파동에서 교육부는 국민의 공복으로서 수행해야 할 조정자 역할을 망각하고 확실하게 한쪽 편에 섰다. 교육부는 검정 제도의 근간을 흔들며 주저 없이 교학사 교과서 비호에 나섰다. 본래 검정 통과한 교과서는 검정위원이 요구한 수정, 즉 단 한 번의 수정을 거친 뒤 최종 합격을 받아 검정교과서 시장에 나온다.

교육부는 교학사 교과서의 부실 논란이 커지자, 편법적인 구조 작전을 펼쳤다. 유독 《한국사》 교과서만 전체 교과서 검정 시스템에서 빼내, 한국사의 수능 필수화를 빌미로 교학사 교과서를 포함한 8종 모두에 재차 수정 지시를 내렸다. 하지만, 이처럼 교육부가 편애했음에도 교학사 교과서는 구원받지 못했다. 함량 미달의 교과서라는 진실을 외면하거나 호도하다가 채택률 0퍼센트대라는 참사에 직면하고 말았다.

교학사 교과서가 교육 현장에서 철저히 외면당하자 박근혜 정부는 교육부 안에 교과서 업무를 전담하는 편수국을 되살리려 했다. 교과서를 교육부가 직접 통제하겠다는 뜻이었다. 국정 시대의 산물인 편수국의 부활 시도는 국정화로 나아가는 수순으로 읽혔다. 실제로 2013년 하반기부터 정홍원 국무총리, 서남수 교육부 장관, 그리고 새누리당이 한국사 교과서의 국정화 카드를 내밀며 여론의 추이를 살피더니, 2015년 가을에 와서는 국정화를 강행하여 '국민적 저항'[1]에 부딪히고 말았다.

역사학계와 역사교육계는 노골적으로 교육보다 이념을 우선시하는 박근혜 정부의 태도에 큰 충격을 받았다. 국정화 논리에도 역사학계와 역사교육계를 친북·좌파로 몰아세우는 이념적 잣대가 개입되었다. 박근혜 정부와 새누리당은 역사 교과서 국정화를 밀어붙이며 역사학계를 향해 이념적 파상 공세를 퍼부었다. 권력층이 역사학계와 역사교육계에 역사교육을 맡길 수 없다는 말을 공공연히 내뱉고 민주주의가 훼손을 넘어 실종되는 가운데, 학문 토론의 장인 역사학대회에 보수·우익을 자처하는 사람들이 조직적으로 난입하는 사태까지 벌어졌다. 역사학자들은 전국적인 집필 거부 선언으로 역사교과서 국정화에 맞섰다.

1974년에 실시된 국정화와 40년 뒤에 일어난 국정화 강행은 모두 정치권력이 기획한 일이었다. 역사학계와 역사교육계에 몸담은 사람들 다수는 예나 지금이나 일관되게 국정화에 반대한다. 반대 이유는 다양하고도 풍성하다. 반면, 오늘날 국정화론자들은 이념적으로 불온하거나 편향된 교과서를 가르쳐서는 안 된다는 이유를 앞세운다.

그런데 1974년에 출범한 초·중·고등학교 역사 교과서의 국정 체제가 2000년대에 들어 고등학교《한국 근·현대사》에 검정 체제가 도입되면서 차츰 균열하는 과정은 이념에 따른 변화가 아니었다. 민주화라는 사회의 변화 발전에 따른 진화적·순리적 현상이었다.

역사교육 민주화의 일환으로 검정제는 물론 인정제 혹은 자유발행제 도입에 대한 요구가 높아지는 가운데 역사 교과서 발행 체제는 국정을 넘어 검정으로 절충되고 합의되는 과정을 거쳤다. 그런데 검정 제도의 개선을 모색하면서 세계적 추세에 따라 인정제나 자유발행제로 바꾸어나가기는커녕 박근혜 정부는 '군사작전 펼치듯이'[2] 일방적으로 국정 체제 회귀를 강행했으니, 국민적 저항에 직면할 수밖에 없었던 것이다. 박근혜 정부는 '제2의 유신 시대의 서막'을 열고자 했으나, 국민은 이를 '민주주의가 질식사한 사건'으로 받아들였다.

1. 국정이 불가능한 시대

국정 초등 역사 교과서 표절 논란

근대 역사교육이 시작된 이래 국정제, 검정제, 국정-검정 이원제 중 어느 역사 교과서 발행 체제가 가장 오랫동안 운용되었을까? 단연 국정-검정 이원제다. 일제 시기 36년간은 국정제였을까? 아니다. 그때도 초등-국정, 중등-검정 체제로 운영되었다. 해방 이후에는 1956년부터 초등-국정, 중등-검정 체제였다가 1974년부터 중등-국정 체제가 시행되면서 국정 단일 발행 체제가 2002년까지 30여 년간 유지되었다. 2003년부터 고등학교 선택과목인 《한국 근·현대사》가 검정제로 발간되면서 부분 검정화가 시작되었다. 2007 개정 교육과정부터는 중·고등학교 역사 교과서가 모두 검정으로 발행되기 시작해 지금은 초등-국정, 중등-검정 이원 체제로 역사 교과서가 만들어지고 있다.

여기서는 먼저, 국정제로 발행되는 초등 역사 교과서의 문제점을 단적으로 보여주는 사건 하나를 들여다보자. 2013년 검정을 통과한 교학사 《한국사》 교과서의 부실과 표절에 대한 논란이 뜨거웠을 때 일간지에 실렸던 기사다.

> 교육부는 3~6학년 사회교과에 흩어져 있던 역사를 2011년부터 5학년 사회교과에서 1년간 배우도록 하면서 국정 사회 교과서 제작을 직접 관리했다. 전국 학교에 본격 배포하기 전인 2010년 이 교과서의 실험본은 8개의 국립대 부속 초등학교에 1년간 배포됐다. '역

사교육연구소 어린이와 역사교육 분과' 소속의 초등학교 교사들은 22일 "학부모와 교사들 사이에선 이 국정교과서가 시중에 수백만부 팔린 '도서출판 책과함께'의 아동 역사서와 너무 비슷한 것으로 지적돼 표절 논란이 강하게 제기됐다"고 전했다.

실제 책을 본 학생·학부모·교사들은 "많이 봤던 책 내용"이라면서 출판사에도 알려왔다. 문장의 구조와 틀, 사용한 단어·사진, 심지어는 출판사에서 그린 삽화까지 같았다. 시중에 팔리고 있는 역사책에 역사적 사실이 아닌, 상상으로 쓰인 글이 주인공 이름만 바뀐 채 실리기도 했다. 한 초등학교 교사는 "마치 두 책을 펼쳐놓고 작업했다고 볼 수 있을 정도로 비슷했다"고 말했다.

당시 출판사와 저자는 수차례 문제 제기를 했지만 교육부가 무시하자 법적 소송을 검토했다. 표절 사태는 지난해 말 교육부 담당 과장이 비공개로 사과 서한을 보내고 올해 교과서에 출처를 밝히면서 일단락됐다. 당시 담당 과장은 《경향신문》과의 통화에서 "기본적으로 교과서를 집필할 때는 검정이든 국정이든 출처를 밝히는 것이 맞는 것 같다"고 말했다.[3]

사건의 전말은 이렇다. 초등 역사 교과서는 국정인데, 이런 국정 교과서는 전면 배포하기 전 1년간 몇몇 초등학교에서 실험적으로 사용해보게 되어 있다. 이를 실험본이라고 한다. 그런데 2010년에 나온 초등 《사회》 5학년 실험본이 어린이용 역사 대중서를 사실상 표절했다. 결국 교육과학기술부는 출판사와 집필자에게 사과하고, 교과서 말미에 《한국사 편지》 하나만을 참고문헌으로 달았다.

이는 충분히 예견된 사건이었다. 집필진에 한국사 전공자가 단 한 명도 포함돼 있지 않았다. 초등학교 교사 열일곱 명과 사회교육 전공 교수 한 명이 집필했다. 역사 교과서를 집필할 때는 역사적 사실에 대한 정확한 지식과 학설에 대한 정밀한 판단력이 요구된다. 사범대학과 달리 교육대학은 학부나 대학원의 커리큘럼상 교과서 집필을 할 만한 전문성을 갖춘 교사를 양성하기가 결코 쉽지 않다. 더욱이 전국 대부분의 교육대학에 한국사 전공 교수, 특히 연구열 높은 소장 학자들이 재직하고 있으나, 단 한 명도 집필에 참여하지 못했다. 전문성을 결여한 집필이라는 중대한 결함은 초등 역사 교과서가 국정 체제로 발행되기에 가능한 일이었다.

교육과학기술부는 역사교육 강화를 내세우면서도 이전에도 그랬듯이 역사 교과서의 집필진을 5~6학년 '사회' 교과서를 위한 공모에서 뽑힌 초등 교사 위주로 구성했다. 일반 사회나 지리는 초등 교사들만 집필에 참여해도 별 문제가 없는지 몰라도 역사는 그렇지 않다는 것을 간과한 채 그런 관행을 유지해온 것이었다.

특히 역사 교과서의 경우, 어린이를 위한 수많은 역사 대중서에 노출되어 선지식을 갖춘 학생들이 적지 않다는 것을 감안해 틀과 내용에서 질 높은 교과서를 제공해야만 한다. 그러자면 반드시 교육성과 함께 전문성을 높여야 하는데, 통상적인 국정 발행 체제가 전공학자의 접근을 사실상 막고 말았다. 전문성이 결여된 집필진에게 참신한 아이디어를 바탕으로 정확한 지식, 깔끔한 편집, 다양한 학습 자료를 겸비한 어린이용 대중 역사서는 매력적인 지침서가 되었을 것이다. 결국 표절이 일어나고 말았다.

2015년 2학기부터는 2009 개정 교육과정에 따른 초등 역사 교과서가 쓰이고 있다. 한국사 전공자가 집필진에 한 명도 포함되지 않은 이 교과서 역시 실험본 때부터 형식적 세련미와 내용의 정확도에서 치명적 결함을 안고 있어 논란이 끊이질 않았다. 2016년 1학기에 배포한 6학년 1학기 《사회》 교과서는 한국 근현대사를 다루고 있는데, 현대사 부분에서 박정희의 유신을 정당화해 논란이 되고 있다.[4] 5·18민주화운동에 관한 서술에서는 인과관계가 뒤바뀌어 5·18 단체들의 반발을 샀다. 5월 18일에 일어난 계엄군의 폭력적 진압이 5·18민주화운동의 직접적 원인이었다는 사실을 은폐하고 있다는 것이다.

> 1980년 5월 18일, 광주에서는 민주주의의 회복을 요구하는 대규모 시위가 일어났다. 전두환을 중심으로 한 일부 군인들은 군대를 동원하여 이를 폭력적으로 진압하였고, 이 과정에서 많은 희생자가 발생하였다.[5]

교육부는 "초등학교 6-1 사회 교과서의 5·18민주화운동 서술과 관련해 심려를 끼친 점에 대해 유감의 뜻을 전한다"면서도 "공식적으로 교과서의 기술이 오류나 왜곡은 아니다"라고 주장했다.[6] 1980년 5월 18일 광주에서는 대규모 시위가 벌어지지 않았으며, 몇백 명 남짓한 시위대는 물론 행인까지 계엄군이 잔혹하게 진압하자 이에 분노한 시민이 저항을 시작한 날이라는 사실을 정확히 몰라도 교과서 집필과 발행이 가능한 체제가 바로 초등 역사 교과서 국정제인 것이다.

역사 대중화 시대, 대안 교과서의 등장

1974년 당시 문교부는 국정제가 도입되면 국가 지원하에 많은 연구자와 현장 교사들이 참여하여 집필, 연구, 심의 등의 단계에서 역할을 나누어 작업하기 때문에 질 좋은 교과서를 만들어낼 수 있을 거라고 주장했다. 오늘의 시점에서 국정 초등 역사 교과서를 보면 이러한 논리는 빈말에 불과하다는 사실을 알 수 있다. 전문성이 결여되었을 뿐만 아니라, 어린이용 대중 역사서와 비교할 때 모든 면에서 질이 떨어지고 부실하다.

그런데 지금의 국정 체제에서는 한국사 전공자가 집필에 참여하기도 어렵지만, 실제로 집필을 권유받았을 경우 적극적으로 참여할지도 알 수 없다. 오히려 넓은 시장을 확보하고 있고 집필자의 뜻을 마음껏 펼칠 수 있는 어린이용 대중 역사서 제작에 참여하는 것이 학자이자 교육자로서 성취감이 더 높을 수 있기 때문이다. 이러한 분위기는 어린이 역사교육에 깊은 관심을 갖고 대중 역사서를 쓴 어느 학자에 대한 이야기를 통해 엿볼 수 있다.

> 《행복한 한국사 초등학교》를 통해 역사는 다양한 조건 속에 열심히 살았던 매우 많은 사람들에 대한 이야기이며, 역사는 과거가 남긴 무수한 흔적을 들여다보면서 찾아내는 이야기라는 점을 알려주고 싶었다고 한다. 또한 역사는 외우는 것이 아니라 '읽는 것'이라는 점을 알려주고 싶었다고 하였다. 읽을 때마다 새로운 이야기가 보이고, 이야기를 들려주는 사람의 생각도 찾아볼 수 있는 그런 역사책이 되었으면 좋겠다는 바람이었다고 한다. 그리고 지금과 다른 옛날

을 여행하는 일이 재미있으며, 지금 내가 살고 있는 사회와 국가가 어떻게 만들어졌는지에 대한 이야기는 중요하고 알아둘 가치가 있으며, 또한 서로 대립하고 갈등하는 사람들의 이야기, 역경과 고난을 헤치고 열심히 산 사람들의 이야기는 감동이 있음을 알려주고 싶은 마음이었다고 한다.[7]

이제 국정 체제로는 재미있고 쉬운 역사 교과서를 제작할 수 없다는 것은 명백한 사실이다. 초등 역사 교과서까지도 국정을 극복해야 할 시점에 고등학교《한국사》교과서를 국정으로 발행한다니 안타까울 뿐이다.

초등 역사 교과서가 역사 대중화의 풍랑에 떠밀리면서 학생들에게 외면당한 반면, 중등 교과서는 국정에서 검정으로 전환하면서 형식과 내용에서 질적인 발전을 이루었다.

제7차 교육과정에 따라 2003년부터 고등학교《국사》는 국정으로,《한국 근·현대사》는 검정으로 발행되었다. 두 교과서는 편집 체제와 내용 구성에서 질적으로 커다란 차이를 보였다.《국사》교과서는 컬러 인쇄에 읽기 자료와 탐구 과정 등을 편성하는 변화를 보였으나, 재미가 없고 외울 것도 많고 학생들에게 별 의미도 없는 내용들을 나열하고 있는 교과서, 한국사 개설서 요약판에 가까운 체제의 교과서라는 혹평을 들었다. 역사 교사들의 고민이 깊을 수밖에 없었다. 학생들에게 평면적인 국정교과서와 다채로운 검정교과서를 동시에 가르칠 때 학생들의 눈높이는 후자에 맞춰질 수밖에 없기 때문이다.

역사 교사들은 기존 역사 교과서의 수준을 훌쩍 뛰어넘는 대안 교과서를 만들어 검정 시대에 대응했다. 전국역사교사모임은 검정 역사 교과서가 발간되기 전인 2002년에《살아 있는 한국사 교과서》를 출간했다. 이 책은 인간의 숨결이 느껴지고 재미와 감동을 주는 역사서, 학생의 눈높이와 감수성을 고려하여 학생 스스로 학습 활동 과정을 주도할 기회를 제공하는 교과서, 읽지 않고 '보는' 교과서를 추구해 엄청난 호평을 받았다. 그리고 중·고등학교 역사 교과서가 전면 검정제로 바뀌고 체제와 내용에서 다양한 변화를 시도하는 데 적지 않은 영향을 미쳤다.

이처럼 여전히 국정 체제하에 있는 초등 역사 교과서는 부실하고 낙후된 틀과 내용에서 벗어나지 못하고 있지만, 중등 역사 교과서는 역사 대중화의 흐름 속에서 능동적인 변화를 모색하면서 다양한 틀과 내용을 갖출 수 있는 검정제 시대를 맞았다. 권력의 강압적 요구가 아니라 역사 대중화 흐름에 순응한, 국정에서 검정으로 나아간 값진 진화였다.

2. 반反국정론의 성과물, 검정 체제

국정화, 출발부터 도마 위에 오르다

다수의 역사학자들은 1972년 대통령 지시에 의해 발족된 국사교육강화위원회 시절부터 일관되게 국정화에 반대했다. 당시 국정화를 둘러싼 찬반 논리를 살펴보면 찬성론자는 다음과 같은 주장을 펼쳤다.

① 개개 학자의 편견을 극복하고 풍부한 내용을 수록할 수 있다.

② 국사학계의 연구 결과를 종합하여 객관성을 높일 수 있다.

③ 단일한 국사에 대한 이해 체계를 갖추게 되니, 국민의 국사 인식의 혼란을 방지하고 국론을 통일할 수 있다.

④ 인접 학문의 참여로 내용의 타당성을 제고할 수 있다.

⑤ 초·중·고등 역사교육의 일관성·단계성을 확보할 수 있으니 계열성이 확립된다.

⑥ 최신 정보, 학계 업적을 보완 반영한 질 높은 교과서를 제작할 수 있다.

⑦ 생산비 절감으로 학생 부담을 경감할 수 있다.

반면 검정론자들은 검정 관련 논거를 다음과 같이 제시했다.

① 통제와 간섭을 줄이고 자율과 다양성을 존중하는 민주주의의 기본 정신에 부합한다.

② 여러 종의 교과서 출판으로 경쟁력 있는 교과서를 선정할 수 있다.

③ 좋은 교과서를 선정하여 양질의 수업을 할 가능성이 높아진다.

④ 치열한 경쟁으로 교과서의 질적 향상을 기대할 수 있다.

⑤ 국사학계의 연구열을 촉진할 수 있다.

검정론자들은 특히 경쟁이 없어 질 높은 교과서가 등장하기 곤란하다는 점, 세계 추세에 어긋난다는 점, 창의성 개발과 자발적 학

습 태도를 기르기엔 미흡하다는 점 등을 들어 국정화에 반대했다.[8]

1974년에 발행된 국정 고등학교《국사》는 출발부터 논란에 휩싸였다. 첫째, 조선 초기의 사회에 대한 서술 등 내용에서 과장과 오류가 적지 않다는 지적을 받았다. 둘째, 중학교와 고등학교 교과서의 차이가 불분명하고 내용상 충돌하며 시대 구분도 일치하지 않다는 비판을 받았다. 셋째, 인명이 너무 많이 등장하고 탐구 학습을 위한 학습 자료가 빈약하다는 문제가 제기되었다. 나아가 학계 정설을 무시하고 일부의 학설이나 개인의 사견을 국정교과서의 이론으로 채택하여 국사 교육을 왜곡할 수 있다는 비판이 나왔다. 최근 10년사를 지나치게 강조하여 국정교과서가 정부의 정책을 홍보하거나 선전하는 역할을 한다는 지적을 받기도 했다.

적어도 학계의 연구 성과를 종합 수렴하고 학설을 통일하여 학생들의 혼란을 막는다는 국정화의 목적이 실패한 교과서임에는 틀림없었다. 이후에도 역사학계는 국정 국사 교과서의 서술 내용을 다 받아들이지 않았고, 학설을 둘러싼 논란은 계속되었다. 이러한 고질적 문제는 국정에서 다시 검정으로 돌아가자는 주장의 근거가 되었다.[9] 1980년대 중반에《조선일보》는 10여 년간 제기된 국정교과서의 문제점을 집약해 정리하면서 검정제 환원을 주장하는 사설을 실었다.

1974년 국사 교과서를 국정으로 단일화한 주요 목표에는 교육 내용의 통일을 기하고 논쟁의 소지를 줄이자는 뜻이 있었던 것으로 알려졌다. 그런 희망적인 목표에 반해서 결과는 역사 인식의 경직성과 획일화를 초래했고 학문 연구의 포괄적 수용을 불가능하게 했다는

> 절망적인 것으로서 나타났다는 주장이 강하게 일어나고 있다.
>
> 그보다 또 중요한 것은 역사 연구와 역사교육이 서로 동떨어져갔다는 사실이다. 많은 국사학자들이 국사 교과서 집필을 기피했고 필연적으로 국정교과서의 질은 저하되었다는 사실이 여러모로 지적되고 있다. 일부 집필자의 개인 학설이 지나치게 국정교과서에 끼어들고 쟁점의 소지가 있는 부분들은 모두 빼버리는 알맹이 없는 교과서가 되었다는 논란이 거듭 일어났다. 국사 교과서에는 민족의 거울로서 국민적 통합성이 담겨 있어야 한다. 그것은 폐쇄 사회와 같은 획일적인 사관의 경직성을 의미하는 것이 아니다. 국사학의 발전에 따른 폭넓고 다양한 역사적 인식 속에서의 통합을 의미해야 하는 것이다.[10]

폭넓고 다양한 역사 인식을 수렴하기에는 국정교과서 체제가 역부족이라는 점을 이 글은 날카롭게 지적하고 있다. 또한 국정에서 검정으로의 전환이 시대적 순리임을 일찌감치 간파하고 있다.

민주화 이후 반국정론의 확산

한국사 연구, 특히 근현대사 연구가 일종의 붐을 형성하며 급증하기 시작하는 1980년대부터 고등학교《국사》교과서의 관점이나 현대사 내용에 대한 비판이 본격화되었다. 정권마다 국정 체제를 악용하여 교과서를 권력자의 정통성을 정당화하는 홍보물로 전락시켰다는 원칙적인 비판이 제기되었다. 지배층 위주의 서술로 민중의 역할이 불충분하게 서술되었다는 비판도 등장했다. 사회의 모순과 대립을 숨기고 지배층 위주의 정치사와 제도사만 서술한 탓에 역사의 주체인 민중이 제대로 나타나지 못하며 역사 발전을 올바르게 이해하기 어렵다는 것이었다.[11]

1990년대 중반부터는 현대사 서술의 반공주의적 관점과 권위주의-독재 정권에 대한 미화 등이 비판을 받았다. 현대사 연구의 진전에 힘입어 사실 오류에 대한 지적도 많아졌다. 현대사에서 실증에 입각하지 않은 왜곡과 미화가 계속 지적되면서 자연스럽게 국정 체제를 비판하는 목소리로 이어졌다. 1990년대 이래 역사 대중화 시대와 한국 근현대사 연구의 전성시대가 동시에 도래하면서 국정 체제는 차츰 시대에 맞지 않는 옷이 되어갔다.

이렇게 반국정론이 득세하는 가운데, 국정 체제 운영에 관한 비판도 제기되었다. 먼저 짧은 집필 기간 문제가 지적되었다. 편찬 계획 수립부터 집필, 현장 검증, 수정, 보완까지 총 2년이 걸리는데 실제로 교과서를 집필하는 데 할애되는 시간은 몇 개월을 넘지 않았다. 2003년에 나온 제7차 교육과정 고등학교《국사》는 제작 기간이 1년을 넘지 않았고 국정교과서 발행 절차를 제대로 지키지도 않았다고 한다. 제작비용도 문제가 되었다. 민간 출판사의 검정교과서에 비해 2분의 1 혹은 3분의 1 정도에 불과했고, 출장비, 회의비 등도 부족했다.

가장 심각한 문제는 집필자 선정이었다. 대부분의 역사학자가 국정화에 반대하고 있었고, 설령 참여한다고 해도 자신의 역사 인식을 제대로 녹여내지도 못한 채 논란에 휩싸일지도 모른다는 염려에 집필을 기피했다. 애초부터 전문성과 교육성을 갖춘 완벽한 집필진을 구성하기란 불가능했다. 이러한 운영상의 애로 역시 재미없고 딱딱한 국정교과서가 탄생하는 데 일조했다.[12]

법조계 역시 반국정론의 '시대성'에 힘을 실어주는 판례를 내놓았다. 1990년대 초 국어 교사가 국정제의 부당성에 대한 헌법소원을 제기했다. 헌법재판소는 국가가 재량권을 갖고 있다고 보면서도 다음과 같이 국정제의 문제점을 조목조목 비판한 판례를 남겼다.

> 국정교과서 제도는 교육부에 의하여 교과서 편찬이 주도될 뿐만 아니라 그 교과서만이 교재로 허용되고 있다는 점에서 정부의 행정 관료에 의하여 교과 내용 내지 교육 내용이 영향을 받을 소지가 있다는 점에서 위 헌법(헌법 제31조 제4항 교육의 자주성 전문성 정치적 중립성(및 대학의 자율성)은 법률이 정하는 바에 의하여 보장된다)의 규정과 모순될 수 있는 것이다.
>
> 교과서의 국정 제도는 국가가 교과서를 독점하는 체제이니만큼 검인정 제도보다도 훨씬 교과서 발행 방법이 폐쇄적이라 할 수 있고 그것이 개방되고 있는 자유발행 제도와 비교할 때 다음과 같은 문제점이 지적될 수 있는 것이다.
>
> 첫째, 학생들의 창의력 개발이 활성화되지 않고 경우에 따라 저해되거나 둔화될 우려가 있다는 지적이다. 오늘날과 같이 급변하는 세계정세와 일신하는 첨단 과학기술, 폭증하는 각종 지식과 정보의 홍수 속에서 당면한 개인적·사회적 문제를 신속·적절하게 해결함에 있어서는 각자의 창의력의 개발이 필수적이라고 할 수 있는데, 이러한 사고력을 길러주는 데 있어서는 무엇보다도 교과서의 내용이 그러

한 방향으로 집필되어야 하겠지만 다양한 사고방식이 수용될 수 있도록 교과서 발행 제도가 개방될 필요가 있다는 것이다. 교과서가 국가에 의하여 독점되면 그러한 교과서를 통해 양성되는 학생들의 사고력을 획일화·정형화하기 쉽고 따라서 그것은 학생들의 다양한 사고방식의 개발을 억제하게 될 위험이 있다는 것이다.

둘째, 상황 변화에 능동적·탄력적으로 대처하기 어렵다는 지적이다. 국정이건 검정이건 교과서 발행에 국가가 직접 관여하게 되면 교과서에 수록된 내용을 획일적·통일적으로 교육하는 데 있어서는 편리하고 효과적일 수 있겠지만 새로운 상황 변화가 생기더라도 기존의 결정 사항을 혁신하고 변경하는 것보다는 이를 그대로 답습해서 시행하는 것을 선호하는 공직사회의 풍토 때문에 교과서 내용의 자발적 수정이나 혁신은 용이하지 않으며 거기에는 스스로 한계가 있다는 것이다. 환언하면 교과서의 국정제가 계속되는 한, 현상의 변경보다는 현상의 유지를 바라는 관료적 타성에서 기인하는 교과서 내용의 경직성은 쉽사리 시정되거나 극복되기 어려우며 특히 교과서에 대하여 행정부가 필요 이상의 강력한 통제권과 감독권을 갖고 있어 고위 관료나 정치가들의 견해나 영향이 강하게 작용된 경우에는 더욱 어렵다는 것이다.

셋째, 자유민주주의의 기본 이념과 모순되거나 역행하는 것이라는 지적이다. 자유민주주의는 각 개인으로 하여금 위로부터 일방적으로 결정된 내용에 무조건 추종 또는 순응하도록 하는 것보다는 자율과 참여에 의하여 그들 스스로 결정하고 그 결정의 결과에 대하여 책임을 질 줄 알도록 하는 것을 중시하는데, 교과서 문제에 있어서

중앙정부의 일방적인 결정에 의하여 획일화를 강제하는 것은 자유민주주의 기본 이념에 부합하는 조처라 하기 어렵다는 것이다.

넷째, 교사와 학생의 교재선택권이 보장되지 못하고 그 결과 교과용 도서의 개발이 지연되거나 침체될 우려가 있다는 지적이다. 과거에는 출판사가 영세하고 학자들의 학문적 연구도 활발하지 못한 시대도 있었기 때문에 국가에 의한 교과서의 독점이 합리화될 수 있었겠으나, 오늘날은 능력 있는 출판사도 많아졌고 학문적 연구도 왕성하여 교과서 발행에 대한 문호를 개방한다고 하더라도 우려될 것이 없다는 것이다. 요컨대 우리 사회의 폭넓은 생활수준의 향상과 보다 양질의 교육 문화를 향수하고자 하는 국민적 욕구를 해결하기 위하여서는 국가가 더 이상 교과서를 독점하고 있는 것은 바람직하지 않다는 것이다.

다섯째, 교과서 중심의 주입식 교육 내지 암기식 교육이 행하여지기 쉽다는 지적이다. 원래 교과서에 수록되는 내용은 집필자의 사상, 철학, 가치관, 지식의 소산이라 할 수 있기 때문에 집필자의 성분이나 성향에 따라 똑같은 표제에 대한 집필의 결과가 판이해질 수 있는 것이다. 그런데 교과서를 국가가 독점하게 되면 교과서의 내용에 수록되어 있는 것은 무조건 정당한 것이라는 것이 전제되고 또 강조되어야 할 것이고 그 결과 교과서 중심의 주입식 교육 내지 암기식 교육이 행하여지기 쉽다는 것이다. 즉 교과서에 수록된 것 이외에는 전부 배척하는 풍토가 조성되어 가치관의 경직화가 초래되고, 인문·사회과학에는 정답이 복수로 있을 수 있다는 것을 전제로 할 때, 학생 스스로 연구하여 정답을 찾아내는 기풍은 진작될 여지가 없게 된다는 것이다. 그러한 현상은 일교과일책주의一教科一册主義일 때 더욱 심화될 수 있으며 특히 국가가 교과서의 편찬에 있어서 공교육 담당자로서의 우월적 지위만을 앞세워 적정하고도 공정한 태도를 견지하지 못할 때 그 폐단은 훨씬 확대될 수 있다는 것이다.[13]

헌법재판소의 판례는 국가가 교과서 편찬권을 갖고 있으나 국정제보다는 검인정제를, 검인정제보다는 자유발행제를 채택해야 교육의 자주성, 전문성, 정치적 중립성을 보장하는 헌법의 대의에 부합하는 동시에 교육의 질을 높일 수 있다는 점을 분명히 하고 있다.

이러한 시대의 추이에 따라 2003년부터 고등학교《한국 근·현대사》교과서가 검정으로 발행되었다. 국정에서 검정으로 진화하게 된 요인으로 첫째는 사회 변화에 따라 경쟁적인 교과서 발행으로 교과서의 질을 향상하는 쪽으로 정책 흐름이 바뀐 점, 둘째는 교과서의 지위가 교수 학습의 유일한 교재에서 '주된' 교재로 변모한 점, 셋째는 독자적인 교육과정을 구성하고 학습 자료를 개발하는 등 교사의 주체적 역할이 증대한 점을 들 수 있다. 이러한 시대 변화가 국정에서 검정으로 나아가는 진화를 이끌었다.

3. 검정 체제의 진화와 위기

소극적 진화와 적극적 진화

국정에서 검정으로의 진화는 검정 체제 역시 시대 변화에 맞춰 끊임없이 변화하고 진화해야 한다는 메시지를 던진다. 이러한 진화에는 두 가지 방향이 있을 수 있다. 하나는 검정 체제 운영의 문제점을 지속적으로 개선해나가는 소극적 진화이다. 다른 하나는 검정제로부터 자유발행제로의 전환을 모색하는 적극적 진화이다.

오늘날 검정 체제에 대한 문제 제기는 끊임없이 나타나지만, 대부분 소극적 진화를 모색하는 데 그치고 있다. 2013년 고등학교《한국사》교과서의 검정이 끝난 후, 검정 체제를 부실하게 운영했다는 비판이 쏟아졌다. 촉박한 기한, 심의위원의 전문성 결여, 정치적 편향성이 짙은 수정 지시 등이 문제로 지적되었다. 부실한 교학사 교과서가 검정을 통과하자, 검정 체제는 더욱 혹독한 비판에 시달려야 했다.

이 사태에 대한 정치권의 즉각적 반응은 국정화였다. 교육부의 대응은 편수국의 부활 시도였다. 하지만 양자 모두 과거 회귀적인 발상에 불과했다. 국정화는 정치성을 배제하고 중립성을 유지하며 학문적·교육적 전문성과 신뢰를 회복할 수 있는 개선 방향이 아니었다. 개악이고 퇴행이었다.

그렇다면 중립성과 전문성을 확보하며 상호 신뢰를 구축하는 방향으로 역사 교과서 검정 체제를 개선하는 방안에는 어떤 것이 있을까.

우선, 교과서 검정을 법규에 의해 규정된 절차에 따라 적법하게 운영하고 모든 과정을 투명하게 공개하는 방안이 있다. 일본의 경우, 검정 절차 전 과정을 모두 공개한다. 교과서에 대한 관심에 부응하고 신뢰를 확보하며 검정에 대한 국민의 이해를 돕기 위해 검정 신청 도서와 통과 도서 등에 관한 자료를 모두 공개한다. 하지만 한국의 교육부는 검정 과정에 대한 자료를 공개하지 않고 있다.

둘째, 중진 이상의 역사학자와 역사교육자로 구성되는 상설 기구로서 역사교육위원회를 설치하는 방안이 있다. 역사를 가리켜 정치적 무기라고들 하지만, 최근 역사 전쟁이 빈발하면서 정치적 중립성은 물론 학문적 전문성이 심각하게 홀대받고 있다.

검정 체제에서는 검정 대상 교과서의 집필자들에게 학문적 신뢰를 받을 수 있는 사람들이 심의위원에 위촉되어야 한다. 2013년 고등학교《한국사》검정에서는 그렇게 하질 못했다. 이러면 검정 결과 혹은 수정 지시에 학문적 권위가 부여되지 못해 갈등과 분쟁이 일어나기 십상이다. 그러므로 학문적 업적이 뚜렷한 중진 이상의 역사학자와 역사교육학자, 교육 역량이 뛰어난 역사 교사 등을 중심으로 학문적 권위에 입각해 공정하게 심사하고 수정 지시를 내릴 수 있는 역사교육위원회를 설치하는 방안도 검정 체제의 진화를 이끌 것이다. 이 역사교육위원회를 상설 기구로 만들어 교과서 발간과 수정 등을 지원하는 역할을 맡길 수도 있을 것이다.

검정 체제의 적극적인 진화로는 오늘날 서구의 대부분 국가에서 채택하고 있는 자유발행제의 채택을 꼽을 수 있다.[14] 자유발행제는 교과서를 집필하는 학자와 교과서로 수업하는 교사의 자율성을 최대한 보장할 수 있는 혁신적인 방안이라 할 수 있다. 민주화·세계화·선진화의 길을 앞서 걷고 있는 선진국에서 일반화되고 있는 자유발행제를 결코 남의 일로 생각해서는 안 된다. 국정에서 검정으로의 전환이 권력이나 외압의 결과가 아니라 시대 흐름을 따르는 진화라고 할 때, 자유발행제 역시 우리 곁에 다가온 가까운 미래일 수 있기 때문이다. 2000년대 들어 자유발행제로 나아가야 한다는 주장이 제기되기도 했다.

> 이제는 더 늦기 전에 역사교육이 제자리를 잡도록 원칙을 바로 세우고 실천해나가야 한다. 역사교육이 제대로 이루어지기 위해서는 역사 수업의 주체로서 교사와 학생의 자율성과 주체성이 보장되어야 한다. 아울러 교육 체제 전반의 자율성을 높이기 위해 민주적인 질서를 확립해야 한다. 국사 교육에서 이러한 터전을 마련하는 데 반드시 요구되는 것이 국사 교과서의 자유발행 제도이다.[15]

검정으로부터 한 걸음 더 나아간 민주주의적 진화 모델이 바로 자유발행제라는 견해이다. 또한 2015년 국정화를 둘러싼 역사 전쟁에서도 자유발행제가 '역사교육의 민주적 이상의 실현을 앞당기는' 대안 발행 체제로 주목받았다.[16] 이런 의미에서 퇴행의 상징인 국정화론과 진화의 상징인 자유발행제론의 간극은 매우 크다고 할 수 있다.

진화를 거스르는 퇴행, 국정화 강행

2013년 수많은 사실 오류만으로도 우선 탈락시켜야 할 교학사 《한국사》 교과서가 '정치적' 검정을 통과하자 역사학계와 역사교육계는 즉각 검정 취소를 요구했고, 여기에 정치인과 언론까지 진영을 형성해 격전을 치렀다. 결국 교학사 교과서가 0퍼센트대의 채택률을 기록했고, 이에 권력은 국정화로 응답했다. 2013년 9월 17일 박근혜 대통령의 "교과서가 이념 논쟁의 장이 되는 일은 바람직하지 않다. 논란이 반복되는 원인을 검토해 대책을 마련하라"라는 지시를 시작으로 한국사 교과서 국정화 논의가 본격화되었다.[17] '하나의 교과서라야 국론 분열을 막는다'는 발상은 역사교육을 교육의 안목이 아니라, 역설적이게도, 박근혜 대통령이 언급한 '이념'의 잣대로 볼 때 가능한 것이다.

언론은 대부분 국정화에 반대했다. 1980년대에 검정을 옹호했던 《조선일보》는 2000년대 들어 "미래 국민의 국가적·역사적·민족적 정체성을 결정하는 국사 교과서마저 친북 편향의 손에 넘겨져 또다시 이념적 혼란의 소용돌이를 만들어서는 안 된다"며 이념적 시야에서 검정에 반대한 바 있었다. 지금 정치권에서 회자되는 국정화론 역시 이 논리 수준에 멈춰 있음을 알 수 있다.

하지만 《조선일보》도 지금은 국정이든 검정이든 원점에서 재검토해야 한다는 유보적 입장을 견지한다.[18] 《동아일보》, 《중앙일보》 등은 국정화에 반대하는 사설을 내놓았다.

> 지금 단계에서 국정화를 추진하면 역사 논쟁을 정치 싸움으로 변질시키는 무리수가 될 수 있다. 검정 제도는 국가가 정한 큰 틀에서 다양한 역사 해석을 허용함으로써 가르치고 배우는 이들의 선택을 보장하기 위한 것이다. 교학사 교과서에 대한 부당한 공격은 그 선택권을 짓밟았다는 점에서 비판받아야 한다. 그렇다 해도 검정 제도의 대안을 교과서의 선택권을 근본적으로 부인하는 국정 제도로만 몰고 가는 것은 위험하다. 국정화가 되면 정권이 교체될 때마다 교과

서를 바꾸는 혼란을 겪을 우려가 크다. 오늘날 국정교과서로 자국사自國史를 가르치는 나라는 러시아, 베트남, 북한 정도다. 보수 역사학계가 절치부심切齒腐心해서 다음번에 제대로 된 교과서를 만드는 것이 지금으로선 최선의 방법이라고 본다.[19]

국정교과서는 별 소득 없는 위험한 발상이며, 바람직한 대안이 아니다. 우리 사회가 용인할 수 있는 상식의 범위 안에서 다양한 사고를 보장하려는 민주사회의 원칙은 반드시 지켜져야 한다. 이는 한국사 교과서에도 적용된다. 교과서에 적용돼야 할 상식이란 우리 역사의 공과 과를 균형 있게 다루는 것이다. (……) 정부가 집필·검정 기준을 정하면 민간 출판사가 참여해 그 기준에 맞춰 자유롭게 교과서를 내는 게 검정 체제다. 교육부가 고민해야 할 대책은 상식의 선을 지키면서 다양한 시각과 사고를 담은 교과서가 나오도록 검정 체제의 실효성을 높이는 것이어야 한다. (……) 검정 체제가 보장하려는 다양성을 훼손하는 정도까지 국가가 개입해서는 곤란하다. 이번 역사 교과서 파동으로 상식이 설 자리는 갈수록 좁아지고 있다. 다양한 시각을 부정하려는 극단과 비상식이 판을 치면서 우리 교육이 위기를 맞고 있다. 이럴수록 정부는 발행 체제를 크게 흔들지 않고 교과서 문제를 해결할 수 있는 방안을 찾아야 한다. 이게 순리다.[20]

두 신문 모두 민주주의의 눈높이에서 국정화는 '위험하다'고 경고했다.

묘하게도, 지금 이웃 나라에서도 역사 교과서의 국정화 카드가 살아 꿈틀대고 있다. 러시아에서는 푸틴의 장기 집권을 뒷받침하는 역사 교과서의 국정화가 추진되고 있다. 중국은 후진타오 체제에서 국정화가 추진되다가 시진핑 체제로 넘어오면서 잠정 중단된 상태다. 일본에서는 우경화 추세 속에 검정 제도임에도 정부의 노골적인 개입이 강화되는 상황이라 시민사회는 '사실상의 국정화'라는 비판을 하고 있다. 아무런 논란 없이 국정교과서를 사용하는 이웃 나라로는 북한이 있다. 장기 집권, 우경화, 세습, 독재. 이 흐름들을 상징하는 국정화라는 '죽은 신'이 2015년 대한민국에서 부활했다. 대한민국은 1974년, 유신의 그때로 다시 돌아갔다.

> 1974년은 훗날 우리의 역사교육사와 사학사를 연구하는 학자들에게 일제강점기 이후 국정 국사 교과서가 다시 사용되기 시작한 해로서의 하나의 획기적인 의미를 주게 될 것이며, 더 나아가서 대한민국사를 서술할 학자들에게도 국사 교과서의 국정화 문제는 주목의 대상이 될 것이다.[21]

지금으로부터 약 40년 전인 1974년, 일제 시기 이래 늘 검정으로 발행되던 중등 국사 교과서가 역사상 처음 국정으로 발행되었다. 그리고 민주화의 진전에 따라 차츰 검정으로 전환되는 길을 걸었다.

하지만 역사 전쟁이 벌어지면서 유신과 독재의 상징인 국정제의 악몽이 역사학계와 역사교육계 안에 똬리를 틀고 앉아 끊임없이 경고를 보냈다. 이명박 정부 시절인 2008년《한국 근·현대사》교과서 파동이 일어나자 역사학계와 역사교육계는 "자율화·개방화라는 시대 흐름을 거스르고, 검정교과서 제도와 학교 현장의 민주적 절차를 뿌리째 뒤흔드는 상황을 보며, 우리는 유신 정권이 국정교과서 제도를 만들어 독재를 찬미하도록 강요하던 시대"[22]를 떠올렸다.

> 교과서의 검인정 제도는 국민적 합의에 따라 진행되고 있는 학계와 교육 현장의 목소리를 최대한 반영하며, 다양한 견해의 교과서에 대한 교사와 학생들의 선택권을 보장하는 것이다. 그러나 최근의 교과서 수정 시도는 검인정 제도를 사실상 부정하고 국정화하려는 행위이며, 역사교육의 자율성에 대한 심각한 도전이라 하지 않을 수 없다.[23]

그러므로 오늘의 "국정화로의 회귀는 지난 30여 년에 걸친 역사학계와 교육계 연구자들의 노력과 민주화 운동의 성과를 정면으로 부정하는 처사이며 자율성과 다양성 그리고 창의성을 존중하는 민주주의 교육 이념과도 배치된다"[24]는 것이다.

2015년 7월 31일 미국을 방문 중이던 새누리당 김무성 대표가 "좌파 세력이 준동하며 미래를 책임질 어린 학생들에게 부정적인 역사관을 심어주고 있어 역사 교과서를 국정교과서로 바꾸기 위한 노력을 하고 있다"고 발언한 데 이어 2015년 8월 5일 황우여 장관이 언론 인터뷰에서 "교실에서부터 국민이 분열되지 않도록 역사를 하나로 가르쳐야 한다"며 "필요하면 국정화도 배제하지 않고 있다"고 발언하자 언론들은 시대 역행 혹은 시대착오라는 제목을 달아 국정화에 반대하는 사설들을 실었다.[25]

그럼에도 9월 2일 김무성 대표는 국회 대표 연설을 통해 '국정 역사 교과서 도입'을 주장했다. 일종의 선전포고인 셈이었다. 이미 박근혜 정부와 새누리당의 국정화 강행 움직임을 탐지한 역사학계와 역사교육계의 대응도 빨랐다. 같은 날, 서울대 역사학 교수들은 황우여 교육부 장관에게 국정화 불가론을 담은 의견서를 직접 전달했다. 역사 교사 2,255명은 국정화 반대를 선언했다. 이틀 후에는 독립운동가 후손들이 국정화에 반대하는 기자회견을 열었다. 그 후 11월 3일 국정화가 확정 고시될 때까지 대한민국은 매일같이 쏟아지는 국정화 반대 소식으로 뜨겁게 달아올랐다. 박근혜 정부와 새누리당은 국민적 저항에 아랑곳하지 않고 국정화를 밀어붙였고, 역사학계와 역사교육계는 민주주의의 위기를 막고자 사력을 다했다.

오늘날 모든 교과 교육은 학계와 교육계가 함께 이끌어가고 있다. 유독 역사교육에서만 정치권이 학계와 교육계를 쥐고 흔들려고 한다. 국정화를 강행하여 자신의 입맛에 맞는 한국사 교과서를 만들겠다는 심산인데 대한민국을 '대표하는' 학자나 교사로서 거기에 동참할 이들은 없다. 이미 많은 역사학자들이 집필 거부를 선언했다. 또한 교학사 교과서를 거부한 양식 있는 시민들은 좋은 저자, 검증된 내용을 보장할 가능성이 거의 없는 국정교과서에 명백히 반대한다. 학계와 교육계, 그리고 시민은 시대 변화를 따르는 진화는 계속되기를 원한다.

> 국정제 교과서는 지난 30년간 국가권력이 만들어 주권자 국민을 순종시키고자 하는 수단으로 기능해왔기 때문에 민주주의 국가의 국민이라면 단연코 이를 거부해야 한다. 게다가, 현행 한국사 교과서

검정제는 40여 년 이상 한국사 연구자들의 노력 끝에 쟁취한 한국사 민주화 운동의 열매이다. 이러한 열매를 극소수 국가권력 담당자들에게 강탈당할 수는 없다.[26]

2부

역사 전쟁의 무기, 이념

4장
역사 전쟁의 이념 전선 : 민족주의 대 반공주의

탈냉전의 시대에도 여전히 냉전의 산물로 남아 있는 분단국 한국에서 과거의 힘은 실로 막강하다. 그만큼 과거의 재구성을 놓고 벌어지는 역사 전쟁도 치열하다. 역사 전쟁의 싸움터는 교과서다. 이제껏 한국의 역사 전쟁은 교과서 논쟁의 형태로 전개되었다. 2000년대 들어 교과서 논쟁이 본격화되었다. 도발자는 뉴라이트였다. 교과서 논쟁은 뉴라이트 등장과 성장의 절대 동력이었다.

뉴라이트는 교과서, 특히 고등학교에서 가르치는《한국 근·현대사》교과서가 자학 사관에 젖어 있다고 비판하면서 등장했다. "우리 삶의 터전인 대한민국이 얼마나 소중하게 태어난 나라인지, 그 나라가 지난 60년간 건국사에서 무엇을 성취했는지를 진지하게 다루지 않는다"[1]라는 주장으로 포문을 연 것이다.

이후 벌어진 치열한 역사 전쟁을 뉴라이트는 스스로 문화 전쟁이라 불렀다. 그리고 "한 국가공동체 내에서 도덕적 가치나 국민의 정체성을 역사의 어떤 부분에서 찾을 것인지, 혹은 보다 더 궁극적으로는 국가공동체의 도덕적 가치를 어떻게 정의할 것인지를 놓고 팽팽한 긴장과 격렬한 갈등이 발생하는 일이 벌어진다"라고 보았다.[2]

뉴라이트는《한국 근·현대사》교과서가 친북 좌파적이고 반시장적인 민중 사관에 따라 서술되었다고 비판한다. 이는 뉴라이트 자신은 우파·반북·친자본이라는 반공주의적 관점에 서 있음을 의미한다. 반공주의는 역사 교과서 논쟁에서 보수·우파 진영의 강력한 무기 역할을 하고 있다. 반면 역사학계(이하, 역사교육계를 포함하여 역사학계라 통칭한다)는 뉴라이트가 식민지근대화론에 입각하여 친일을 미화하고 미국 중심의 국제 질서를 받아들이며 북한을 부정하는 반민족주의적 입장에 서 있다고 비판한다. 민족주의의 잣대에서 뉴라이트를 비판하는 것이다.

이처럼 반공주의적 공세에 민족주의의 잣대로 응수하는 풍토는 한국 사회의 이념 논쟁에서 보수와 진보 간 상호 비판의 양상과 크게 다르지 않다. 보수 세력은 진보 세력을 친공적·친북적 세력이라 비판하고 진보 세력은 보수 세력을 향해 반민족적이라 비판하는 이념 갈등이 역사 교과서 논쟁에서 반복되고 있는 셈이다.

여기서는 역사학계의 민족주의적인 대응을 뉴라이트의 반공주의에 견주어 반反반공주의라 정의한다. 반반공주의는 미국에서 매카시즘McCarthyism 시대에 등장한 용어다. 반매카시파의 노선이 공산주의를 포용(즉 친공)하는 것이 아니라 반공주의를 거부하는 데 초점을 맞춘 까닭에 반반공주의라고 불렸다.[3] 반공·반북의 반대말은 분명 친공·친북이다. 그런데 뉴라이트가 《한국 근·현대사》 교과서를 친북적이라 공격하면서도 실제 분석에서는 "북한에 대해 중립적이고 우호적이며 비판을 회피하고 있다" 정도로 언급[4]하는 데 그치듯이, '역사학계=친북·종북'이라는 등식은 '주장'일 뿐 사실이 아니다. 하지만 역사학계는 뉴라이트를 비롯한 보수·우파 세력의 반공주의에 반대하는 반반공주의 입장에 서 있다. 여기서 반반공주의란 사대주의·성장주의와 결합한 반공주의에 대한 반대, 즉 민족주의 가치를 전면에 내세운 안티테제를 의미한다.

1. 반공주의 대 반반공주의

교과서포럼의 '금성 교과서' 비판

뉴라이트는 2005년 1월에 교과서포럼을 결성했다. 교과서포럼은 출범과 동시에 금성출판사의 《한국 근·현대사》 교과서(이하, 금성 교과서)에 비판의 칼날을 들이댔다.

교과서포럼은 금성 교과서가 건국과 산업화·민주화를 이룬 우리의 상상력·근면함·창의력·열정을 통째로 누락한 점, 독재와 항쟁, 자본주의의 참담한 모순만을 드러낸 점, 민중의 눈물과 아쉬움, 회한만이 넘쳐난다는 점, 그리고 북한을 최소한의 중립과 최대한의 우호라는 잣대로 그리고 있는 점 등을 비판했다.

금성 교과서의 구절을 하나하나 인용하며 구체적으로 지적한 비판 내용은 크게 네 가지로 나뉜다. 이를 통해 역사 교과서 논쟁에서, 즉《한국 근·현대사》교과서 파동 초기에 뉴라이트가 어떤 쟁점을 형성하려 했는지를 살펴보자.[5]

교과서포럼은 첫째, 금성 교과서가 건국의 정통성을 대한민국이 아니라 북한에서 찾고 있다고 비판했다. 정통성의 기준을 친일파 청산 여부에 두고 건국 과정에서 대한민국은 친일파를 척결하지 못했지만, 북한은 친일파를 척결함으로써 정통성을 확립했다고 기술하고 있다는 것이다. 그들이 근거로 제시한 금성 교과서의 구절은 다음과 같다.

> 민족을 배신하고 자신의 이익만을 누리던 친일파를 단죄하는 일은 무엇보다 시급한 문제 (……) 이승만 정부는 친일파의 처벌에 소극적 (……) 노골적인 방해에 나섰다. (……) 민족정신에 토대를 둔 새로운 나라의 출발은 수포로 돌아갔다. (……) 친일파를 제대로 청산하지 못한 과오는 우리 현대사를 옥죄는 굴레가 되었다.[6]

> 북한은 '민주개혁'이라는 이름 아래 식민 지배를 청산하고 사회체제를 바꾸는 일련의 정책을 시행하였다. 친일파를 숙청하는 한편 (……) 토지개혁을 실시 (……).[7]

금성 교과서가 실제로 북한에 정통성이 있다고 서술한 것이 아니므로, 교과서포럼의 주장은 사실이 아니라 해석에 해당된다. 교과서포럼은 금성 교과서가 친일파 단죄를 민족정신에 토대를 둔 새 나라의 출범에 시급한 문제로 보면서 이승만 정부는 실패하고 북한은 성공했다고 서술한 것을 두고 이것이 곧 북한에 민족적 정통성을 부여하는 것이라고 해석했다.

금성 교과서에 대한 교과서포럼의 첫째 비판에서 양자의 역사 인식의 차이가 확연히 드러난다. 금성 교과서는 친일파 청산이라는 민족주의적 실천을 해방 후의 가장 시급한 과제로 꼽았지만, 교과서포럼은 이에 동의하지 않았다. 양자를 더욱 확연히 가르는 데는 정통성이라는 근본주의적 성질을 띤 잣대가 활용된다.

교과서포럼은 민족주의적 역사 인식은 남북 모두가 아니라 북한에만 정통성을 부여하는 것이라고 해석한다. 교과서포럼에게 민족주의는 친북을 의미하므로 그들이 중시하는 대한민국 정통성은 민족주의의 안이 아니라 밖에 위치할 수밖에 없다. 반북주의를 포함하는 반공주의가 민족주의와 늘 상극을 이루며 갈등해온 사회 이념 지형이 역사 교과서 논쟁에서도 그대로 반복되고 있는 것이다.

둘째, 교과서포럼은 금성 교과서가 6·25전쟁을 서술하면서 내전설內戰說의 입장에서 북한의 책임을 희석하고 있다고 비판했다. 다음의 서술처럼 남북 간의 작은 전쟁, 즉 국지전이 6·25라는 큰 전쟁으로 이어진 데 불과하다고 보았다는 것이다.

> 38도선 곳곳에서 국군과 북한군 간에 크고 작은 충돌이 쉴 새 없이 일어나고 있었다. 이러한 전투는 곧이어 벌어질 본격적인 전쟁의 전주곡이었다. (……) 남북 정부는 서로 상대방이 불법 도발을 하였다고 주장하였다. 대포, 비행기까지 동원된 대규모 전투가 벌어지기도 했다.[8]

금성 교과서의 6·25전쟁 기술에 대한 교과서포럼을 비롯한 뉴라이트의 비판은 특히 전쟁 발발 원인과 관련해 일찍부터 제기되었다. 금성 교과서에 대한 뉴라이트의 비판이 6·25전쟁 발발과 관련된 기술에서 발원했다고 해도 과언이 아니다.

위에서 제시한 것처럼 금성 교과서는 내전설의 입장에서 "남과 북에 이념과 체제를 달리하는 두 정부가 들어서서 물리적 충돌을 거듭하다가 결국 전면적인 전쟁으로까지 번졌다"는 수정주의적 관점을 취하고 있다고 뉴라이트 진영으로부터 비판받았다.[9] 6·25전쟁 발발 과정에서 소련과 중국의 역할을 제대로 서술하지 않았다는 비판도 받았다. 중국 공산혁명이 성공하고 소련이 핵을 보유하게 된 상황을 맞아 스탈린이 중국과 협조해 미국의 봉쇄망을 분쇄하고 냉전에서 결정적인 승기를 잡을 목적으로 전쟁을 승인하고 기획했음이 이미 밝혀졌음에도, 금성 교과서는 내전설과 유인설의 수정주의적 입장을 취함으로써 6·25전쟁이 미국과 혁명적인 한국 민중 사이에 벌어진 반제국주의 민족해방전쟁이라는 결론으로 학생들을 유도하고 있다는 것이다.[10]

이처럼 금성 교과서의 6·25전쟁 인식이 북한의 6·25전쟁 인식과 같다는 주장은 금성 교과서가 "소련은 북한의 군사력 강화와 전쟁 준비를 도왔다. 내전에서 승리를 거두고 정부를 세운 중국 또한 조선인 의용군을 북한에 편입시킴으로써 북한군을 지원하였다"라고 서술하고 있는 만큼 왜곡에 가까운 비판이라 할 수 있다.[11] 금성 교과서에는 김일성이 소련을 비밀리에 방문해 전쟁 실행에 대한 스탈린의 동의를 이끌어냈으며 이어 베이징을 방문해 마오쩌둥에게서도 찬성

을 구하고 미국 참전 시의 중국군 파병에 대해 의논했다는 사실 또한 서술되어 있다.[12]

교과서포럼이 엄연히 기술된 사실을 외면하면서까지 6·25전쟁 관련 부분을 맨 먼저, 가장 공세적으로 비판하고 나선 이유는 무엇일까? 반공주의는 6·25전쟁을 계기로 확장 증폭되어 오늘날에 이르기까지 보수 세력의 굳건한 이념적 구심체 역할을 하고 있다. 6·25전쟁에 대한 인식이 반공주의의 가장 중요한 보루인 셈이다.

교과서포럼을 비롯한 뉴라이트는 출발부터 금성 교과서의 6·25전쟁 기술 문제를 들고 나와 적극적으로 비판함으로써 보수·우파의 이념적 연대에 기반을 둔 전폭적인 지지를 이끌어내는 데 성공했다. 때론 북한 체제에 대해 이미 우월성을 확보했다면서 반공주의의 파산을 선언하는 '뉴'라이트적 경향도 존재했지만[13], 결국 뉴라이트의 정치적·사회적 진출과 성공은 반공주의 기반 위에서 가능했음을 역사 교과서 논쟁을 통해서 확인할 수 있다.

셋째, 교과서포럼은 금성 교과서가 이승만과 박정희의 독재는 부정적으로 서술한 반면에 김일성과 김정일의 독재는 중립적으로 서술했다고 비판했다. 이승만과 박정희의 독재는 오로지 장기 집권과 권력에 대한 의지를 불사른 독재였던 반면에 김일성의 독재는 사회주의 가꾸기를 위한 독재로 대중적 지지를 받고 있다고 보았다는 것이다. 그 예로 제시한 대목들은 다음과 같다.

> 이승만 정부는 장기 집권을 모색하였다. 이로 인해 독재정치와 부정부패를 불러일으켰고 (……) 박정희는 3선 개헌과 10월유신을 통해

장기 집권과 권력의 강화를 꾀하였으나 민주화를 요구하는 국민의 거센 반발을 받았다.[14]

위기에 처한 박정희 정부는 (……) 정치적 안정이 중요하다는 구실을 내세워 강압적인 통치에 나섰다. (……) 초법적인 비상대권을 부여하였다. (……) 영구 집권이 가능하였다. (……) 한국적 민주주의라는 이름 아래 (……) 독재 체제로 나아간 것이 유신 체제였다.[15]

사회주의 헌법은 김일성의 유일 지도 체계를 명확히 하였다. (……) 국가주석제를 도입하고 김일성을 주석에 추대하였다. 주석에 절대적인 지위를 부여함으로써 수령의 유일한 영도 체계를 확립 (……).[16]

김일성이 사망하자 자연히 북한의 권력은 김정일에게 돌아왔다. 김정일은 이후 3년 동안 공식적인 직책을 이어받지 않은 채 생전의 김일성의 교시에 따라 정치를 하는 이른바 유훈통치를 시행하였다.[17]

교과서포럼은 이승만과 박정희, 김일성과 김정일이 모두 독재정치를 했음에도 금성 교과서가 이승만과 박정희의 독재에는 매서운 비판의 칼날을 겨누면서 김일성과 김정일의 독재는 상대주의적이고 중립적으로 기술했다며 역사 인식의 형평성을 문제 삼았다. 남북의 독재 체제를 서술한 부분을 비교하면서 금성 교과서의 민족주의 역사 인식이 곧 친북적 역사 인식이라는 문제 제기를 했을 뿐만 아니라, 한 걸음 더 나아가 그것이 사회주의 가치를 추구하는 좌파의 시각임을 입증하고자 했다. 금성 교과서에 친북·좌파라는 틀을 덧씌우고, 친북·좌파의 입장을 반영한 금성 교과서는 '위험한 교과서'라며 수정을 요구한 교과서포럼의 전략은 보수 세력의 반공주의적 정서를 자극하여 역사 교과서 논쟁에서 보수적 대중의 지지 기반을 확보할 수 있었다.

넷째, 교과서포럼은 금성 교과서가 한국의 경제개발은 부정적으로 서술한 반면에 북한 경제의 낙후성은 호의적으로 기술하고 있다고 비판했다. 한국의 경제성장은 눈부신 성과를 냈음에도 불구하고 대외의존도 심화, 재벌 등 독점자본 창출 같은 세계 경제사에서 유례를 찾기 어려운 부작용을 초래했다고 비판하면서, 북한의 경제 실패에 대해서는 사회주의 계획경제라는 태생적 한계가 아니라 과도한 국방비 지출 때문이라고 서술했다는 것이다.

> 외형적으로 눈부시게 발전하였다. (……) 그러나 더욱 외국에 의존 (……) 외국자본을 더 많이 도입해야만 했다. (……) 외채도 급속하게 늘어났다. (……) 1960년대 말 위기를 맞이하였다.[18]

> 재벌 하면 우리에게 가장 먼저 떠오르는 말은 문어발일 것이다. (……) 실제로 대기업의 계열 기업 수는 수십 개에 달하며 문어발은 여덟 개에 지나지 않으니 문어발이라는 표현만으로는 충분하지 않은 셈이다. (……) 특혜 조치에 힘입은 것 (……) 일가친척에 의한 족벌 경영 (……) 세계 경제사상 유례를 찾기 어려울 것 (……).[19]

힘겨운 국방비 지출로 경제에 투자할 자본의 확보가 어려웠고 에너지와 사회간접시설의 부족은 경제발전에 커다란 장애가 되었다. 북한은 이러한 경제적 문제들을 해결하기 위해 군대를 건설 현장에 투입하고 남한에 대해 지속적으로 군비축소를 제의하였다.[20]

덧붙여, 남한에서 전개한 대중 동원 운동인 새마을운동에 대해서는 부정적으로 서술하고 북한의 천리마운동에 대해서는 긍정적으로 평가한 것도 문제시했다.

겉으로는 민간의 자발적인 운동이었으나 실제로는 정부가 주도하였다. 그리고 '잘살기 위해서는 어떠한 희생이나 대가를 치르는 것도 받아들여야 한다'는 정신 자세를 강조하였다. (……) 농촌의 겉모양을 바꾸는 데 치중하였다.[21]

대중의 열정을 끌어내기 위해 시행된 천리마운동은 1950년대 후반과 1960년대 전반에 걸쳐 사회주의 경제 건설에 커다란 역할을 한 것으로 평가되고 있다.[22]

앞서 살펴본 남북의 독재 체제에 대한 비판에서는 인식의 형평성 문제를 제기했다면, 넷째 비판에서는 한국의 경제성장과 북한의 경제 실패라는 극명한 '진실'에 대해서조차 금성 교과서의 기술이 공정하지 않고 편향적임을 지적하고 있다. 친북·좌파 교과서라는 낙인은 이렇게 '가치 전도된 교과서'라는 비판을 통해 완성된다.

뉴라이트의 금성 교과서 비판은 이러한 초기의 문제 제기에서 크게 벗어나지 않았다. 위의 네 가지 쟁점을 관통하는 공통점은 금성 교과서의 북한사 인식과 기술을 집중 비판했다는 것이다. 교과서포럼은 북한의 과거와 현재를 부정하기 위해 친일파 청산의 가치를 폄하하고, 6·25전쟁에 대한 기술은 왜곡을 감수하면서까지 비판하고, 남한의 독재와 산업화조차 북한에 대한 금성 교과서의 기술을 비판하기 위해 동원하고 있다.

그런 뉴라이트의 눈으로 볼 때 금성 교과서는 북한의 민중운동사와 기본적으로 다를 바 없이 민족주의와 자주의 이념에 따라 서술되어 있는 불온한 교과서다. 그래서 뉴라이트는 금성 교과서에 단도직입적으로 극단적인 질문을 던진다. 대한민국을 택할 것인가, 북한을 택할 것인가?[23]

이처럼 역사 교과서 논쟁에서 드러난 강고한 반북주의는 여전히 권력을 행사하고 있는 반공주의의 '현재형'이다. 또한 분단국 한국에서 반공주의가 민족주의와 동거하기 어렵고 줄곧 갈등할 수밖에 없는 현실이 역사 교과서 논쟁에서도 고스란히 드러나고 있다고 하겠다. 주목할 것은 외국 학자의 눈에는 금성 교과서를 비롯한 검정 《한국 근·현대사》교과서의 6·25전쟁과 북한 관련 서술이 종전과 달리 이데올로기적 색깔이 옅어지면서 균형적이고 관용적인 관점에서 이루어진 것으로 보인다는 사실이다.[24]

역사학계의 '뉴라이트 교과서' 비판

북한의 인권 상황이나 독재 체제를 무조건 옹호해서도 안 되지만 대한민국이 장기적으로 평화로운 민주국가로 발전하기 위해서는 북한이라는 불편한 존재가 우리 역사의 동반자임을 부정해서도 안 된다. 평화로 가는 불편한 동반자임을 인정하고 대한민국의 미래를 모색해야 한다.[25]

금성 교과서가 친북·좌파 교과서라는 교과서포럼의 비판에 대한 역사학계의 응답이 잘 집약된 주장이다. 북한의 반민주적인 독재 현실을 옹호한다며 금성 교과서를 친북적이라고 규정하는 교과서포럼의 주장에 동조할 수 없으며, 북한을 동반자로 인식하는 민족주의는 남한이 평화로운 민주주의 국가로 발전하기 위해서라도 반드시 필요한 가치라는 뜻을 담고 있다. 이처럼, 민족주의적인 역사교육을 지향할 뿐인데도 교과서포럼을 비롯한 뉴라이트가 여기에 반공주의의 잣대를 들이대며 친북이라는 낙인을 찍자 역사학계는 민족주의를 전면에 내세우며 반반공주의로 대응했다.

역사학계는 먼저, 교과서 포럼이 내놓은《대안 교과서 한국 근·현대사》(이하, 뉴라이트교과서)가 식민지근대화론에 입각해 서술되었다고 비판했다. 식민지근대화론이란 '오늘날 한국 현대 문명의 제도적 기초가 일제의 식민지 통치 과정에서 닦였음을 강조하는' 시각으로, 식민지 시기를 새로운 근대 문명의 학습기, 근대 문명의 제도적 확립기로 파악한다. 뉴라이트 교과서도 식민지근대화론의 시각에서 식민지 시기 일제의 수탈 정책을 강조하기보다는 오히려 식민지 시기에 경제가 크게 성장했으며 철도와 도로, 항만 등이 건설되고 교육과 위생, 의료 부문에서도 크게 발전했다는 점을 강조한다는 것이다. 역사학계는 이들의 입론이 근대화=진보라는 시각에서 식민 지배를 옹호하는 것으로 당시의 근대화가 과연 한국인을 위한 것이었는지를 살피는 주체적 관점을 결여하고 있다는 데 초점을 맞춘다.[26]

역사학계는 이러한 식민지근대화론의 입장에서 보면 독립운동은 별 의미가 없는 활동으로 폄하되기 마련인데, 뉴라이트 교과서도 "해외 독립운동은 여러 분파로 나뉘어 서로 갈등하였다"[27]라고만 서술하여 독립운동 세력 간의 광범위한 연대는 누락한 채 분열과 갈등을 강조하고 있음을 비판했다.[28]

일제 시기와 관련해 역사학계가 가장 강도 높게 비판하는 것은 뉴라이트 교과서가 한국인 대부분이 일제에 협력했다고 서술함으로써 모든 한국 민중이 일제 협력자였으니 모두가 죄인 아니면 모두가 무죄라는 식으로 몰아가 친일 행위를 희석하거나 미화한다는 점이다. 일제 말기에 많은 한국인들이 점차 독립의 희망을 잃어가면서 "일제의 침략 전쟁에 협력하면 이제까지의 차별에서 벗어날 것으로 기대했다"[29]라는 서술에 대해 역사학계는 이광수를 비롯한 친일 민족반역자들이 해방 이후 늘어놓은 변명을 그대로 옮겨놓은 데 불과하다고 비판했다.[30]

역사학계가 보기에 뉴라이트 교과서가 이처럼 친일을 미화한 것은 이 교과서가 "청일전쟁 이전에는 중국이 동아시아 질서의 중심이었고, 그 이후에는 일본이 동아시아의 중심이 되었으며, 해방 이후에는 미국을 중심으로 세계 질서가 재편되었다"라는 사대주의적 역사 인식에 기반을 두고 있기 때문이다.[31] 이처럼 역사학계는 뉴라이트 교과서가 일제 시기와 관련하여 민족주의에 반하는 서술로 일관하고 있다는 점을 집중적으로 비판했다.

또한 해방 이후의 현대사와 관련해 역사학계는 뉴라이트 교과서가 이승만과 박정희의 독재 체제를 적극적·긍정적으로 평가한 부분을 들어 독재를 미화했다고 비판했다. 이승만과 박정희를 각각 건국과 부국의 아버지로 추앙하려는 움직임은 뉴라이트의 태동과 함께 가시화되어 이제는 이승만의 동상이 세워지고 박정희기념관이 만들어지는 데까지 이르고 있다.

역사학계는 뉴라이트 교과서가 이승만을 미화하는 것은 그가 대한민국을 사회주의화에서 구하고 자본주의 체제로 이끌었다고 보기 때문이라고 해석했다. 이승만의 모든 과오를 이 사실 하나로 덮을 수 있다고 생각한다는 것이다. 해방 이후 현대사 부분에서 뉴라이트 교과서의 반공주의가 더욱 노골적으로 드러나고 있음을 알 수 있다. 그런데 건국 과정에서의 이승만의 역할을 강조하는 교과서포럼의 논리는 일본 우익의 식민 지배 정당화 논리와 흡사하다고 한다. 일본 우익은 대한제국이 러시아의 식민지가 되었다면 사회주의의 길로 들어섰을 테니, 차라리 일본의 식민지가 되는 쪽이 훨씬 나았다고 주장한다는 것이다.[32]

무엇보다 역사학계는 뉴라이트 교과서가 이승만의 반공주의가 오늘의 대한민국을 만들었다고 서술하여 반공주의를 독재의 과오를 덮는 전가의 보도로 내세우고 있음을 비판했다.

반민특위 활동이 좀 더 활발했더라면 하는 아쉬움이 남을 수밖에 없는 중대 이유는 당시 대한민국은 공산주의 세력의 거센 도전을 맞아 사실상 내전과 같은 상태에 놓여 있었으며, 친일파의 대규모 청산을 집요하게 요구함으로써 일반 민중의 정치적 지지를 획득하고자 했던 것이 공산주의 세력이었다는 사실과 결코 무관하지 않다. 당시 대한민국의 건국 세력은 친일파 청산보다 공산주의 세력의 도전을 막아내는 일에 우선할 수밖에 없었다. 교과서의 서술은 대한민국의 건국을 둘러싼 엄중했던 제약 조건을 전혀 고려하고 있지 않은 몰역사성을 특징으로 하고 있다.[33]

이처럼, 공산주의 세력을 막아내기 위해 어쩔 수 없이 친일파 청산을 제대로 할 수 없었다는 논리를 역사학계는 강력히 비판했다. 이 논리대로라면 친일파 청산을 제대로 했다면 대한민국이 유지되지 못하고 공산주의자의 손에 넘어가는 위험에 처했을 거라는 주장으로 이어질 수 있기 때문이다. 이는 해방 정국에서는 친일파 청산을 강력히 주장하면 곧 공산주의에 동조하는 사람으로 치부될 수 있었고, 반공을 내세우면 어떤 행위든 정당화되고 합리화될 수 있었다는 뜻으로도 해석될 여지가 있다.

뉴라이트 교과서의 박정희 미화의 초점은 공산화 저지보다는 산업화 성공을 이끈 것에 있다. 역사학계는 폭압적 독재 체제를 선포한 10월유신을 뉴라이트 교과서가 "자신에게 집중된 행정국가의 역량을 총동원하여 자주국방과 중화학공업화를 강력하게 추진했다"[34]라며 산업화를 근거로 미화한다고 비판했다.

역사학계는 또한 뉴라이트 교과서가 민주화를 위해 많은 사람이 피 흘린 사실은 물론 경제발전을 위해 희생당한 수많은 민중의 역사에도 관심이 없다는 점을 비판했다. 뉴라이트 교과서의 관심은 오로지 대한민국의 탄생과 그 후의 경제발전에 집중되어 있다는 것이다. 또한 뉴라이트는 경제발전을 이끈 역사의 주역으로 박정희는 물론 많은 기업인들을 재평가해야 한다고 주장하는데[35], 이는 곧 개발독재를 정당화하고 노동자의 기여를 제대로 평가하지 않는 결과를 낳는다고 비판했다.

박정희 미화는 산업화를 성공으로 이끌었다는 평가에 근거를 두는데 이는 뉴라이트 교과서가 자본주의 시장경제를 절대선으로 본다는 것을 의미한다. 이 관점에서 보면 일제 시기 자본주의 시장경제의 형성은 해방 후 대한민국 발전의 밑바탕이 된다. 역사학계는 이러한 인식에서 식민지 미화론이 등장하고 친일 진상 규명이나 과거 청산은 불필요하다는 논리가 자연스럽게 나온다고 본다. 또한 이런 인식에 기반을 둔 이상 제국주의의 침략적 속성과 이로 말미암아 희생된 많은 민중을 역사에서 지워버리게 된다고 비판했다.[36] 이러한 비판은 역사학계가 산업화를 평가할 때 지도자나 엘리트 계급보다는 다수 노동자의 역할에 주목하고, 일제 시기를 부와 권력과 명예를 누린 친일파보다는 식민통치에 의해 억압당하고 희생당한 민중의 시각에서 파악하려는 역사 인식을 견지하고 있음을 말해준다.

그렇다면 뉴라이트 교과서의 북한사 기술에 대해 역사학계는 어떻게 비판하고 있을까? 먼저 유달리 헌법 정신 수호를 강조하는 뉴라이트 교과서가 38선 또는 정전선 이북 지역까지를 대한민국의 영토로 규정하는 헌법에도 불구하고 북한이 사회주의 체제를 선택했다는 이유만으로 북한사를 대한민국사의 보론으로 다루고 만다는 점을 지적했다.[37] 또한 민족주의적 안목에서 뉴라이트 교과서가 분단 책임을 일방적으로 북한에 전가하고 흡수통일을 당연시한다고 비판했다.

하지만 뉴라이트 교과서의 '대한민국 성립의 역사적 의의' 항목에 드러난 반공주의 역시 깊고도 확고하다.

> 지난 60년간 세계사는 개인의 자유와 재산권을 존중하고, 그것을 국가 체제의 기본 원리로 채택한 자유민주주의와 시장경제의 체제가 인간의 물질적 복지와 정신적 행복을 증진하는 올바른 방향이었음을 보여주었다. 모두가 골고루 잘산다는 공산주의 이상은 자유와 합리적 이기심이라는 인간의 본성에 맞지 않았다. 계급, 당, 국가를 우선하는 전체주의 관료제적 지배 체제하에서 개인의 자유로운 정신과 창의성은 억압되었으며, 결과적으로 모두가 빈곤해지고 말았다. 공산주의 체제는 1980년대 이후 소련 중국과 같은 주요 공산주의 국가들이 시장경제 체제로 전환함에 따라 해체되고 말았다. 그러나 북한은 아직도 공산주의 체제를 고수하고 있으며, 그에 따라 정치적 억압과 경제적 빈곤이 계속되고 있다.[38]

그런데 역사학계가 뉴라이트 교과서의 핵심 논리를 반공주의라 통칭하여 그 자체를 비판한 경우는 거의 없다. 역사학계를 친북주의라 비판하는 뉴라이트를 향해 친북주의가 아님을 적극적으로 증빙하려 하지도 않는다. 다만 뉴라이트가 반민족주의적 논리에 입각했다는 점을 일관되게 비판할 뿐이다. 이렇게 반공주의에 대응하는 반반공주의의 무기로 민족주의가 활용되는 것이 한국 역사 교과서 논쟁의 특질이라 할 수 있다.

2. 북한사를 보는 두 개의 눈

하나의 현상, 두 개의 분석

뉴라이트에게 반공주의는 신성불가침한 신념의 영역이다. 해방 직후부터 보수 세력이 반공과 반북이라는, '대한민국 밖'에서 끌어온 안티테제로만 자신의 정체성을 구성하던 습속은 뉴라이트가 등장한 오늘날에도 건재하다. 대한민국을 둘러싼 정치적·경제적·사회적·문화적 환경이 북한과 그들의 추종 세력인 친북·좌익에 의해 좌지우지되고 있다고 보는 매카시즘적 인식이 답습되고 있다. 이는 대한민국의 정치사가 주체적인 발전을 한 것이 아니라고 보는 것이며, 뉴라이트 교과서 곳곳에도 '북한 때문에 ~했다'는 식의 서술이 등장한다.

교과서포럼이 반공주의적 입장에서 가장 문제시하는 것은 금성 교과서의 북한사 서술 부분이다. 실제로 뉴라이트 교과서와 금성 교과서는 북한사의 서술 형식에서부터 큰 차이를 보인다. 금성 교과서는 민족주의적 입장에서 4단원 '현대사회의 발전'의 3장 '북한의 변화와 평화통일의 과제'에 북한사를 포함해 서술하고 있다. 반면, 뉴라이트 교과서는 마지막 부분에 보론으로 '북한 현대사'를 별도로 다룬다. 대한민국사는 아니라는 얘기다. 그렇다고 뉴라이트 교과서가 북한을 일방적으로 비판하기만 한 것은 아니며, 금성 교과서가 북한을 옹호해 서술했다고 보기도 어렵다.

그렇다면 민족주의적 색채가 도드라져 '친북' 시비를 불러일으킨 금성 교과서, 그리고 반공주의적인 뉴라이트 교과서에서 북한사는 어떤 모습으로 그려졌을까. 이를 분석함으로써 뉴라이트 교과서의 반공주의적 서술과 금성 교과서의 민족주의적 서술의 '진상'을 엿볼 수 있을 것이다.

첫째, 남북 분단의 원인에 대한 분석이 다르다. 뉴라이트 교과서는 "소련은 이미 1945년 9월 20일경에 북한에 단독정부를 수립할 결심을 굳혔다"[39]라고 서술해, 소련의 도움을 받은 김일성을 중심으로 하는 공산 세력이 북한을 장악한 것이 분단의 주된 원인이라고 파악했다. 반면에 금성 교과서는 우리 힘으로 일본을 물리치지 못해 통일 민족국가를 건설하는 데 주도권을 잡지 못하면서 강대국의 이해관계나 정책에 휘둘리게 되었고 이것이 분단의 원인이라고 본다. 반공주의적인 원인 진단과 민족주의적인 원인 진단의 차이가 확연히 드러나는 대목이다.

한편 뉴라이트 교과서는 "북한의 소련 군정은 공산주의 이외의 다른 정치 세력을 용납하지 않았으며 (……) 정부 수립 후 김일성은 남한을 무력으로 통일할 계획을 추진하였다"[40]라고 서술해, 북한의 전체주의적 분위기와 남침 계획은 강조하면서도 북한의 친일파 숙청과 남북 협상 같은 민족주의적 움직임은 언급하지 않았다. 반면에 금성 교과서는 두 가지 사실을 모두 언급한다.

둘째, 1950년대 북한사와 관련해 뉴라이트 교과서는 김일성이 당내는 물론 다른 공산주의 국가의 만류에도 중공업 우선 정책을 독단적으로 추진했다고 서술하고 있다. 반면에 금성 교과서는 "정책의 중심은 중공업을 발전시키는 데 두었다"[41]라고만 기술하여 반대 의견이 있었음은 언급하지 않고 있다. 천리마운동의 경우에는 뉴라이트 교과서가 소련의 스타하노프운동의 모방이라는 점을 언급한 반면에 금성 교과서는 김일성의 제안으로 시작되었다고 서술하고 있다. 뉴라이트 교과서가 김일성의 독재와 소련의 영향을 강조하려 한 반면에 금성 교과서는 북한의 독자 노선에 주목하고 있음을 엿볼 수 있는 대목이다.

셋째, 1960년대 북한사를 보면, 북한의 무력 도발에 대해 뉴라이트 교과서가 "1968년 북한은 청와대 기습 사건, 푸에블로호 나포 사건, 울진·삼척 무장공비 침투 사건을 감행하였다"[42]라고 적어 연도와 사건을 나열한 반면에 금성 교과서는 '1960년대 후반 여러 차례 무력 도발이 있었다'고만 서술하고 있다. 주체사상의 대두와 관련해 뉴라이트 교과서는 '변질'된 사상이라 해석하며 "사회 전반에 걸쳐 통제가 극심해지고, 정치범 수용소가 급격히 확대되고, 수용소 내의 통제가 강화된 것도 이때부터다"[43]라고 비판했다. 반면에 금성 교과서는 "1960년대 후반에 들어서는 주체사상을 유일사상으로 체계화하는 작업이 추진되었다. 1967년에는 주체사상을 정부의 공식 정책으로 채택하고 혁명 전통을 체계화하는 작업을 본격화하였다"[44]라고 서술해 관련 사실만 나열하는 방식을 취하고 있다.

넷째, 1970~1980년대 북한사와 관련해서는, 우선 3대 혁명 운동에 대해 뉴라이트 교과서는 김정일의 권력 승계와 밀접한 연관이 있다고 서술한다. 금성 교과서는 이 운동을 통해 떠오른 혁명 2세대들이 김정일 체제를 뒷받침하는 중요한 정치 기반이 되었다고 서술한다. 뉴라이트 교과서가 개인적 권력 승계에 초점을 맞춘 반면에 금성 교과서는 지지 기반의 형성과 함께 권력이 승계되었음을 강조하고 있다. 또한 뉴라이트 교과서는 김일성의 후계자 자리를 놓고 1960년대 말부터 권력투쟁이 벌어졌다고 서술하고 있지만, 금성 교과서는 권력투쟁은 언급하지 않고 김정일이 후계자로서 자리를 잡아갔다고만 기술하고 있다. 한편 뉴라이트 교과서는 김정일에 대해 "북한은 김정일이 백두산 밀영에서 태어났다고 선전하고 있으나, 이는 사실이 아니다"[45]라고 비판하며 북한 주민 300만 명이 아사한 책임도 그에게 돌리고 있다.

두 교과서는 북한 경제 위기의 원인도 달리 설명한다. 금성 교과서가 경제 위기의 원인을 기술적인 요인과 경제정책적 요인에서 찾는 반면 뉴라이트 교과서는 김일성-김정일의 독재 체제의 강화가 위기의 원인이라 기술했다.

> 1970년대 후반부터 (……) 철저한 계획경제와 지나친 자립 경제 정책은 경제발전을 더디게 하였다. 더구나 힘겨운 국방비 지출로 경제에 투자할 자본의 확보가 어려웠고 에너지와 사회간접시설의 부족은 경제발전에 커다란 장애가 되었다.[46]

> 1970년대 중반 이후 김일성 김정일의 유일 독재 체제가 강화됨에

따라 모든 방면에서 침체하기 시작하였다.[47]

수령 체제에 관한 서술에서 두 교과서의 차이는 더욱 확연히 드러난다. 금성 교과서에는 우상화라는 표현이 등장하지 않지만, 뉴라이트 교과서는 '수령 유일 체제와 가계 우상화'라는 소제목하에 '세뇌', '종교적인 신앙'과 같은 단어를 구사하며 수령 유일 체제가 극에 달했다고 비판하며, 김일성 부자만이 아니라 일가의 영웅화도 진행되고 있음을 강조한다.

이처럼 금성 교과서는 1950년대 이후 북한사를 중립적인 차원에서 서술하면서도 북한 혹은 사회주의권 내부의 갈등은 거의 언급하지 않은 데 비해, 뉴라이트 교과서는 후계 세습 체제를 혹독하게 비판하며 반공주의적 성향을 분명히 드러내고 있다. 이런 뉴라이트 입장에서 볼 때, 금성 교과서처럼 북한을 비판하지 않고 객관적인 사실만을 나열하는 서술은 북한을 옹호하는 것으로 비칠 수밖에 없다.

다섯째, 1990년대 북한사와 관련해 뉴라이트 교과서는 공산주의가 무너지는 국제 환경에 따라 북한의 경제난이 심해졌다고 보고 이로 말미암아 찾아온 환경 파괴, 식량 부족, 대규모 기근과 아사 등의 위기에 초점을 맞춰 서술하고 있다. 반면에 금성 교과서는 국제 환경의 변화로 말미암아 북한이 변화를 모색하고 있다며 북한이 펼친 새로운 국내외 정책을 서술하고 있다.

한편 뉴라이트 교과서는 2000년대 북한을 '현대 세계의 문명사회와 동떨어진 신정神政 체제 국가'로 비판하고 '선군정치와 핵개발', '이어지는 탈북 행렬', '국가 주도의 범죄 활동', '무너지는 수령 체제'

등의 소제목을 달아 북한의 '악행'을 적나라하게 고발하고 있다. 나아가, 뉴라이트 교과서는 이러한 범죄 국가 북한은 곧 무너질 것이라 예상한다.

> 어버이 수령만 믿던 수백만의 사람이 굶어 죽은 후 이러한 신뢰는 근본적으로 흔들리기 시작했다. (……) 현재 북한 체제를 떠받치는 유일한 힘은 선군정치의 폭력이다. 이러한 폭력 국가는 장기적으로 존속할 수 없다. 북한 체제의 불안정은 한반도만이 아니라 동북아 전체의 평화에 심각한 위협 요소가 되고 있다.[48]

이처럼 북한의 오늘을 뉴라이트 교과서는 붕괴의 시각에서, 금성 교과서는 변화의 시각에서 바라본다. 뉴라이트 교과서는 일관되게 반공주의적 입장에서 북한사를 서술한다. 교육용 도서의 품격에 어울리지 않는 용어나 수식어의 사용에서 북한에 대한 적대감을 느낄 수 있을 정도다. 반면, 일본의 식민 지배와 해방 이후 독재 체제와 경제성장을 서술할 때는 비판적인 역사 인식을 보인 금성 교과서의 북한사 서술은 맥락에 따른 설명을 누락한 채 중립적인 사실 나열로 일관한다. 이와 같이 역사학계의 민족주의적 역사 인식에서 발원한 북한사 인식과 서술에 대해 뉴라이트는 "북한 수령 체제가 변종이기는 하나 언젠가는 다시 합쳐져야 할 민족이므로 비난을 삼가려는 예의바른 태도"에 근거한 것이라고 비판했다.[49]

역사 교과서 논쟁 맥락에서 북한사 서술을 살펴보면, 뉴라이트 교과서와 금성 교과서 모두 각각 반공주의와 민족주의 역사 인식에 들어맞는 사실들을 중점적으로 서술하고, 이에 반하는 사실은 적게 서술하거나 서술하지 않는 방식을 취했음을 알 수 있다. 그만큼 두 교과서의 북한사 인식은 반공주의 대 민족주의 전선을 형성할 만큼 그 차이가 크고 깊다고 하겠다.

교학사 교과서 검정 파동 : 민족주의 대 반공주의

2013년 8월 30일 8종의 고등학교《한국사》교과서가 교육부의 최종 검정에 합격했다. 여기에는 뉴라이트 계열의 교학사《한국사》교과서(이하, 교학사 교과서)가 포함되어 있었다. 그런데 교학사 교과서는 관점은 둘째 치고 수많은 오류를 드러내 부실한 교과서가 정치적 검정을 통과했다는 비판의 포화에 직면해야 했다. 이에 맞서 교학사 필자와 뉴라이트는 교학사 교과서를 제외한 7종을 친북 좌파적 편향의 교과서라며 공격했다. 교육부가 8종에 대한 수정 명령을 내리는 등 편법을 동원하여 교학사 교과서를 철저히 비호하면서 역사 전쟁은 더욱 뜨겁게 달아올랐다. 결국 교학사 교과서는 0퍼센트대의 채택률을 기록했다.

교학사 교과서 검정 파동에서도 반공주의 대 민족주의가 논란의 한복판에서 대립 전선을 형성했다. 교학사 교과서에 대한 역사학계의 비판은 주로 친일파에 대한 서술에 집중되었다. 일단 양적으로 교학사 교과서를 제외한 나머지 7종의 교과서는 친일파에 대해 많은 분량을 할애했으나, 교학사의 경우 친일의 실상을 거의 다루지 않았다는 것이다.

그나마 다른 경우에도 치명적인 문제가 있다고 역사학계는 지적한다. 교과서 곳곳에서 해방 이후 현재에 이르기까지 친일파와 후손이나 추종 세력이 내놓은 각종 '친일의 변'을 동원해 친일파에게 면죄부를 주고 더 나아가서 현양顯揚해야 한다고 강변한다는 것이다. 친일의 변은 일본의 핍박 때문에 어쩔 수 없이 협력했을 뿐 자발적으로는 친일을 하지 않았다는 논리를 말한다. 교학사 교과서에는 일제 시기를 살았던 사람들은 정도의 차이는 있지만 모두 일제에 협력했다는 '친일공범론'도 등장한다. 이에 대한 역사학계의 비판은 실로 격렬했다. "거짓에 기초해 친일 행위에 면죄부를 주려고 하는 데서 더 나아가 친일파의 공적을 인정해야 한다고 강변하는 뉴라이트의 교과서는 학생들의 건전한 의식을 심각하게 위협하는 독버섯과도 같다"[50]는 것이다.

뉴라이트는 역사학계의 이러한 친일 프레임에 입각한 비판에 공격적으로 대응했다. 역사학계의 잠재의식이 여전히 일본의 식민지 상태에 머물러 있다는 것이다. 그래서 자신들의 뇌리에 박힌 악마 일본상과 조금이라도 상이한 맥락의 서술을 만나면 용수철처럼 튀어올라 거칠게 욕설을 퍼부어댄다는 것이다. 나아가 역사학계의 식민지적 지성 상태가 지난 60년간 조금도 개선되지 않았으며, 보기에 따라서는 점점 심해지고 있다고 비판했다.

주목할 것은 교학사 교과서가 '친일=반공=애국, 반일=용공=매국'이라는 해방 직후 친일파가 내놓은 논법의 부활을 꾀하고 있다는 지적이다. 실제로 교학사 교과서 필자 중 한 명인 권희영이 한국 사회가 지나치게 친일 대 반일의 구도에 사로잡혀 있다고 비판하면서 반일 시각에서 서술한 교과서는 좌편향이라 주장하기도 했다.[51]

뉴라이트 역시 교학사 1종 대 나머지 7종의 대립 구도를 만들어 내면서 7종의 한국사 교과서의 좌편향 문제는 여전해서 대한민국에는 부정적이고 북한 체제에는 호의적인 서술이 주종을 이룬다고 비판했다. 한 걸음 더 나아가 역사학계의 민족주의를 정면으로 비판했다. "민중사학자들이 역사적 사실을 의도적으로 왜곡하는 경향까지 보이면서 대한민국의 정통성을 부정하는 극단적 행태를 보이는 것은 그들이 '맹목적 민족주의'의 사슬에 속박되어 있기 때문"[52]이라는 것이다. 바로 이 친북 성향의 맹목적 민족주의에 대한 맹신을 끊을 때 역사교육이 정상화된다는 것이다.

이처럼 뉴라이트가 이제는 역사학계의 공격 무기인 친일 프레임은 물론 역사 인식의 지렛대인 민족주의에 대해서도 공세를 취한 것은 친일 프레임만큼 대중성을 확보하고 있는 친북 프레임에 근거한 자신감에서 나온 움직임이라 할 수 있다.

식민 사학의 청산이라는 학문적 과거 청산과 함께 친일 청산이라는 민족 차원의 과거 청산에 큰 의미를 부여해왔던 역사학계는 이제껏 민족주의의 자장 안에서 북한이라는 반쪽을 품고 가는 역사를 모색해왔다. 그런데 최근 북한의 과거와 현재에 대한 비판 의식이 높아지는 가운데 역사의 뒤안길로 사라지고 있던 반공주의가 반북의 이름으로 대중성을 얻어가고 있다. 이 '급변'한 사태로 인해 뉴라이트는 반공의 이름으로 민족주의를 공격하고 나선 것이다.

5장
보수·우파의 무기, 종북 프레임

이념 강박증의 눈으로 본 세상에는 딱 두 부류의 사람이 존재한다. 내 편과 적이다. 이렇게 적대적인 시각에서 진영 논리는 굳어져 가고 있다. 2012년, 대통령선거가 있던 해에 급부상한 종북 프레임은 2013년 대한민국을 뒤흔들었던 모든 사건에도 작동했다. 박근혜 정부 1년 동안 마치 공안 사회가 재림한 듯 종북 프레임이 무서운 힘을 발휘했다. 경실련의 박근혜 정부 1년 국정 운영 평가 토론회에서 고원은 박근혜 정부의 부실한 국정 운영에도 불구하고 지지율이 높게 나타난 것은 노무현·종북 프레임을 이용한 정적에 대한 공격과 보수층 결집 때문이라고 지적했다.[1]

2013년을 종북 프레임의 극성기로 만드는 데 견인차 역할을 한 것은 '국정원 대선 개입 의혹 사건'이었다. 이 사건이 불거지고 쟁점화될수록 보수·우파는 '이석기 의원 내란 음모 사건', '노무현 대통령 NLL 포기 발언 사건' 등 종북 프레임을 활용한 종북몰이로 맞대응했다. '종북 세력의 수뇌부' 이석기 의원에 대한 체포동의안 처리, '종북 의원' 이석기와 김재연 의원에 대한 제명 공세, '종북당'인 통합진보당 해산 시도, 이석기 의원 체포동의안에 찬성표를 던지지 않은 서른한 명의 '종북 의원' 색출 작업에 '종북 대통령' 노무현론에 이르기까지 보수·우파의 종북몰이는 매서웠다. 여기에 전공노 조합원을 종북 공무원, 전교조 조합원을 종북 교사, 민주노총을 종북노총으로 부르고, 밀양 송전탑 건설에 항의하는 노인에게도 종북 딱지를 붙였다. 국정원이 환경운동연합이란 중견 시민단체를 4대강 사업을 비판했다는 이유로 종북 세력으로 몰아세우다가 사과하는 해프닝도 있었다. 그뿐 아니었다. 야당인 민주당을 공격하는 데도 종북 프레임을 이용했을 뿐만 아니라 국정원의 정치 개입을 비판한 이재오 의원 등 새누리당 의원, 국정원 대선 개입 의혹 사건의 수사 외압을 폭로한 윤석열 특별수사팀장과 채동욱 검찰총장에게도 "종북 아니냐"며 종북 프레임을 끌어들였다. 그렇게 2013년은 "종북 광란극"[2]이 펼쳐진 광기의 시대였다고 해도 지나치지 않을 것이다. 이 현실이 바꾼 일상을 박권일은 다음과 같이 말한다.

> 박근혜 정권이 출범하자마자 매카시즘 광풍이 휘몰아쳤다. 이른바 '이석기 의원 내란 음모 사건'이 대표적이다. 국정원 대선 개입 의혹을 증명하는 증거들이 속속 드러날수록 정권의 '종북 사냥'도 기승을 부렸다. 텔레비전을 켜면, 특히 종편 방송일 경우 거의 24시간 내내

들리는 말이 '종북'이다. 그야말로 종북의 홍수다. 조금만 정권 비판적 발언을 해도 곧장 "너, 종북이야"라는 말이 돌아온다. 얼마 전만 해도 대부분이 무슨 뜻인지도 몰랐던 생경한 단어가 지금은 이 말 안 쓰고 그동안 어떻게 살았나 싶을 정도로 시대의 표제어가 됐다.[3]

그렇게 2013년에 종북은 종종 검색어 순위의 상위에 오르며 일상적 유행어의 지위를 획득했다.

분명한 것은, 종북 프레임이 극성을 부리는 만큼 민주주의는 위기로 치달아간다는 사실이다. 2013년, 보수·우파는 국민의 일원이자 정치적 파트너인 '반대자' 혹은 '비판자'를 헌정 질서와 법치주의를 교란하여 적을 이롭게 하는 종북주의자로 몰아가며, 공존과 상생의 민주주의의 원리를 무너뜨리려는 듯 강경한 태도로 일관했다.

1. 비국민을 만드는 논리

'종북주의'의 탄생

애초 '종북'이란 진보정당 간 논쟁에서 탄생한 말이었다. 2001년 북한 조선노동당의 노선에 반대한다는 입장을 분명히 한 사회당은 친북과 구별되는 종북이란 표현을 쓰며 민주노동당의 통합 제안을 '조선노동당의 외교정책을 우위에 놓는 종북 세력'과 함께할 수 없다며 거부했다. 2007년 12월 대선 직후에는 민주노동당 안에서 종북 논쟁이 일어났다. 논쟁은 '평등파'인 조승수 진보정치연구소장이 북

한을 군사 왕조 정권으로 규정하고 이를 추종하는 '자주파'와 결별할 수 있다고 밝히면서 시작됐다.[4]

> 북한의 군사 왕조 정권을 보위하고 북한식 사회주의로 통일하는 것을 자신의 최고 임무로 하는 세력과는 진보정당을 함께할 수 없다는 것이다.[5]

이는 곧 분당론으로 이어졌다. "친북 세력과 결별하지 않고서는 민주노동당이 국민의 신뢰를 받을 수 없다"는 게 이유였다.[6] 결국 두 달간의 갈등 끝에 2008년 2월 민주노동당은 분당했다. 이렇게 종북은 진보 진영의 분열을 야기하는 뜨거운 감자가 되었고 이내 보수 진영에게는 친북을 대신하는 공격 잣대로 수용되어 종북 프레임으로 거듭났다.

보수·우파가 말하는 종북주의란 북한 김일성-김정일-김정은 정권을 따르는 사상이나 이념을 뜻한다. 이러한 종북주의를 바탕으로 행동하는 사람이 바로 종북주의자라는 것이다.[7] 뉴라이트 인사인 홍진표 등은 종북주의를 북한 정권에 대한 맹목성과 추종성이 더욱 심화된 친북주의로 본다. 종북주의자들은 남한 내에서 독자적 혁명을 추진한다는 의식이 전혀 없고 북한 정권과 자신을 공동운명체로 여기며 오로지 북한 정권 추종에 빠져 있다는 것이다.[8]

> 우리는 종북주의와 종북주의자들의 실체를 알아야 한다. 지금 이 시간에도 종북주의자들은 진보의 가면을 쓰고 국민을 기만하고 사회

적 갈등을 일으키기 위한 활동을 조직적이고 은밀하게 수행하고 있다. 그리고 그들의 영향을 받은 일부 사람들은 인터넷 카페 등 온라인 공간에서 열심히 북한의 주장을 퍼 나르고 있다. 그것이 민중을 위하는 길이고 진보적인 해결 방법이라고 강변하면서 말이다. 그러나 종북주의자들의 활동은 한국과 우리 국민에게 해가 되고 있으며, 북한 주민의 이익이 아니라 오직 북한 김정일 독재 정권의 안위에 기여할 뿐이다.[9]

보수·우파의 종북주의에 대한 비판에서 감지할 수 있는 변화는 자신들이 반공주의적 관점을 취하지 않고 자유주의와 민주주의, 혹은 인권의 관점에서 종북주의를 비판한다는 주장이 등장 했다는 사실이다. 올드라이트와 다른 뉴라이트적 대북관을 갖고 있다는 것이다.

반공주의는 이처럼 정치적 반대파를 공격하는 수단으로 이용하고 싶은 유혹의 대상이 된다. 정적에 대해서는 몇 가지 그럴듯한 증거를 동원하여 '좌파'라고 규정하면, 이익이 생길 경우 경쟁적인 양상을 띠기도 하는데, 선명성 논쟁이 항상 그렇듯이 부메랑 효과가 발생하면서 자기 파괴적 결과로 흐르기 쉽다. 이런 시도가 한국 사회 전체적으로는 이미 지지받지 못하는 행위가 되었음에도 불구하고, 제1야당(한나라당)에서 발견되는 것은 시대 지체 현상의 하나일 것이다.[10]

홍진표와 같은 뉴라이트 인사는 올드라이트와 차별화하려 하면서, 즉 반공주의와 거리를 두려 하면서 남북관계와 국가보안법 문제에서 다소 유연한 입장을 개진했다. 뉴라이트인 류현수 역시 반공주의가 아닌 민주주의와 인권의 관점에서 종북주의를 비판할 것임을 천명했다. 북한이 수령 독재 국가이고 3대 세습 국가이고 인권 탄압 국가임에도 종북주의자들이 이에 침묵하고 어떤 비판도 하지 않는 점을 따지겠다는 것이다. 이렇게 뉴라이트 인사들이 민주주의 잣대로 종북주의와 종북주의자를 비판할 수 있는 논거는 그들의 대북관, 즉 오늘의 북한은 더 이상 공산주의 국가도 아니고 오직 독재국가일 뿐이라는 인식에서 나온 것이라 할 수 있다.

> 북한 체제는 1945년 소련 군정 시기부터 1960년대 후반까지를 일반 사회주의 체제, 1960년대 후반부터 1990년대 초까지를 수령절대주의 사회주의 체제, 1990년대부터 현재까지는 보스 1인 중심의 마피아형 군사 독재라고 할 수 있다.[11]

보수·우파가 볼 때 북한은 실패 국가다. 언제든 급변 상태가 발생할 개연성이 있으며 그럴 경우 체제나 국가 붕괴로 이어지고 이는 도도한 역사의 흐름일 뿐이라는 것이다.[12] 뉴라이트가 북한을 척결해야 할 적으로 보는 올드라이트의 반공주의와는 다르다고 강변해도 이렇듯 올드라이트와 마찬가지로 북한 붕괴를 필연으로 확신하는 한, 양자의 반공주의=반북주의 간의 차별성은 거의 없다고 보아야 할 것이다.

반대세=반대한민국 세력

이러한 반북관에 바탕을 둔 종북주의 척결 논리를 교육하는 데 국가정보원이 사용하고 있는 교재가 바로《반대세의 비밀, 그 일그러진 초상》(이하《반대세의 비밀》)이다. 여기서 말하는 반대세, 즉 '반反대한민국 세력'이란 누구인가? '종북 좌익 세력'이다. 이 책에서 말하는 좌익 세력이란 '진보의 우산 아래 자유민주주의와 자본주의 체제의 대한민국을 부정하고 사회주의 체제로의 변혁을 주장하는 세력'을 말하는데, 이들 반대세 좌익 세력의 주력은 가난과 인권 탄압, 폐쇄적 민족주의, 세습 왕조 체제 등에 기반을 둔 퇴보적인 북한 체제를 옹호하고 이 체제 중심의 통일을 지향하는 종북 좌익 세력이라는 것이다.[13]

《반대세의 비밀》에서 주목할 것은 '보수와 진보'라는 이분법의 폐기를 주장한다는 사실이다. 이유는, 보수는 진보를 거부하는 퇴보 세력으로 이해되고 있기 때문에 진보에 대한 이미지는 긍정적이나 보수에 대한 이미지는 부정적이라는 점에서 부적절한 이분법이기 때문이다.[14] 또한, 진보라는 개념이 좌익·좌경 세력이 자신들을 진보 세력으로 부르면서 보편화됐다면서 진보 세력이란 명칭을 사용하는 것도 실상 좌익을 돕는 행위에 해당한다고 주장한다. 그래서 이를 대신하는 이분법으로 '대한민국 세력 대 반대한민국 세력'을 제안한다.

하지만 이러한 이분법 해체의 주장과 관계없이《반대세의 비밀》에서 말하는 반대한민국 세력, 즉 '종북 좌익 세력'에 대한 정의는 좌익보다는 종북에 더 초점을 맞추고 있다는 점에서 종래의 보수 진영의 정의와 다르지 않다.《반대세의 비밀》은 '종북 좌익 세력'이 사상과 이념에서 북한을 충실히 따른다고 주장한다. '종북 좌익 세력'이 말하는 민족주의, 민주주의, 평화주의 모두 북한의 선전을 따르고 북한을 이롭게 할 뿐이라는 것이다.

민족주의는 북한을 옹호하고 남한 체제를 붕괴시키기 위한 이데올로기로서 남한에 종북 세력을 확대하고, 미군을 철수시키고, 국민의 안보 의식을 해이하게 하고, 국제적인 유대 관계를 중시하는 우익을 공격하는 수단이라고 본다. 민주주의에 대해서는, 파쇼인 북한에 대해 민주적이라고 주장하며 자유민주주의 체제인 대한민국을 혁명으로 무너뜨리려 하므로 가짜 민주주의라고 주장한다. 평화주의는 북한에 위협이 되는 미국과 우익 세력을 전쟁 세력으로 몰아가기 위한 전략적 주장이고 '우리는 하나다'라는 감정적 통일론 역시 남한 내 동조 세력을 넓히기 위한 전략전술의 일환이라고 주장한다. 다시 말해, 선善의 가치 반대편에서 완벽하게 '악=반민족=반민주=반평화'를 구현하는 세력이 바로 '종북 좌익 세력'이고 이들이 바로 반대세라는 것이《반대세의 비밀》의 논리다.

이와 같은 종북주의론과 반대세론에 입각한 종북 프레임은 정치의 장에 들어오는 순간, 보수·우파의 단합과 연대를 상징하는 더욱 강력한 도구로 사용된다. 이석기 의원 사건에서 드러났듯이 새누리당은 국회의원 체포동의안에 찬성표를 던지지 않은 국회의원들의 사상에 대해 의혹을 제기하며 통합진보당을 넘어 민주당을 비롯한 야당 전체에 종북 혐의를 씌웠다. 체포동의안 '반대는 대놓고 종북, 기권은 사실상 종북, 무효는 은근슬쩍 종북'이라는 것이다. 대한민국 국민을 둘로 확연히 가르려는 분열의 상징 기호인 반대세론에 대해 이

항우는 빨갱이라는 반공 이데올로기가 대한민국 정체성 부정 집단 혹은 반대한민국 세력이라는 담론으로 변형된 것이라고 주장한다.[15]

종북 프레임이 보수·우파의 전가의 보도가 되어가면서 야당 국회의원마저 반대세, 즉 반대한민국 세력으로 몰아붙이는 경우도 나타났다. 대표적인 보수 인사인 조갑제는 《종북 백과사전》을 발간하면서 민주통합당과 통합진보당 인사를 포함한 서른아홉 명의 '종북 인물들'을 선정했다. "19대 국회로 진출한 종북 세력"에 대한 경각심을 일깨우기 위해서라고 했다.[16]

2. 생산과 유통의 진원지, 언론

보수 언론이 설정한 종북의 기준

종북 프레임의 생산과 유통에 앞장선 것은 언론이었다. 보수 성향의 신문사와 방송국이 쏟아내는 종북 보도가 사회 전반에 걸쳐 보수적인 분위기를 형성했고 결과적으로 2012년 총선과 대선에서 보수 진영의 승리를 이끌어냈다는 평가가 있을 정도다.[17] 먼저, 노무현 정부부터 이명박 정부까지 10년(2003~2012)간 《동아일보》(보수), 《문화일보》(보수), 《서울신문》(중도), 《한국일보》(중도), 《경향신문》(진보), 《한겨레신문》(진보) 등 6대 일간지에서 종북을 다룬 사설과 칼럼을 분석한 이병욱·김성해의 연구 성과를 바탕으로 보수 언론 중에서 가장 논조가 강한 《동아일보》와 《문화일보》의 종북 프레임 담론을 살펴보자.

먼저, 종북 세력으로 지칭할 수 있는 집단은 북한의 지배 집단을 철저히 따르고 주체사상을 믿는 몸통 세력과 북한과 종북 집단을 정서적으로 지지하고 그들의 주장에 동조하는 외곽 세력으로 나뉜다. 종북 세력의 몸통으로는 주사파, 민주노동당, 전교조, 한총련, 범민련, 일심회, 진보연대, 민주당, 민노총 등이 있다. 외곽 세력으로는 김대중, 노무현, 박원순, 이석기, 임수경이 있다.[18] 가령 민주노동당을 종북 세력이라 부르는《동아일보》의 주장은 다음과 같다.

> 민주노동당은 2000년 진보정당을 표방하며 출범해 그해 총선에서 13퍼센트에 이르는 지지를 받았지만 당의 주축은 1980~1990년대 운동권을 지배했던 민족해방 주사파 계열이다. 즉 김일성 주체사상을 신봉하는 김일성·김정일주의자들이다.[19]

그렇다면 종북 세력을 규정하는 근거는 무엇인가? 첫째, 북한을 옹호하면 사실상 종북 세력으로 규정된다. 2006년 북한이 미사일을 발사했을 때, 이를 남한에 대한 위협이 아니라 북한의 정당한 자주적 권리이며 자위적 조치라고 옹호한 개인과 단체에는 여지없이 종북이란 꼬리표가 붙었다.《동아일보》는 그들에게 "'하늘 같은' 김정일 위원장 품에서 살 기회가 주어진다면 남한을 버리고 얼른 달려갈 용의가 있는지"를 물었다.[20]

둘째, 반미주의는 무조건 종북이다.

> 현재 발생하는 대부분의 국가적 갈등은 종북 세력의 반미 전략에 기

인하기 때문이다. 한미 자유무역협정 반대 투쟁, 제주 해군기지 반대 선동은 한미동맹 해체와 주한미군 철수를 노리고 있다. 대한민국 역사에 대한 왜곡, 이승만·박정희 대통령에 대한 폄훼에는 위대한 성취와 정통성을 부인하려는 노림수가 있다.[21]

셋째, 국가보안법 폐지를 주장하면 종북 세력이다. "대한민국 안의 통진당 주사파 종북 세력은 북한 김일성 왕조라는 강력한 배후 세력을 갖고 있다. 그래서 남한 체제 안에서 탄력이 조금만 더 붙으면 국가 체제 변질을 얼마든지 시도할 수 있다. 이 점이 대한민국에서 국가보안법이 필요한 이유이고, 주사파가 한사코 국가보안법을 없애려는 이유이기도 하다"[22]라는 논리가 보수 언론이 '국가보안법 폐지론자=종북 세력'으로 보는 근거다.

이러한 종북 세력을 척결하기 위해서는 어떤 해결책이 요구될까? 보수 언론은 국가보안법 유지를 강력히 주장했다. 국가보안법만이 국가의 안위를 위협하는 이적단체와 북한의 지시로 사회의 분란을 조장하는 간첩으로부터 대한민국을 지킬 수 있다는 것이다. "지금 우리 사회에 퍼진 친북·반미 풍조는 이 나라가 6·25 남침을 당한 나라인지 아닌지 의심할 정도다. 우리가 도저히 수긍할 가치가 아닌 북한 사상을 확대 전파하는 일을 국보법이 없으면 막을 수 없다"[23]는 것이다. 또한 근원적인 해결책으로 국민의 안보 의식 강화를 제시했다. 북한을 일방적으로 옹호하는 종북 세력으로부터 선량한 국민들을 보호하기 위해 건전한 안보 의식을 심어줄 필요가 있다는 것이다.

종북 세력의 문화에 대해서는 이중적 언행, 불법행위, 폭력적 시위·행위, 불통 집단, 간첩, 내부의 적 등이란 부정적인 표현을 쓰며 비판했다.[24] 종북 세력은 항상 자유, 인권을 이야기하지만 북한 인권 문제는 물론이고 핵문제, 3대 세습 독재 등에도 침묵하는 이중적 태도를 보인다는 것이다.

> 통합진보당의 이정희 전 공동대표, 이석기·김재연 비례대표 당선자, 이상규 서울 관악을 당선자 등 구당권파 인사들은 북한 인권과 3대 세습, 핵, 주체사상 문제에 대한 질문만 나오면 얼버무리고, 입장을 명확히 밝히지 않는 공통점을 갖고 있다. 종북주의자들의 전형적 행태다.[25]

보수 언론은 이른바 종북 세력에게 폭력적인 집단이라는 이미지도 부여했다. 각종 시위에 참여하여 군사시설을 파손하고, 죽창·쇠파이프 등으로 무장하고 폭력 시위를 주도하며, 전문 시위꾼들이 각종 집회에서 불법 폭력을 선동하는데, 문제는 시위꾼 상당수가 반미 종북 성향을 가진 반체제 집단 소속이라는 것이다. 2006년 민주노동당 지도부가 연루된 간첩 사건인 일심회 사건을 통해서는 '종북 세력=간첩'이라는 이미지를 강조하기도 했다. 결론은 종북 세력은 국가 안보를 위협하는 존재라는 것이다.

이처럼 보수 언론은 종북 세력의 존재를 확신하고 이에 따른 위험성을 논하면서 종북 세력을 철저히 제거해야 한다고 주장했다. 이들은 노무현 정부 당시에도 이른바 종북 세력을 지속적으로 비판했지만, 이명박 정부 들어서는 더 많은 종북 담론을 생산했다. 북한을 긍정적으로 보는 경우는 물론이고 심지어 북한을 비판하지 않는 경우에도 논란거리로 만들었다. 분명한 것은 언론의 종북 담론이 언론사의 이념적 입장에 따라 전혀 다르게 재구성되는 정치적 재구성물에 가까우며 권력 재창출 등 특정한 정치적 목적과 깊은 관련이 있다는 것이다. 실제로 2012년 보수 진영은 보수 언론과 손잡고 자신들에게 유리한 담론—그중 하나가 종북 프레임—을 내걸어 입지를 다진 결과 다시 정권을 잡았다.[26]

종북 프레임의 계보학적 탐색

이번에는《조선일보》를 통해 계보학적 관점에서 종북 프레임의 생산과 유통 과정을 되짚어보자.《조선일보》에 처음으로 종북 개념이 등장한 것은 2007년 12월 민주노동당 내 종북주의 논쟁이 불거졌을 때였다. 이를 통해, 보수 언론 스스로 종북이란 잣대를 생산한 것이 아니라, 민주노동당 내 종북주의 논쟁을 둘러싼 당내외 논객들의 말을 빌리는 형식으로 종북 혹은 종북주의 개념을 썼다는 사실을 확인할 수 있다.

하지만 민주노동당의 분당이 현실화되는 2008년 2월 5일 사설에서《조선일보》는 처음으로 민주노동당을 종북당이라고 비판했다. 종북 프레임을 적용하기 시작한 것이다. 같은 날 류근일은 종북에 따옴표를 친〈'종북'주의〉라는 칼럼을 통해 진보에서 종북을 분리할 것을 주장했다.

> 지난 5년 동안에도 이들 '종북주의자'들은 '일심회 간첩' 감싸기, 북

> 한 인권 말살 옹호, 북한 핵 지지, 한미동맹 해체, 평택 미군기지 반대, 빨치산 추모제, FTA 반대, 북한 선군정치 찬양, 6·15 국경일 제정, 연방제 통일 등을 끈질기게 부추겨왔다. 그들은 '진보'의 이름을 도용해 '김정일 추종=진보', '김정일 비판=보수'라는 해괴한 분류법을 이 사회에 확산시켜놓기도 했다. 그러나 이제 그런 우화 같은 세태는 시대의 버림을 받았다. 양식 있는 '진보'라면 이제야말로 '종북주의자'들과 미련 없이 헤어져서 합리적·민주적·대한민국적 '진보'로 거듭나야 할 것이다.[27]

이후 한동안 《조선일보》는 진보 혹은 좌파로부터 종북을 분리하자는 주장을 거듭했다. '종북 세력=독재 좌파=전체주의적 좌파'를 경계하자는 것이다.

《조선일보》의 종북 프레임이 공고해지고 확장되는 데는 몇 가지 계기가 있었다. 첫째 계기는 2010년 3월에 일어난 천안함 사건이었다. 강규형의 칼럼에 그러한 입장이 잘 드러나 있다.

> 천안함 피격은 현대사의 분수령이 될 것이다. 침몰 이후 오늘날까지 한국의 이른바 좌파들이 일관되게 그리고 필사적으로 북한과의 연계를 배제하려는 것을 보고 그들의 실체는 결국 대부분 알량한 종북주의 또는 반미주의에 불과하다는 것을 재확인했다. 민주당은 종북주의 수구 좌파 세력과 완전히 결별해야 할 때가 왔다.[28]

둘째 계기는 천안함 사건에도 불구하고 2010년 6월 지방선거에서 한나라당이 패한 데서 온 충격이었다. 김대중은 종북 세력이 두렵다고 썼다.

> 6·2 지방선거의 한나라당 패배는 이명박 패당을 박살내자는 북한 집단의 지령과 선전이 그대로 먹힌 꼴이 됐다. 김정일 집단의 선동도 무섭지만 이 정부를 전쟁광으로 몰고 가는 남한 내 친북·종북 세력의 기승이 더 두렵다.[29]

보수·우파의 두려움이 2010년 8월 15일 '종북 좌파 세력 척결 8·15국민대회'로 드러나는 가운데, 종북 프레임은 이른바 북한 추종 세력뿐만 아니라 천안함 공격이 북한 소행이라는 확증이 없다고 주장하는 이들에게도 적용됐다.

셋째 계기는 2010년 9월 북한의 3대 세습의 공식화였다. 이를 공개적으로 신랄히 비판하지 않으면 누구든 종북 프레임의 덧씌우기를 피할 수 없었다. 나아가 종북은 공공연한 척결 대상이 되었다.

> 사람들은 대한민국 체제를 위협하는 것으로 북한 공산주의 집단을 거론하지만 기실 미시적 관점에서 한국을 괴롭히고 망가뜨리는 존재는 남쪽의 종북 세력이라고 생각한다. (……) 오늘날 북한 땅에서 벌어지고 있는 권력의 세습, 경제의 피폐, 기아의 상습, 인권의 유린 등은 다른 공산주의나 사회주의 나라에서도 유례를 찾아볼 수 없다. 그런 북한을 찬양하고 동조하는 세력이 대명천지 남쪽 땅에서 활개치고 있는 현실을 감당하기 어렵다. (……) 시대착오적인 오늘의 북

한을 보면서도 여전히 종북의 그늘에서 벗어나지 못하는 사람들을 용납하는 것은 이념적 관용이 아니다. 우리 사회는 그들을 종북의 미망에서 구해내야 한다. 그들의 설 자리를 없애야 한다.[30]

넷째 계기는 2010년 11월 북한의 연평도 포격 사건이었다. 이 사건 직후 《조선일보》는 〈햇볕=평화는 허구다〉라는 특집 기사를 "전선 키워야 평화를 지킨다"라는 부제를 달아 실었다. "종북=반평화" 프레임이 이때 등장했음을 일단 주목하자. 그런데 특집 기사 중 하나가 〈내부의 적, 친북·종북 세력들〉이었다. 마침내 '적'이란 표현이 등장한 것이다. 이 기사는 친북·종북 세력들이 좌파 정권에서 급성장해 권력 중심부까지 진출했으며 핵심 세력은 3만 명이고 추종 세력은 50만 명이 넘는다는 내용을 담고 있다.

친북·종북 세력들은 좌파 정권 10년 동안 햇볕정책의 산물인 안보 불감증을 자양분 삼아 뿌리내린 뒤 이제는 대한민국 체제 붕괴를 노리고 있다. 2000년 이후 대법원에 의해 이적단체로 판결받은 단체는 남북공동선언실천연대, 한국청년단체협의회, 범민련 남측본부, 한총련, 진보와 통일로 가는 서울민주노동자회 등 열다섯 개나 된다. (……) 북한 체제를 찬양하는 종북 인사들의 행태는 극에 달하고 있다. 종북 세력들은 의식화 단계는 물론 조직화 단계를 지나 체제 전복까지 노릴 정도로 세력화됐다는 게 전문가들의 분석이다. (……) 공안 전문가는 "10여 년 전만 해도 100여 개 정도였던 친북 단체 숫자는 현재 200여 개로 늘었고 지하조직을 합치면 훨씬 더 많다"고 했다. 그는 "공산주의 주체사상으로 무장한 핵심 세력이 3만여 명, 이들이 주최하는 집회 시위에 참여하는 추종 세력이 50만여 명에 이른다"며 "체제 불만 등으로 이들에 심정적 지지를 나타내는 부동층은 300여 만 명으로 추산된다"고 말했다.[31]

2011년에는 민주당이 북한인권법을 반대하자 종북 논란이 다시 불거지는 가운데 이회창 한나라당 대표가 '정치권에 종북주의가 있다'고 언급할 정도로 보수·우파에게 종북 프레임이 더 깊이 뿌리내려갔다. 한상대 검찰총장의 취임 일성도 '종북 좌익과의 전쟁'이었다.《조선일보》에는 다시 종북=반평화 프레임이 씌워진 기고문인 고영환의 〈평화통일의 최대의 적은 남한의 종북 세력〉이 실렸다.

한국에 귀순한 후 수많은 간첩과 종북 세력이 활개치고 있는 현실에 놀라기도 했지만, 더욱 놀라웠던 것은 많은 사람들이 종북 세력의 실체를 부정하거나 종북 세력을 민주 세력인 양 추앙하는 것이었다. 지금 평화통일의 최대 적은 인민의 지탄을 받으며 연명해가는 북한의 김정일 집단이 아니라 남한 내 종북 세력이다. 김정일 체제는 시대착오성과 모순으로 가만히 두어도 붕괴될 것이고 북한 인민이 그들을 용서하지 않겠지만, 종북 세력은 통일 이후에도 온갖 전시 선동으로 민족 내부의 갈등을 폭발시켜 우리 민족의 발전을 가로막을 가능성이 크다. 우리는 북한의 김정일 정권 제거보다 남한의 종북 세력 청산에 더 역량을 집중해야 한다.[32]

그해 10월 서울시장 보궐선거에서 박원순 후보도 종북 프레임을 피해 가지 못했다. 선거 와중에 김정일과 북한 정권을 찬양하는 종북 사이트에 대한 수사 발표가 있었다. 변호사, 공무원, 교사 등 70여 명과 122개 사이트에 대해 수사 중이라는 것이었다. 《조선일보》는 '버젓한 사람들이 왜 숨어서 종북 활동을 펼치느냐'는 의문을 던지고 '독버섯처럼 자라나는 자생적 종북'을 경계하며 '종북 카페는 사이비 종교와 같고 이를 운영하는 종북주의자들은 반사회적 인격 장애인 소시오패스'일 것이라고 주장하는 내용의 기사를 내놓았다.[33]

종북 세력이 들끓는 대한민국은 '간첩 하기 참 좋은 나라'라는 종북 프레임의 선동 속에 맞이한 2012년 4월 총선에서 민주당의 임수경 후보가 비례대표로 선출되고 특히 통합진보당 내 경기동부연합계파가 국회에 들어가자 보수·우파는 종북 프레임에 더욱 집착하게 되었다. 《조선일보》에는 2012년 5월 16일과 5월 19일 두 번에 걸쳐 〈종북 주사파 국회 입성〉이라는 특집 기사가 실렸다. 민주당과의 야권 연대를 통해 국회에 입성한 통합진보당 국회의원 중에는 주사파 국회의원 여섯 명이 있는데, 이들은 대한민국을 부정하는 종북 세력이라는 것이다. 종북파가 진드기처럼 국회에 들러붙었다는 표현도 등장했다.[34]

《조선일보》 사설에는 '진보당=종북 사교 집단'이라는 논리가 등장하기도 했다.[35] 여기에는 이석기 의원이 2003년 3월 21일에 반국가단체인 민혁당의 핵심 인물로 유죄판결을 받았으나 시국사범 중에는 유일하게 그해 8월 15일 노무현 대통령과 강금실 장관 덕에 광복절 특사로 나오게 되었다는 점을 강조하는 '친노=종북' 프레임까지 동원되었다. 북한보다 종북 세력이 더 큰 문제라는 이명박 대통령의 발언, 진보당 사태에는 민주당도 큰 책임이 있으며 이석기, 김재연 의원은 제명해야 한다는 박근혜 한나라당 전 대표의 발언, 그리고 황우여 당시 한나라당 대표의 '정권을 놓치면 종북 세력의 세상이 된다'는 발언 등은 종북 프레임이 2012년 대통령 선거에서 보수·우파가 내놓을 수 있는 전략적 대중 논리의 위상을 획득했음을 의미한다.

이처럼 보수 언론의 종북 프레임 생산과 유통은 종북 프레임이 단순히 보수·우파의 이념적 푯대로 고고히 존재하는 것이 아니라 보수·우파의 영구 집권을 보장하는 이념적 도구로 자리매김하는 데 결정적 계기가 되었다. 언론학자들은 그렇게 보수·우파와 보수 언론이 손잡고 '영구 집권'을 위해 자신들에게 유리한 종북 프레임을 생산하고 유통하고 소비할수록 민주주의는 위기에 처할 수밖에 없다는 점을 우려한다.[36] 언론이 가치관이 서로 다른 이들과 공존하고 소통하는 입장을 저버리고 특정 집단의 이익을 위해 적을 '만들어' 배척하는 데 기여한다면, 공공성에 바탕을 둔 공론장을 위태롭게 만들 수 있기 때문이다.

3. 문화 현상으로서의 종북 프레임

종북 프레임의 반민주주의성 읽기

종북 프레임이 박근혜 정부를 탄생시킨 주역 중 하나라는 주장은 정치권에서도 나오고 있다. 2012년 대선에서 민주당 후보였던 문재인은 “지난 대선에서 종북 프레임의 성공이 박근혜 후보의 결정적인 승인이었다”[37]라고 평가하면서 종북 프레임이 통용되는 사회는 정상적인 민주주의 사회가 아니라고 주장했다. 그리고 종북 프레임에 정면으로 맞설 것을 촉구했다.

> 종북 프레임은 국민들이 피땀으로 이뤄낸 민주주의 기본 토대를 허물고 있다. 우리 사회가 종북과 공존할 수 없기 때문에 다른 정파를 종북이라고 몰아붙이는 건 국민을 분열시키고 상대와 공존하지 않으려는 사악한 프레임이다. 우리가 정면으로 맞대응할 필요가 있다. 하나의 색깔론에 지나지 않는 종북 프레임에 주눅 들지 말아야 한다.[38]

정정훈은 종북 프레임을 새누리당으로 상징되는 보수·우파의 준영구적 집권 전략의 일환으로 본다. 1997년과 2002년 대선에서 연이어 집권하지 못한 보수·우파는 2007년과 2012년 대선 승리를 통해 집권하면서 영구적 집권을 위한 기반 마련에 골몰하고 있는데, 여기에 종북 프레임을 활용하고 있다는 것이다.[39] 그런데 그들은 신자유주의적 질서에 부합하는 정치체제, 즉 자신들의 사익 추구를 안정적으로 보장하고 이에 대한 저항을 최대한 억압하는 공안 질서에 기반을 둔 사회를 지향하고 이를 위해 종북 프레임을 활용한다는 점에서 반민주주의적이다.

김종대는 종북 프레임의 반민주주의성을 다른 각도에서 살피고 있다. 보수·우파의 안보 논리를 반민주주의성과 관련짓는 것이다.

첫째, 보수·우파는 극단화된 비관적 국가관을 갖고 있다. 종북 프레임을 주로 생산하는 주체인 군 당국은 '국가는 안보에서 실패할 수 있다'는 가정을 신봉한다. 베트남과 중국처럼 극소수 이적 세력이나 아주 미묘하고 사소한 사건에 의해 국가 안보가 무너질 수 있다는 것이다. 둘째, 보수·우파는 민주주의 체제는 전체주의와의 대결에서 불리하다고 생각한다. 전체주의는 잘 단결되어 있는 반면 민주주의는 그렇지 못하기 때문이다. 이러한 불리함을 만회하려면 종북 세력을 상대로 사상전을 전개해야 한다. 이는 곧 민주주의와 안보가 상호 적대적인 관계에 놓인다는 것을 의미한다. 민주주의에 대한 불안은 남북 평화통일이 이루어질 경우 북한은 일당제이고 남한은 다당제이므로 선거에서 북한 노동당이 승리한다는 주장으로까지 이어진다. 셋째, 보수·우파는 자신들의 법률과 도덕을 적국인 북한에까지 관철하려고 한다. 북한에 대한 가부장적인 지도력을 발휘하려 한다. 이는 곧 북한에 대해 우월감을 갖게 할 뿐만 아니라 종북 세력에 대해 교화, 교정, 체벌의 의무를 지게 만든다.[40]

이러한 종북 프레임이 작동하는 한, 북한과 야당의 이미지를 일체화하려는 시도가 지속되고, 북한에 대한 확실한 태도를 요구하는 '강요하기'가 일어나며, 이에 응하지 않으면 북한과 동일시해버리는 '마녀사냥'이 계속된다. 북한은 타도와 척결의 대상이니 비판하지 않으면 종북이라는 셈법의 위력은 지금도 대단하다. 종북 프레임이 사회적 처벌·배제·추방의 기제로까지 작동하는 것이다. '북한의 현실이 우리 마음에 안 들고 우리의 가치와 상반된다고 해도 이조차 포용하겠다는 공존의 자세로 북한에 대해 비판할 것이 있더라도 지금의 남북관계를 고려해 비판이 주된 것이어서는 안 된다'[41]는 주장도 보수·우파에겐 용납될 수 없는 종북이다. 인정의 정치가 적용되지 않는 예외성의 원리가 관철되는 지점에 종북 프레임이 있는 것이다.

정석구는 이러한 종북 프레임의 속성 자체가 표현의 자유와 다양성을 기본 가치로 하는 민주주의의 원리에 반하기 때문에 필연적으로 국민 저항을 불러오고 곧 사회 갈등으로 이어질 수밖에 없다는 비관적인 전망을 내놓았다.[42] 청소년인권행동 아수나로의 성명서는 '종북 아님', '지금의 대한민국 사회체제에 동의함'을 인증하도록 강요하는 종북 프레임의 반민주주의성에 대해 두려움을 표하면서도 저항하겠다는 의지를 잘 표현하고 있다.

> 〔이석기 의원 내란 음모 사건으로〕 입건된 사람들이 유죄냐 무죄냐와 무관하게, 그들과 생각이 같으냐 아니냐와 무관하게, 우리는 우리 자신의 사상과 정치를 위해 이야기하려 한다. 우리의 두려움을 이겨내기 위해 우리는 말한다. 다른 존재, 위험한 존재라고 섣불리 낙인을 찍은 뒤 돌을 던져도 된다고 하는 우리 사회의 폭력성을 극복하기 위해 말한다. 정부와 국가정보원은 '종북'을 들먹이며 사람들을 감시하고 탄압하고 여론을 조작하는 공작을 중단하라. 극우 언론 단체들은 '종북'몰이와 낙인찍기, 혐오 폭력과 차별을 멈춰라. 청소년 인권 등 사회 전 영역에 반공주의와 탄압의 잣대를 들이대는 짓을 그만둬라. 청소년을 포함해 모두에게 민주주의 사회의 주인으로서 살아갈 자유, 변화를 위해 상상하고 활동할 자유를 보장하라![43]

주목할 것은 2013년 보수·우파의 종북몰이에 대해 사법부가 잇달아 판결로 제동을 걸었다는 사실이다. 2013년 5월에 법원은 보수 논객인 변희재가 이정희 통합진보당 대표와 남편을 종북 주사파라고 지칭한 것에 명예훼손이라는 판결을 내렸다. 7월에는 공교육살리기학부모연합과 전교조추방범국민운동 대표 등이 전교조를 가리켜 '종북의 심장'이라고 한 것에 대해 "전교조가 북한 추종이나 주체사상 신봉을 기조로 삼고 있다고 볼 수 없다"며 "전교조의 사회적 지위와 기대되는 역할에 비춰볼 때 정당한 비판의 수준을 넘는 모멸적이고 경멸적인 인신공격"이라고 판결했다.[44]

새누리당 박상은 의원이 민주당 임수경 의원을 '종북의 상징'이라 지칭한 것에 대해서는 2014년 3월 법원이 "종북이라는 말이 대체로 대한민국의 정통성을 부정하고 북한의 주체사상을 신봉한다는 뜻으로 사용되는 점, 휴전 상태인 한국의 현실 등을 고려할 때 국회의원 자격과도 연관될 수 있는 중대한 사안인 점 등을 고려하면 '종북의 상징'이라는 표현이 모욕적이고 경멸적인 인신공격에 해당된다"라고 판결했다.[45]

이러한 사법부의 연이은 판결은 보수·우파가 이적성에 대한 '실증' 없이 상대를 적대시하며 공격하는 데 이념적 도구로 쓰고 있는 종북 프레임이 민주주의 사회에 위협이 된다는 사실을 입증한 것이라 할 수 있다.

종북 프레임의 대중화 현상

2013년은 박근혜 정부의 출범기이자 종북 프레임의 극성기였다. '이석기 의원 내란 음모 사건'이 상징하듯이 매카시즘적 광풍이 몰아치면서 국정원 대선 개입 사건이 터지자 보수·우파와 보수 언론의 종북몰이는 더욱 거세졌다. 종북 프레임은 북한을 적대시하는 증오의 표현으로 쓰이기보다는 주로 남한 내에서 '적'을 이롭게 하는 세력을 비판하는 데 사용된다. 보수·우파가 볼 때 종북 세력은 반대세, 즉 반대한민국 세력으로 척결의 대상이다. 이러한 종북 프레임이 대중성을 확보한 데는 보수 언론의 역할이 컸다.

앞으로도 보수·우파는 지지 세력을 결집하기 위해 북한 김정은 체제의 불안과 연계하면서 종북 프레임을 계속 활용할 것이다.[46] 종북 프레임은 그들이 세상을 보는 '눈'이자 '정신'이자 '마음'이니 절대 포기하지 못할 것이다. 하지만 종북 프레임에 대한 퇴행적 집착은 길게 보면 보수·우파에 유리하게만 작용하지는 않을 듯하다. 종북 프레임이 사회 풍자의 소재로 전락하거나 인종주의적 편견을 강화하는 데 악용되면서 사회 통합과 공존을 해하는 분열증적 병폐의 원인이자 결과라는 점이 점차 드러나고 있기 때문이다.

종북은 2013년 유행어 중 하나였다. 2013년 말에는 서른네 개의 질문으로 구성된 '종북 테스트 게임'이 나와 상당한 화제가 되었다. 종북놀이라는 별명을 얻은 이 게임은 서른네 개의 질문을 무사히 통과해야 간신히 '축하합니다. 당신은 대한민국의 자랑스러운 애국 시민입니다'라는 메시지를 받도록 구성되어 있다. 종북이란 잣대가 우리 사회에서 얼마나 자의적이고 반민주적으로 작동하고 있는지를 희화화한 '종북 테스트'는 종북몰이 속에서도 반反종북 프레임 기류 역시 상당한 대중적 기반을 갖고 있음을 드러냈다. 한편, 우려스러운 것은 북한을 무섭기보다는 짜증스러운 대상, 위협적이기보다는 혐오스러운 대상으로 인식하고 여성, 이주민, 동성애자, 전라도 사람에다가 종북주의자까지 포함하여 이들을 '현명한 판단을 할 수 없는 질 낮은 인간'으로 보는, 즉 인종주의적 시각에서 극심한 모욕과 폭력적 언사를 퍼붓는 일베 현상도 존재한다는 점이다.

이렇게 종북 프레임의 대중화 현상에 대해 김진혁은 단지 북한 혹은 북한을 추종하는 이들에 대한 반감의 문제가 아니라 사람들이 사회 속에서 느끼는 불안과 공포심이 반영된 것이라는 해석을 내놓았다. 종북 프레임이 사회안전망이 파괴되고 세상이 생존을 위한 무한경쟁의 정글처럼 되어버린 현실에서 비롯된 공포심과 무관하지 않다는 것이다. 그러므로 종북 프레임을 정치권의 이해득실이나 대북 문제로만 파악하지 말고 모두 함께 더불어 살아가는 세상, 즉 평화와 공존, 안정을 추구하는 세상은 종북 프레임이 함의하는 공포와 불안, 증오의 '저편'에 있음을 직시하자고 주장한다.[47] 종북 프레임의 해체 혹은 청산이 평화와 공존으로 나아가는 길이라는 것이다.

한편, 종북 프레임이 심리적 불안과 공포라는 정서에 부합하는 측면이 있다는 것은 우리 사회의 집단적 심리 상태가 아직 전시 상태에 머물러 있음을 의미한다. 정치, 사회는 물론 일상에서도 우리는 '전쟁' 같은 삶을 살고 있는 것이다. 종북 프레임은 "한국전쟁 이후 외부의 적뿐만 아니라 내부의 적도 거의 전투 현장에서 섬멸하듯이 색출, 감시, 진압하고 법과 절차를 무시하면서 체제를 유지해온 전쟁 정치"[48]에서 배태된 문화 현상이라 할 수 있다. 그러므로 인간 존엄성의 확보, 자율성의 신장, 사회 공동체성의 확보[49]를 위한 노력은 곧 '전쟁' 같은 삶을 극복하고 통합과 공존의 사회 및 일상을 회복하는 길이기도 하다. 이 도정의 출발점에 전쟁, 분열, 증오의 60년 역사가 응축된 종북 프레임의 극복과 민주주의의 진전이라는 과제가 놓여 있는 것이다.

6장
신자유주의·탈냉전 시대의 뉴라이트 사관

우리 사회는 IMF 사태를 겪으면서 본격적인 신자유주의 시대에 접어들었다. 동시에 신자유주의 시대를 한껏 누려야 할 보수 세력은 정권을 잃었고 평화적 정권 교체를 통해 김대중 정부가 들어섰다. 이어 노무현 정부가 들어서면서 보수 세력은 '잃어버린 10년'을 살아야 했다. 이렇게 보수 세력이 와신상담하던 중에 뉴라이트가 등장하여 순식간에 보수의 '혁신'을 상징하는 세력으로 주목받았다.

뉴라이트는 자유주의를 자신의 이념으로 채택하여 올드라이트는 물론 진보 세력과 차별화됨을 부각하려 했다. 진보 세력과 일전을 치르기 위한 전장으로는 고등학교《한국 근·현대사》교과서를 택했다.《한국 근·현대사》교과서의 사관이 반자본·반시장적이고 친북·좌경적이라는 것이었다. 뉴라이트는 미국의 레이건 정부와 부시 정부, 영국의 대처 정부 당시에 활약했던 신우익이 신자유주의의 개척자로서 자학 사관 대 애국 사관 프레임으로 역사 전쟁을 도발한 것과 유사한 길을 걸었다.[1] 미국과 영국의 신우익에게 역사 전쟁은 권력을 지키거나 탈환하기 위한 정략적 선택의 하나였다.

> 신우익은 자신들이 느끼기에 늘어나고 있는 좌파 지식인들을 압박하고 새로운 보수주의적 합의에 기반을 둔 국가적 거대 지배 서사를 창출하기에 고심했다. 그들은 학교 교육이 집단적 역사 기억·의식·상상력을 근본적으로 결정하는 역할을 한다는 것을 알고 이에 대한 전략을 수립했다. 역사학의 '위기'를 조성하여 20세기 후반 자본주의 헤게모니의 재창출이라는 자신의 프로젝트에 기여할 수 있는 쪽으로 역사교육과 교과과정을 수정하고 강화하고자 했다.[2]

다른 점이 있다면, 분단 현실 속에서 미국과 영국 신우익의 반공주의·반反사회주의를 능가하는 반공주의가 북한이라는 적대적 존재를 상정한 반북주의로 재현되고 있다는 점이다. 이 때문에 뉴라이트는 올드라이트와 다를 게 없다는 비판을 받았다. 자유주의를 표방하고 시장경제를 강조하는 일련의 흐름 역시 여기에 묻혀 주목받지 못했다. 그런데 미국이나 영국의 신자유주의 체제를 이끈 신우익이 시장의 자유를 강조한 세력과 국가의 힘과 권위 강화를 추구하는 이질적인 두 세력을 한데 묶는 데 매개체가 된 것이 '과거 영광의 재현'이라는 역사이고 신우익이 역사 전쟁을 통해 내적 결속을 다졌다는 사실을 주목하면,[3] 뉴라이트 역사 인식의 연합성도 속성상 미국과 영국의 신우익과 크게 다르지 않음을 발견하게 된다. 신자유주의를 지향하는 '뉴New'가 반북주의를 통해 '올드Old'와 결합했고 이러한 연합성이 뉴라이트 세력화의 동력이 되었다.

1. 신자유주의 시대, 시장주의 사관

시장 주도의 자유주의

뉴라이트의 세력화는 2004년 11월 자유주의연대 결성 이후 본격화되었다. 단체 이름에 드러나듯이 뉴라이트는 가장 중요한 가치로 자유주의를 들었다. 뉴라이트는 무엇보다 시장경제 중심의 경제적 자유주의를 강조한다. 자유주의연대는 창립 선언문에서 "21세기 시대정신은 산업화 세력의 권위주의도 일부 민주화 세력의 민중주의도" 아니고 "세계화·정보화·자유화를 온전하게 실현할 한국적 현실에 맞는 21세기형 자유주의"임을 분명히 했다. 보수 세력의 권위주의와 진보 세력의 민중주의를 동시에 비판하며 자유주의에서 뉴라이트의 정체성을 구하고자 했던 것이다.

자유주의연대는 경제적 자유주의 개혁 방안으로 첫째, 국가 주도 방식에서 시장 주도 방식(작은 정부, 큰 시장)으로의 경제 시스템 전환을 통해 1인당 GDP 2만 달러 시대를 개척할 것, 둘째, 자유무역협정의 능동적 추진을 통해 통상 대국을 건설할 것, 셋째, 모든 특권을 철폐하고 만인에게 기회의 균등을 보장하되 결과에 대해서는 승복하는 합리적 사회 문화를 창출할 것, 넷째, 청부淸富를 권장하며 빈

부격차가 아닌 빈곤의 해소를 추구할 것 등을 내놓았다.[4]

첫째 개혁 방안에서 알 수 있듯이, 뉴라이트는 시장과 기업에 토대를 둔 자유주의를 표방한다. 이는 1980년대 이후 영국과 미국을 중심으로 풍미한 신자유주의의 논리에 부합한다. 신일철은 프리드리히 하이에크Friedrich Hayek의 자유시장경제론과 로버트 노직Robert Nozick의 자유지상주의에 기반한 신자유주의론을 편다. 그는 '자본주의'라는 이름의 사회체제는 시민사회적 전통에 기초한 민영화와 자유시장 체제를 의미한다고 주장한다. 또한 인간은 '시장적 존재'이므로 시장적 사고가 필요하다는 점을 강조한다.[5] 뉴라이트는 시카고학파의 중추로서 시장경제를 옹호하고 작은 정부를 주장한 밀턴 프리드먼Milton Friedman의 이론에도 주목한다.[6]

이러한 시장 주도의 자유주의가 "평등, 특히 경제적 평등의 요소가 약화된 매우 협애한 민주주의"[7]라는 비판을 받자 뉴라이트는 다음과 같이 반박했다.

> 뉴라이트가 자유를 강조하고 자본주의, 즉 자유시장경제 체제를 옹호하는 것은 이를 통하여 실질적 민주주의, 나아가 사람이 사람답게 살 만한 사회를 이룰 수 있다고 보기 때문이다. 인간에게 자유가 주어질 때 능력을 최대한 발휘하여 가장 효율적으로 부를 창출함으로써 번영을 가져오고, 절대적 빈곤을 제거하여 빈자貧者에게도 실질적인 자유와 민주주의를 보장하며, 결국 사회 구성원 모두 살 만한 정의로운 사회가 이루어진다. (……) 뉴라이트는 그렇기에 자유, 특히 경제적 자유를 강조한다. 사유재산과 경제적 자유가 보장될 때

인류 사회는 궁극적으로 공정한 분배(실질적 평등)에 가장 근접한 결과를 얻었기에 자본주의 체제를 지지한다.[8]

경제적 자유의 확장을 통해 번영을 이룰 뿐만 아니라 과실을 공정하게 분배하는 정의(평등)사회를 구현할 수 있다는 것이다.

한편, 박세일은 시장 주도의 자유주의의 한계를 극복하기 위한 뉴라이트의 이념으로 공동체 자유주의를 내놓았다. 법적 표현으로서의 법치주의, 정치적 표현으로서의 민주주의, 경제적 표현으로서의 시장주의를 국가 운영의 구성 원리로 삼되, 여기에 공동체의 결속과 연대, 시민의 의무와 권리, 책임의식, 공익과 공공선을 강조하는 공동체주의를 결합하자는 것이 공동체 자유주의의 요체이다.[9]

뉴라이트의 경제적 자유주의, 즉 신자유주의적 모색은 2007년 대통령 선거를 앞두고 구체적인 정책 제안서로 이어지는데 바로 뉴라이트정책위원회가 2007년 4월 내놓은 《2008뉴라이트한국보고서》이다. 이 보고서에는 세금 값을 하는 알뜰 정부, 활기찬 시장, 교육 홍국, 앞서가는 통상 강국, 국익 우선의 외교·안보, 지속 가능한 복지, 편안하고 살맛 나는 사회 등의 순서로 전형적인 신자유주의적 정책 대안이 담겨 있다.[10] 가령 작은 정부에 대한 주장은 다음과 같다.

대안은 작은 정부, 큰 시장이다. 즉 불필요한 정부 조직과 공기업을 과감하게 폐지 또는 축소하고 민영화해야 한다. 관치 경제·계획경제적 요소도 청산해야 한다. 그리고 정부와 기업의 경제적 역할도 재정립해야 한다. 즉 정부는 재산권, 법치 질서, 자유롭고 공정한 경쟁 질서를 유지 확립하는 데만 집중하고 민간이 하기 어려운 공익 서비스와 공공시설 유지 관리만 하면 된다.[11]

여기서 제기한 신자유주의적 정책을 응집한 구호가 바로 '선진화'이다.[12] 안병직은 한국이 1987년을 전후로 중진화에서 선진화로 나아가는 과도기에 접어들었으나 이후 20년이라는 장기간 동안 과도기에서 헤매고 있다고 보았다. 김기협은 뉴라이트의 선진화는 민영화를 의미한다고 비판했는데,[13] 실제로 이명박 정부는 공기업 민영화를 공기업 선진화라는 이름으로 추진했다. 선진화는 앞선 선진국과의 관계 강화를 지향하는 국제주의의 강조로 이어진다. 국제주의란, 앞으로도 미·일 자본주의 선진국과의 관계를 강화해야 발전할 수 있다는 명쾌하고도 단순한 논리다. 이는 곧 적극적인 경제 개방을 통해서만이 한국 사회가 발전하고 선진화한다는 것을 의미한다.

앞서 언급한 것처럼, 뉴라이트의 자유주의는 1980년대 미국 레이거노믹스의 정책 기조를 설정한 신우익의 신보수주의 운동과 맥락이 닿아 있다. 그들은 네오콘이란 이름으로 부시 행정부의 핵심 그룹으로 활약했다. 네오콘과 뉴라이트의 경제 노선은 〈표1〉과 같이 신자유주의 경제정책과 일치한다는 공통점이 있다.

대표적인 것이 감세 정책이다. 부시 정부는 세금 감면을 핵심으로 하는 경기부양책을 밀어붙였다. 명분은 소득세 및 법인세 인하가 기업가 정신을 고취하고 근로 의욕을 함양하는데, 이런 공급 측면의 효과는 장기적으로 투자 활성화, 세수 증가, 성장 지속으로 나타난다는 것이었다. 뉴라이트 역시 법인세와 소득세율의 인하를 통한 투자

〈표1〉 네오콘과 뉴라이트의 사회 경제 정책 비교[14]

	네오콘	뉴라이트
조세	감세	감세(법인세와 소득세율 인하)
정부 부문	작은 정부	작은 정부, 정부 조직 축소
시장	효율성, 경쟁, 기업의 중시	규제에서 경쟁으로 공정거래위원회의 방향 전환
공공 부문	경영 효율화, 민영화, 지출 억제	통합화, 민영화, 공무원 감축
산업	규제 완화, 경쟁 원리 강화	규제 철폐(출자총액제한제도 폐지)
사회 안전	복지, 연금, 의료의 축소와 효율화	의료 민영화와 개방
노동	유연성과 정리해고	유연성과 정리해고
복지	보수주의적 복지국가, 차별의 정당화	능동적 복지

및 근로 의욕 고취를 강조한다.

이러한 뉴라이트의 시장적 자유주의, 즉 신자유주의는 무엇보다 친재벌·친대기업 위주의 시장 관행을 마치 자본주의 시장의 바람직한 질서인 양 인식한다는 비판에 직면하게 된다. 이에 대해 뉴라이트는, 분명 시장 중심 원리, 자유와 시장의 강조를 추구하지만 그렇다고 평등 가치를 무시하진 않는다고 항변한다. 진정으로 골고루 잘사는 평등의 가치를 실현하기 위한 가장 효과적인 수단이 바로 자유와 경쟁, 그리고 시장 메커니즘이라는 것이다. 복거일은 한국 사회에는 궁극적으로 가난한 사람들을 더욱 비참하게 만든 '결과의 평등'을 주장하는 극단적 평등주의가 만연할 뿐, '기회의 평등'이 설 자리가 없다고 주장한다.[15]

이처럼 뉴라이트에게 시장은 자본주의 사회의 불평등을 치유하고 자유의 가치를 지켜낼 수 있는 절대 영역이다. 보수 단체의 텍스트를 분석해 이데올로기 성향을 살펴본 연구에 따르면 뉴라이트를 포함하여 2000년대 보수 단체들이 반공, 보수, 시장 중 가장 빈번하게 사용한 개념은 시장이다.[16] 2008년 미국발 서브프라임 모기지 사태로 경제 위기가 닥쳤을 때도 뉴라이트는 자유주의에 기초한 성장 제일주의와 작은 정부, 큰 시장을 추구하며 조세 삭감과 규제 개혁에 나섰던 레이거노믹스를 회고하며 미국처럼 시장경제 원칙을 지킨 영국, 독일, 스웨덴, 아일랜드 등의 성공 사례를 강조했다.[17]

시장주의 사관

뉴라이트는 시장 주도의 자유주의적 시각에서 역사를 바라볼 것을 강조한다. 이를 '시장주의 사관'이라 부르기로 하자. 뉴라이트의 시장주의 사관의 출발점에는 식민지근대화론이 있다. 식민지근대화론이란 식민지 시기에 오늘날 한국 현대 문명의 제도적 기초가 닦였음을 강조하는 시각으로 식민지 시기를 새로운 근대 문명의 학습기, 근대 문명의 제도적 확립기로 파악한다. 뉴라이트가 2008년에 펴낸 《대안 교과서 한국 근·현대사》(이하 뉴라이트 교과서)는 식민지근대화론의 시각에 따라, 일제 시기에는 일본이 합법적으로 경제를 운영하면서 상당한 '경제성장'을 달성했으며 철도, 도로, 항만 등을 건설하고 교육, 위생, 의료 등도 발전시켰음을 부각하려 한다.[18]

이영훈은 식민지근대화론을 해방 이후의 한국 경제사와 연결지어 '대한민국은 일제를 통해 이 땅에 들어온 시장경제 체제를 복구하고 발전시켜 오늘날과 같은 번영하는 시장경제를 성취하게 된 것'이라고 주장한다.[19] 또한 대한민국의 건국에, 정치적 자유민주주의와 함께 "경제적으로 자유시장 체제를 국제의 기본으로 하여 출발"했다는 의미를 부여한다.

이병천은 이영훈이 이러한 주장의 근거로 제시한 제헌헌법 제15조는 자유시장 조항이 아니라 소유의 공공성에 관한 조항이며 이영훈이 제119조의 경제 민주화 조항을 의도적으로 외면하고 있다고 비판한다.[20]

주익종은 일제 시기에 한국인이 시장경제에 적응했고 이 바탕 위에서 1948년 건국 당시에는 수정자본주의 체제가 수립되었으나, 이러한 '시행착오'를 거쳐 자유시장 체제로의 전환이 이루어졌다고 주장한다. 그리고 이러한 자유시장 체제를 바탕으로 한국이 경제성장을 이룰 수 있었다고 평가한다.

> 이 체제〔자유시장 체제〕는 무에서 바로 창출된 것이 아니고 그 기본 뼈대는 식민지기로부터 물려받았으며 해방 이전에 한국인들은 30년 가까이 그 속에서 살았다. 일제하에서 한국인들은 시장경제에 내동댕이쳐졌지만, 그에 잘 적응했고 놀라운 성과를 냈다. 수많은 중소기업가, 전문지식인, 노동자가 성장했다. (……) 1948년 이념상으로는 균등 경제를 지향하여 국가의 경제 개입을 강조하는 수정자본주의 체제가 만들어졌다. 그러나 초기의 시행착오를 거치면서 그것은 자유시장 체제로 순화되어갔다. 이 체제하에서 한국인의 경제활동은 크게 활성화하였고, 체계적인 경제성장 정책을 쓸 수 있었으며, 나아가 한국은 국제 협력과 국제 교류의 편익을 누릴 수 있었다.[21]

이대근이 제시한 한국 현대사 시기 구분을 보면 시장주의 사관에 입각한 현대사 인식 체계를 한눈에 파악할 수 있다.

제1기 1945년 8월~1960/1961년 경제 혼란의 극복과 자유시장경제 확립기
제2기 1960/1961년~1979/1980년 경제개발 계획의 추진과 고도성장기
제3기 1979/1980년~1999/2000년 개방경제 체제로의 이행과 경제 조정기

이대근이 제시한 시기 구분의 기준은 경제구조의 변동과 국민의 경제적 삶의 방식 변화, 그리고 이를 뒷받침해온 정부의 주요 정책 기조의 성격 변화, 이러한 내재적 변화를 가능케 한 대외적 조건으로서의 국제적 계기 등이다.[22]

뉴라이트의 시장주의 사관을 대표하는 성과물로는 2011년에 전국경제인연합회의 지원으로 박효종·김종석·전상인이 함께 쓴《고등학교 한국사 교과서 참고 자료》가 있다. "고등학교에서 한국사 과목을 가르치시는 선생님들이 대한민국 건국 이후 한국의 경제발전 과정을 가르치시는 데 도움을 드리기 위해 작성된" 이 자료의 머리말에는 시장경제와 기업을 제대로 인식해야 한다는 주장이 담겨 있다.

대한민국의 경제발전과 그 기반이 되는 시장경제에 대한 비판과 왜곡이 아직도 우리 사회 일각에 남아 있는 것은 매우 안타까운 일입

니다. 특히 대한민국의 경제적 번영을 가져온 시장경제 제도와 그 속에서 세계 최고 수준으로 성장한 우리 기업들에 대한 잘못된 인식은 대한민국 경제 사회의 미래 지향적 선진화에 장애가 되는 수준에 도달했다고 할 수 있습니다.[23]

시장경제와 기업에 대한 왜곡이 선진화에 장애가 된다는 주장은 시장자유주의적 논리에 입각한 것으로 이러한 역사 인식은 시장주의 사관의 전형이라 할 수 있다.

이 책에서 주목할 것은 한국이 경제발전에 성공한 요인에 대한 서술이다. 경제개발 계획의 성공적 실천, 시장 친화적 민간 중심의 경제발전, 대외 지향적 성장과 개방 정책, "창업 1세대" 민간 기업가들의 등장 등을 성공 요인으로 보는데, 이 중 둘째와 넷째 요인이 시장주의 사관의 요체라 할 수 있다.

먼저 시장 친화적 민간 중심의 경제발전과 관련해서는, 한국의 경제개발 계획은 주로 정부가 정책의 방향을 제시하고 민간경제 주체들에게 유인을 제공해서 이를 통해 정책 목표를 달성하려는 특징이 있다고 적고 있다. 1960년대 수출 촉진 정책의 경우 어느 품목을 어느 지역에 수출할 것인가를 대부분 민간 사업자들이 결정했고 1970년대 이후 중화학공업 육성 정책에서도 정부가 직접 기업을 운영하지 않고 민간 기업인에게 사업권을 부여하고 이를 지원하는 방식을 채택한 점이 다른 개발도상국과 다르다는 것이다. 중화학공업 분야의 주요 기업들이 포항제철을 제외하고는 대부분 민간 기업 형태로 소유·운영되어 장기적으로 민간 경영의 효율성과 수익성을 유지할 수 있었다는 것이다.[24] 경제성장에서 시장의 역할을 매우 적극적으로 해석하고 있음을 알 수 있다.

창업 1세대 민간 기업인과 관련해서는, 1960년대 수출 촉진 정책을 추진하는 과정에서 일부 기업인들이 두각을 나타내면서 삼성·현대·럭키·선경·대우 등의 성공 기업을 일구어냈고, 1970년대에 정부가 중화학공업을 민간 기업 체제로 육성하고자 했을 때 이들 기업인들이 대규모 기업을 경영할 수 있는 검증된 능력과 기업가 정신을 가진 후보자가 될 수 있었다고 적고 있다.

또한 이 책은 한국의 경제 성공 사례를 좇으려는 개발도상국들은 창업 1세대라고 불리는, 기업가 정신을 가진 이런 능력 있는 기업인들이 없어서 모방에 성공하지 못한다고 본다.[25] 특히 이병철, 정주영, 박태준과 같은 경제발전을 일군 기업가들의 도전 정신이 경제성장의 바탕에 깔려 있다는 점을 부각하려 한다.[26] 종래에 경제 성공을 논하면서 시장과 기업의 역할을 이렇게 적극적으로 서술한 경우는 거의 없었다고 할 것이다. 이 책은 뉴라이트의 시장주의 사관이 시장논리가 국가를 압도하는 신자유주의적 시각의 역사관임을 고스란히 드러내고 있다.

2. 탈냉전 시대의 반북주의 사관

반공주의 연대로서의 반북주의

해방 이후 좌우 갈등과 남북 분단 과정에서 남한의 권력 장악에 성공한 반공 세력은 이데올로기로 반공주의를 내세웠다.[27] 이후 50년 넘게 권력을 장악한 반공 세력, 즉 보수 세력의 '절대정신'인 반공주의에 균열을 낸 것은 김대중 정부가 추진한 햇볕정책이었다. 바꾸어 말하면, 김대중 정부의 햇볕정책이 보수 세력의 반공주의를 위협했다.

21세기에 들어 세계적으로는 탈냉전의 흐름 속에 반공 시대가 저물어갔으나 한반도에서는 반북주의의 이름으로 반공주의가 온존했는데, 여기에는 남북 대결보다는 남북 평화의 돌파구를 마련하려는 진보 세력에 정권을 빼앗긴 보수 세력의 경계심과 반발, 그리고 북한의 핵과 미사일 개발로 인한 북미 관계의 악화가 원인으로 작용했다고 볼 수 있다. 또 보수의 권력 상실감이 대북 증오감으로 응집되면서 반북주의는 더욱 공고해졌다.

뉴라이트 계열의 계간지인 《시대정신》 2006년 가을호에는 다음과 같은 흥미로운 주장이 실려 있다.

> 반공주의는 이처럼 정치적 반대파를 공격하는 수단으로 이용하고 싶은 유혹의 대상이 된다. 정적에 대해서는 몇 가지 그럴듯한 증거를 동원하여 '좌파'라고 규정하면, 이익이 생길 경우 경쟁적인 양상을 띠기도 하는데, 선명성 논쟁이 항상 그렇듯이 부메랑 효과가 발생하면서 자기 파괴적 결과로 흐르기 쉽다. 이런 시도가 한국 사회 전체적으로는 이미 지지받지 못하는 행위가 되었음에도 불구하고, 제1야당〔한나라당〕에서 발견되는 것은 시대 지체 현상의 하나일 것이다.[28]

이렇게 뉴라이트는 자유주의를 전면에 내세우면서 보수의 이념적 보루인 반공주의와 거리를 두려 한다. 남북 관계와 국가보안법 문제에서 다소 유연한 입장을 개진한 것도 반공주의와 거리를 두기 위해서였다. 올드라이트들이 반공주의를 절대시하고 북한을 척결 대상으로 보았다면, 뉴라이트는 공산주의가 자유시장경제에 부합하지 않기에 반공주의를 수용하며 남한 민주화의 연장선상에서 북한의 민주화를 도모한다는 것이다.[29] "주의나 주장, 이론의 옳고 그름을 따지지 않고 공산주의와 얼마나 가까운지를 기준으로 판단하는 반공주의"를 지양하는 뉴라이트에게는 반공과 반북은 없고 오직 반反수령만 있을 뿐이라는 주장도 등장했다.[30]

하지만 이러한 이론적 노선과 구체적 실천은 괴리를 보였다. 보수 단체 이데올로기 개념 구조를 분석한 연구에서 뉴라이트 단체의 반공 이데올로기 표출을 분석한 결과를 살펴보면, 뉴라이트에 속하는 선진화국민회의와 뉴라이트전국연합이 올드라이트인 한국기독교총연합회보다 반공 개념을 더 빈번히 사용했다.[31]

앞서 살펴보았듯이, 뉴라이트는 자유시장경제를 옹호하는 입장에서 반공주의를 수용함으로써 올드라이트와 반공주의 연대를 구축했다. 뉴라이트와 올드라이트의 반공주의 연대의 양상은 반북주의로 구체화되어 나타났다. 뉴라이트의 반북주의 노선은 뉴라이트가 탄생할 때부터 이미 잉태되었다.

뉴라이트의 출현과 결집을 초래한 사건 중 하나가 김대중 정부가 성사시킨 6·15남북정상회담이었다. 김대중 정부의 햇볕정책을 경계하던 보수 세력에게 남북 정상회담은 도저히 받아들일 수 없는 현실이었다. 남한을 위협하는 호전적인 적과의 동침이기 때문이었다. 그리고 보수 세력은 김대중 정부와 노무현 정부 내내 북한에 대한 인도적 물자 지원의 사용처를 의심하며 지원된 물자들이 군수품 조달에 쓰였다고 비판했다. 사실상 대북 문제는 김대중 정부와 노무현 정부 내내 보수와 진보를 가르는 전선이었고, 뉴라이트도 이런 점에서 올드라이트와 한 배를 타고 있었다.

뉴라이트 역시 햇볕정책에 대해, 국내적으로는 반공주의와 안보의식을 잠식하고 국제적으로는 한미 관계를 약화시킨데다 북한 인권 문제와 김정일 정권의 실상을 외면함으로써 좌파 정권의 모순을 노정한 실패한 정책이라고 비판했다.[32]

미국 신보수주의 역사에서는 자유주의적 반공주의가 존재한다. 1980년대까지 미국의 신보수주의는 전통적 우파 보수주의와 같이 반공주의를 고수하면서도 정부의 적극적인 개입을 통한 복지국가의 실현과 사회적 정의의 점진적 구현을 도모하는 뉴딜 자유주의를 고수했다고 한다.[33]

이러한 현실 인식과 함께 뉴라이트의 반북주의를 고양하는 데 활용되는 논리 중 하나가 문명론이다. 뉴라이트는 북한을 반문명사회로 본다. 이영훈은 인간 정신의 자유를 철저히 말살하면서 인민을 기아의 늪으로 몰아넣는 북한의 수령 체제는 처음부터 인간 본성을 거스르는 반反문명이었다고 단언한다. 이에 반해 남한의 민주주의와 시장경제는 인간 본성인 자유와 이기심을 한껏 고양하는 가운데, 한반도에서 문명사가 시작된 이래 최대의 물질적·정신적 성과를 축적했다는 것이다.[34] 그렇기에 자유 없는 반문명의 북한에 변화를 요구하거나 기대하는 것은 '불온'하다.

북한은 결국 망한다는 게 뉴라이트 반북주의의 결론이다. 북한 붕괴에 대해서는 조기붕괴론보다는 언제 붕괴할지 모르지만 서서히 국가 해체를 향해 나아가고 있다는 점진적 국가해체론[35]의 입장이 다수였으나, 이명박 정부 시절부터는 급변 사태로 인한 북한의 붕괴를 예견하는 목소리가 높아졌다.[36]

한편, 뉴라이트는 올드라이트와의 반공주의 연대를 통해 공격과 경쟁의 대상인 진보 세력을 종북으로 몰아갔다. '종북은 우리 시대의 몽매蒙昧주의요 반동적 모험주의, 전복주의일 뿐 결코 진보로 대우받을 수 없다. 대한민국은 종북의 준동으로 지성의 착란, 국가적 분열, 자유민주주의적 체제의 위기에 직면하고 있다'[37]라고 주장한 것이다. 반북주의보다 강렬한 종북주의의 등장은 진영 간 이념 갈등의 골이 더욱 깊어지고 있음을 시사한다.

반북주의 사관

뉴라이트의 반북주의 사관은 뉴라이트 교과서에 잘 드러나 있다. 기존 한국사 교과서들이 북한사를 한국 현대사의 틀에 넣어 서술한 것과 달리 뉴라이트 교과서는 북한사를 맨 마지막에 보론으로 배치했다. 북한사는 대한민국사가 아니라는 것이다. 북한의 건국, 6·25 전쟁과 전체주의 체제의 시작, 국방·경제 병진과 주체사상의 등장, 권력 세습과 김정일 시대의 개막, 탈냉전 시대의 도래와 북한의 위기 등의 순으로 서술되었는데, 특히 탈냉전 이후의 북한의 위기 부분에서는 탈북 행렬, 국가 주도의 범죄 활동, 무너지는 수령 체제 등의 항목을 두어 북한의 현재를 붕괴론적 시각에서 서술하고 있다.

뉴라이트 학자 이영훈이 쓴《대한민국 역사》는 뉴라이트 교과서처럼 맨 끝에 별도의 장을 두어 북한 역사를 서술했다.[38] 뉴라이트 계열의 학자들이 쓴《한국 현대사》의 경우에는 북한사가 아예 없고 남북 관계만 서술돼 있다.[39] 앞으로 뉴라이트의 역사 인식에서 북한사를 제외한 채로 한국 현대사의 틀이 고정될 개연성이 적지 않다 할 것이다.

또한 뉴라이트 교과서는 시장주의 사관에 반북주의 사관을 덧붙여 시장경제를 공산주의와 대비시키고 남한을 북한과 비교하면서 북한을 비판한다.

> 지난 60년간 세계사는 개인의 자유와 재산권을 존중하고 그것을 국가 체제의 기본 원리로 채택한 자유민주주의와 시장경제의 체제가 인간의 물질적 복지와 정신적 행복을 증진하는 올바른 방향이었음을 보여주었다. 모두가 골고루 잘산다는 공산주의 이상은 자유와 이기심이라는 인간의 본성에 맞지 않았다. (……) 공산주의 체제는 1980년대 이후 소련, 중국과 같은 주요 공산주의 국가들이 시장경제 체제로 전환함에 따라 해체되고 말았다. 그러나 북한은 아직도 공산주의 체제를 고수하고 있으며 그에 따라 정치적 억압과 경제적 빈곤이 계속되고 있다.[40]

2013년에 가장 뜨거운 논쟁거리였던 교학사 교과서는 이보다 더 강화된 반북주의 사관을 제시했다. 교학사 교과서에서는 자유 민주 세력과 공산주의 세력의 대립을 강조하는 반공주의가 현대사 서술을 관통하고 있다.

> 대한민국은 자유와 독립을 위한 오랜 노력과 투쟁 끝에 성립되었다. 제2차 세계대전이 연합국의 승리로 끝나면서 자주 독립국으로 새 출발을 하게 되었다. 그러나 자유 민주 세력과 공산주의 세력이 대립하였다. 결국 남북이 각각 다른 체제의 정부를 구성하였다. 대한민국은 건국한 지 2년도 안 되어 공산 세력의 침략을 받는 국가적 위기에 처하기도 하였다. 그러나 모든 난관을 극복하고 산업화, 민주화, 선진화를 달성하는 기적을 이루었다. 반면 공산주의 체제의 북한은 세계 최빈국이 되었다.[41]

교학사 교과서는 1948년 이후 대한민국사에서 북한 공산주의를 늘 위협적이고 사사건건 현실에 개입하는 존재로 그린다. 이러한 서술은 나머지 7종의 고등학교 한국사 교과서에서는 찾기 어려운 교학사 교과서만의 특징이다.

교학사 교과서는 대한민국은 건국 과정부터 공산주의의 도전을 강하게 받았다고 쓰고 있다. 농지개혁도 공산주의 세력이 민중에 침투하는 것을 방지하기 위한 조치였다고 설명된다. 민주주의 발전 과정에서도 북한은 늘 질곡의 대상으로 묘사된다. 1960년에 민주당 정부하에서 각종 개혁이 실시될 때도, 김일성은 남북연방제를 제안하는 등 은밀한 적화를 기도했다는 것이다. 그럼에도 장면 정부는 적절한 대응을 하지 못했다고 비판한다. 북한과의 대치 상황에서 군비 축소를 약속하고, 사회적으로 치안이 어려운 상황에서 4,500여 명의 경찰을 해고하고 경찰력의 대부분을 타지로 전출시키는 등 경찰의 치안 능력을 약화시켜 혼란을 자초했다는 것이다.[44]

박정희 정부의 경제개발 계획 추진에 대해서도 "박정희는 공산주의와의 대결에서 승리하려면 경제적으로 그들을 압도할 수 있어야 한다고 생각하였다"라고 쓰고 있다. 또한 10월유신의 원인으로 북한의 끊임없는 남한 공산주의화 시도를 꼽는다. 1960년대에 북한은 남한을 공산화하려는 정책을 더욱 적극적으로 추진하면서 1·21사태 등을 일으켰는데, 그럼에도 불구하고 미국은 주한미군 1개 사단 철수를 결정했고 결국 이러한 긴박한 분위기 속에서 박정희가 1971년 12월 국가 비상사태를 선언하고 통제와 동원을 쉽게 하기 위하여 1972년 10월유신을 단행했다는 것이다.[45] 또한, 북한은 유신 체제를 교란하기 위한 도발을 계속했는데, 이것이 유신 체제를 지속시키는 명분을 줌과 동시에 남한 사회의 긴장을 심화했다고 쓰고 있다.[46]

한편, 북한사에 관한 직접 서술을 보면 무엇보다 북한의 인권 문제에 대해 7종의 한국사 교과서와는 또렷이 구별되는 서술을 하고 있음을 알 수 있다.

> 북한의 인권 상황은 세계 최악의 인권 위반 국가가 되었다. 북한의 전체주의 체제 자체가 국민들의 자유를 극도로 억압하고 모든 것을 통제할 뿐만 아니라 반인륜적인 만행도 서슴없이 저지르고 있기 때문이다. 북한은 체제를 의심하는 사람들을 수용소에 가두고 공개 처형을 행하며 기본권을 제약하고 체제에 대한 충성의 정도에 따라 신

분을 나누고 있다. 아사 위기에 처하고 체제의 탄압에 견디다 못한 북한 주민들이 탈북하였지만 통제가 강화되면서 많은 사람들이 희생당하는 상황이다.[47]

이처럼 뉴라이트는 역사 교과서 논쟁 속에서 반북주의 사관에 기대어 북한을 비판하는 데 그치지 않고, 대한민국 정통성을 강조하고 경제성장의 성과를 내세우거나 독재 혹은 권위주의 체제를 수긍하기도 하면서 반공주의를 재생산하고 있다.

3. 진영 프레임의 확산, 공론장의 위기

진영 프레임에 막힌 공론장

2005년에는 두 가지 상징 투쟁이 전개되었다. 2005년 재야원로 20여 명이 맥아더 동상 앞에서 동상 철거를 요구하는 천막농성을 시작했다. 제헌절에는 진보와 보수 단체들이 각각 동상 앞의 집회를 주도했다. 진보 세력이 볼 때, 맥아더로 상징되는 미국도 분단에 책임이 있다. 하지만 보수 세력에게 미국은 생존과 번영의 틀을 마련해준 우방이자 혈맹이다.

해방 60주년을 맞은 그해 8월에는 남북이 함께하는 민족대축전이 개최되었다. 이 축전에는 북한 대표단의 국립현충원 방문이 포함되어 있었다. 현충원을 반공주의 공간으로 간주하는 보수 세력은 당연히 반발했다. 보수 단체들은 현충원에 모여 반북 시위를 벌였다.[48]

이러한 극단적 분위기 속에서 뉴라이트가 세력화되고, 뉴라이트 운동이 본격화되면서 우리 사회는 진영 프레임에 갇히고 말았다. 미국에서도 네오콘의 등장 이후 이념 갈등이 더 심화되었다. 원칙을 강조하고 타협을 거부하며 모든 문제를 흑백으로 재단하고 자신들의 주장에 동의하지 않는 사람들을 적으로 간주하는 분위기가 확산되어갔다.[49]

우리 사회에는 미국에는 없는 독특한 변수가 있다. 바로 북한이라는 존재다. 북한에 대한 적대 의식, 즉 '반공주의=반북주의'를 넘어서려는 흐름은 민주'화'의 여정, 민주주의의 발전 과정과 맥을 같이 해왔다. 하지만 햇볕정책, 남북 정상회담 등으로 실질적인 남북 대화가 진전되자, 스스로를 자유민주주의 세력이라 부르되 상대를 친북 프레임으로 옥죄려는 뉴라이트가 등장하면서 진영화에 입각한 남남 갈등이 본격화되기 시작했다. 여기에 신자유주의 체제로 인한 경제적·사회적 양극화가 급격히 진행되고 사회 갈등이 격화되면서 이념 투쟁은 더욱 과열되었고 진영 간의 골은 깊어졌다. 결국 민주주의는 갈 길을 잃었고 위축되었다.

민주주의는 자본주의적 발전과 더불어 자유주의적 민주주의로 출발하여 정치적 평등을 확대하고 이어 경제적 평등을 주장하는 사회주의적 요소를 어느 정도 수용함으로써 외연을 확대해왔다. 그런 점에서 민주주의는 자유와 평등이라는 두 축에 의해 지탱된다. 그런데 뉴라이트는 민주주의를 '신자유주의=경제적 자유주의'의 맥락에서 정의하고자 한다. 이에 따라 뉴라이트는 앞서 살펴본 해명에도 불구하고 평등, 특히 경제적 평등 가치를 홀대하는 협소한 민주주의를 추구한다.

그런 뉴라이트의 눈으로 보자면 분배와 평등 정책에 힘쓰는 노무현 정부와 진보 세력은 좌파 정권이고 좌파 세력이다.[50] 여기에 민주화운동 과정에서 북한의 주체사상을 '신봉'한 과거 경력을 덧붙이면 친북 좌파가 탄생하는 것이다. 즉 뉴라이트가 말하는 친북 좌파는 경제적 자유주의와 반북주의의 합작품이라 할 수 있다. 이렇듯 뉴라이트는 평등을 좌파적 요소로 보고 여기에 반북주의를 덧붙인 진영 프레임을 작동시킴으로써 신자유주의를 위한 공간을 확대해나갔다.

시장 주도 자유주의에 입각하여 민주주의를 '편식'하고 있는 뉴라이트는 공론장에도 시장의 원리를 적용하려 한다. 하지만 공론장이 냉혹한 시장의 원리로만 움직일 때 공공성은 위기에 처하기 마련이다. 공정한 규칙을 준수하는 공정한 사회질서가 확립되지 않는 한, 사익 추구 경쟁은 공공성을 철저히 짓밟아버릴 것이기 때문이다. 그럼에도 뉴라이트는 자본주의 시장경제는 차별성을 바탕에 깔고 있어서 '민주화'의 대상이 아니라고 본다. 경제에서 평등주의를 강요하면 시장경제는 성장 동력을 상실할 수밖에 없다고 보기 때문이다.

뉴라이트가 공론장을 위태롭게 했다는 비판의 가장 구체적인 증거가 바로 역사 교과서 논쟁에서 취한 태도이다. 윤해동은 2008년 뉴라이트 교과서 발간은 검정 체제 밖에서 교과서라 이름붙인 단행본을 낸 심각한 정치 행위라고 비판한다. 교과서 비판을 학문적 공론장 밖으로 끌고 가기 위한 의도를 처음부터 가지고 있었다는 것이다.[51] 사실상, 2000년대 이래 몇 차례에 걸친 역사 전쟁에서 뉴라이트는 자신의 해석이나 논리를 스스로 얽어매는 권력적 접근을 도모하면서 공공성에 도전하는 양상을 거듭 보였다. 정치가 역사를 지배하는 구도, 즉 역사의 정치화를 주도하며 역사 교과서를 권력투쟁의 장으로 만들어왔다.[52]

2013년 교학사 교과서 검정 파동에서도 뉴라이트는 2008년 뉴라이트 교과서 파동 때보다 더 격렬한 정치 공세를 펼쳤다. 교육부는 물론 여당 대표까지 총동원되었다. 교학사 교과서가 국사편찬위원회의 검정을 통과했다는 사실이 언론을 통해 알려지던 2013년 5월 31일 때마침 교학사 교과서 집필자인 권희영, 이명희가 각각 발표자와 토론자로 참석하는 '교과서 문제를 생각한다'라는 학술회의가 열렸다. 권희영은 중학교《역사》교과서의 현대사 서술을 분석하며 "사회주의적 역사 해석의 틀을 가지고 있으며 구체적으로는 스탈린-김일성-박헌영에서 나타나는 정세 인식에 입각하여 있다"거나, "현행 역사 교과서가 조선공산당-남로당이 사용하던 역사 인식의 프레임을 그대로 사용"하고 있다고 주장했다.[53]

고등학교《한국사》교과서의 현대사 인식을 분석한 허동현 또한 교과서의 좌편향성 문제를 제기했다. 같은 날《조선일보》는 〈남로당식 사관, 아직도 중학생들 머릿속에 집어넣다니〉라는 사설을 통해 이들의 발표문을 인용하며, "김일성·박헌영을 미화하고 그들의 주장을 추종하는 역사관이 우리 어린 학생들의 머리를 오염시키고 있는 것"이라고 강조했다.[54] 이전 역사 전쟁보다 강도 높은 이념 공세를 펼친 것이다. 이에 대해 역사학계는 교학사 교과서에 학문적 검증이라는 칼을 들이댔고 보수 세력 또한 소위 '좌편향 교과서'를 퇴출시키기 위해 움직였다.[55]

이렇게 이념적 대립을 부추기고 상대를 적대시하며 진영 프레임을 씌우고 마는 현실에서는 민주적인 공론장이 형성될 수 없다. 그런 점에서 윤민재는 뉴라이트에게 공공성을 기대하기는 어려울 것이라는 비관적인 전망을 한다.[56] 이명박 정부 이래 뉴라이트 역시 정치를 출세의 발판으로 도구화하면서 사익이나 특정 집단의 이익을 추구하는 보수 세력의 행태를 답습하고 있다는 것이다.

학문적 공론장으로 복귀할 수 있을까?

오늘날 역사 전쟁은 이념 갈등에 기반을 둔 진영화를 상징한다. 역사 전쟁의 한 축은 신자유주의와 시장주의 사관, 반공주의와 반북주의 사관을 내세우는 뉴라이트다. 그들은 줄곧 시민사회 내 소통보다는 정치권력을 배후 삼아 자신들의 뜻을 관철하려 했다. 그렇기에 뉴라이트에 맞선다는 것은 정치와 시민사회, 혹은 시장과 시민사회의 경계를 허물고 공론장을 이념의 전쟁터로 삼아야 한다는 것을 의미한다. 역사학계가 가장 곤혹스러워하는 것이 바로 이 점이다.

교학사 교과서 검정 파동을 놓고 보면 학문과 교육의 차원에서 맞서려 했던 역사학계의 뜻과 달리 시민사회에서는 대중적인 동시에 수구적인 종북 프레임과 친일 프레임이 정면충돌했다. 상대를 종북 좌파, 혹은 친일파로 몰아대는 매서운 형국에서 이성적이고 합리적이고 보편 가치를 지향하는 공론장이 마련되기는 어려웠다.

쌍방이 진영 프레임을 무기 삼아 펼치고 있는 역사 전쟁을 학문의 공론장으로 끌어들이기 위해서는 역사 교과서 논쟁에서 드러난 뉴라이트의 역사 인식을 역사 연구의 계보 안으로 끌어들여 재해석할 필요가 있다. 뉴라이트의 시장주의 사관, 그리고 이것의 연장선상에 있는 반북주의 사관을 아울러 가설적으로 '한국형 신자유주의 사관'이라 부를 수 있다면, 이 사관이 어떤 역사학 연구의 흐름과 맞닿는지를 고민해야 한다.

가령, 현대사의 해석을 둘러싸고 역사 전쟁이 일어나는 경우가 많은데, 뉴라이트의 역사 인식이 해방 이후 1980년대까지 현대사 연구를 이끌었던 사회과학계의 역사 인식과 대체로 맥을 같이한다는 점에 주목해야 할 것으로 보인다. 사회과학계가 주도한 한국 현대사 연구 성과를 정리한 개설서로는 국사편찬위원회가 1982년에 펴낸《한국 현대사》와 대한민국사편찬위원회가 1988년에 펴낸《대한민국사》가 있다.[57]

또한 뉴라이트의 사관이 식민사학과 실증사학의 계보 아래 박정희 정부의 지원을 받으며 성장한 국가주의 역사학의 계보와는 어떤 연관성이 있는지 면밀히 살펴야 할 것이다. 여기서 말하는 국가주의 역사학이란 "일제하 민족 개량주의자들의 종족적, 문화적 민족주의를 계승하고 미국의 근대화론을 도입하여 극우 반공 정권의 역사적 정통성을 강화하고 국가 주도로 추진하는 종속적인 자본주의 산업화에 기여하는 역사 인식 체계를 수립하려는 역사학"을 일컫는다.[58] 그들이 지향하는 바는 명백하다.

> 민주주의와 시장경제라는 근대적 문명의 핵심적 요소들을 수용하고 확산시키는 데 북한은 실패하고 남한만이 성공했고, 따라서 북한이 선택한 내재적·자립적 근대화 노선을 지향하는 민중적 민족

주의 역사학의 한국 근현대사 인식은 부정되어야 하고 대신 남한이 선택한 종속적 근대화 노선을 합리적인 역사 발전 체제로 정립해야 한다.[59]

이러한 계보 위에서 역사 교과서 논쟁에 뛰어든 뉴라이트의 '신자유주의 사관'을 살피는 작업과 함께 시대의 변화를 담아 혁신의 길을 제시할 수 있는 대안 사관의 모색이 더욱 절실히 요구된다. 이는 공공성의 위기를 논할 만큼 역사 해석이 사회 갈등을 부추기는 '오늘'을 극복하기 위해 사회 통합을 지향하는 가운데 이루어져야 한다. 이를 위해, 역사학계가 시대 변화에 맞는 연구 성과를 내놓고 사회가 연구 성과들을 존중하며 그에 기반을 둔 역사 논쟁을 벌인 끝에 사회적 합의를 이끌어낸 서양 여러 나라의 사례를 눈여겨볼 필요가 있다.[60]

7장
국가주의를 넘어 민주주의로 :
역사교육의 어제, 오늘, 내일

- 민주공화국의 시민을 기르는 역사교육 시론
- 참여민주주의를 위한 역사교육의 방향
- 민주주의 관점으로 구성한 역사 수업 탐색
- 민주주의 요소로 본 역사교육 내용 선정 원리
- 세계사 교육의 내용 선정 기준으로서의 민주주의
- 교학사《한국사》교과서의 현대사 서술과 민주주의 교육
- '국민적 정체성' 형성을 위한 교육과정에서 '주체적 민주 시민'을 기르는 교육과정으로 : 향후 역사교육 과정 연구의 진로 모색
- 가치를 다루는 역사 수업의 실제와 가능성 : 민주시민 교육을 위한 가치를 중심으로[1]

2014년부터 2016년 3월까지 발표된 민주주의 역사교육 관련 논문들의 제목이다. 요사이 역사교육에서는 '민주주의 시민교육의 가능성'이 주목받고 있다. 역사교육 '안'에서 민주주의 역사교육을 성찰하고 모색하는 새로운 기풍이 일어나고 있다.

민주주의 역사교육이 가치와 목표로서 민주주의를 지향하면서 상대화한 것은 국가주의 역사교육이다. 그래서 최근 민주주의 역사교육에 관한 성과와 함께 국가주의 역사교육에 대한 분석과 비판을 담은 글들도 여러 편 발표되었다.

- 국가주의와 역사교육, 그 너머를 향하여
- 국사 교육의 강화와 국가주의 역사교육
- 무엇을 위한 역사교육이어야 하는가? — 국가 교육과정, 정부의 교육과정, '국가주의' 비판 담론에 대한 분석
- 역사 교과서 국정화 논쟁, 그 이후?[2]

과거로부터 오늘까지 역사교육에 짙게 드리운 국가주의에 대한 비판은 역사교육이 국가가 주도한 혹은 강요한 국민 정체성 형성과 강화에 '이바지'한 궤적에 대한 반성이기도 하다. 이러한 역사교육 '안'에서 일어나는 국가주의 역사교육의 극복과 민주주의 역사교육의 모색은 역사교육 '밖'에서 한국 민주주의가 위기의 갈림길에서 새길을 찾고 있는 현실과 맥을 같이한다.

해방 이후 오늘날까지의 역사교육은 민주주의의 역사와 운명을 같이했다. 해방 직후 민주주의 열풍이 불 때, 역사교육은 민주주의

역사교육을 모색했다. 하지만 분단과 독재의 시절이 이어지면서 국가주의 역사교육이 만개했다. 민주화 이후 역사교육 운동이 전개되어 오늘에 이르는 가운데, 역사 전쟁이라는 홍역을 치르고 있는 지금의 역사교육은 민주 시민 육성을 위해 다양한 논의를 펼치며 방향 전환을 시도하고 있다.

1. 민주주의 역사교육의 제기와 굴절

민주주의 역사교육이 시작되다

해방과 함께 식민 권력의 혹독한 전제와 독재 속에서 독립운동의 원리이자 새로운 나라 건설의 이상으로 보듬고 키워왔던 민주주의가 양지로 나와 활보하기 시작했다. '민주주의 신시대'가 열렸다. 1947년에는 전국 중고등학생을 대상으로 민주주의 포스터 그리기 대회가 열렸다. 황국신민 교육, 즉 일본식 국민교육을 받던 청소년들이 해방 이후 몰아친 민주주의 열풍을 지켜보며 품어온 민주주의적 시민상이 무엇이었을지 궁금하다.[3]

다채롭고 다양한 민주주의'들'이 제기되던 그 시절, 역사교육에도 민주주의의 훈풍이 불었다. 해방 직후 역사교육의 방향에 관해 가장 적극적으로 입장을 개진한 손진태는 역사학과 역사교육은 둘이 아닌 하나이고 역사교육은 민주주의 방향으로 나아가야 한다고 주장했다.[4]

국사 교육은 어떤 방향으로 나아갈 것인가. 그것이 민주주의 방향이어야 된다는 점에는 아무런 이론이 없을 것이다. 그러나 우리는 소련적 민주주의나 영미적 민주주의를 모두 원치 않는다. 그들은 모두 다수한 이민족을 포섭한 국가일 뿐 아니라 세계 지배를 꿈꾸는 강자들이다. 강자의 철학과 약자의 그것은 스스로 달라야 할 것이다. (……) 우리는 그들의 장점을 취하고 단점을 버리고 조선 민족에게 적절하고 유리한 민주주의 이념을 창조하여야 할 것이다. 그러한 민주주의를 우리는 민주주의적 민족주의라 하며, 간단하게는 신민족주의라고 한다.[5]

손진태가 말하는 민주주의는 소련식 민주주의나 영미식 민주주의가 아닌 자기 민족에게 '적절하고 유리한' 민주주의를 의미했다. 그의 주장은 당시 풍성하게 제기되던 신민주주의론과 맥이 닿아 있었다. 여기서 신민주주의란, 신국가 건설이 좌 혹은 우 일방의 길로 간다면 민족 분열과 사회 분열을 초래할 개연성이 높다고 보아 제기한 '통합'적 가치로서의 민주주의를 뜻한다. 신민주주의는 프롤레타리아가 주도해야 한다고 주장하지 않는다는 점에서 좌익이 제기한 인민민주주의나 진보적 민주주의와 분명한 차이를 보였다. 좌익적 경제 노선을 수용한다는 점에서는 우익의 반공민주주의와도 결을 달리했다.

조소앙의 신민주주의, 백남운의 연합성 신민주주의, 배성룡의 조선식 신형 민주주의, 안재홍의 신민주주의 등에서 엿볼 수 있는 신민주주의'들'의 공통점은 민족주의가 강하게 투영된 민주주의라는 것이었다.[6] 이러한 신민주주의론에 기반한 손진태의 역사교육론에서 알 수 있듯이, 해방과 함께 제기된 역사교육은 민주주의 역사교육으로서 민족과 사회 분열이 아니라 통합의 역사교육을 추구하는 전통을 빚어가고 있었다.

손진태는 역사교육의 생명은 비판과 반성에 있다고 보았다. 이것은 곧 식민 치하 역사교육을 철저히 청산해야 한다는 것을 의미했다. 식민지하 역사교육은 국어(일본어), 수신과 함께 황국신민 교육을 상징하는 국민과에 포함되어 있었다. 하지만 해방 이후 식민지형 국민, 즉 신민을 키우던 역사교육에 대한 반성은 찾아보기 어려웠다. 손진태가 "심한 자는 기자, 한사군, 국도 문제같이 아무런 중대 가치도 없는 사실을 필요 이상으로 장황하게 말하면서 중대 문제인 정치, 경제, 문화 및 민족에 관한 사실에는 아무 비판적 견해를 제시하지 않았다"라고 신랄히 비판했던 문헌고증 사학자들이 식민사관이 담긴 교과서를 여전히 집필하고 있었다.

친일 경력이 있는 최남선도 교과서를 집필했다. 결국 손진태는 1948년 문교부 차관이자 편수부장이던 시절, "민족정기를 해할 우려"가 있다며, 최남선의 《중등 국사》, 《조선본위 중등 동양사》, 《조선본위 중등 서양사》, 《조선 역사 지도》 등을 교과서로 사용하지 못하게 조치했다. 이처럼 민족 통합, 사회 통합의 민주주의를 지향하는 역사교육에서도 친일-반민족은 분명한 배제와 청산의 대상이었다.

민주주의 역사교육은 미국식 민주주의가 미군정에 의해 교육제도에 이식되면서 굴절되고 말았다. 미군정청과 오천석을 비롯한 미국 유학생 출신들을 중심으로 민주주의 교육이란 명분하에 '사회생활과' 도입이 강행되었다.[7] 당시 미국식 민주주의 교육을 상징한 것은 존 듀이의 아동 중심의 생활 교육이었다. 이를 '새교육'이라 불렀다. 그리고 미국의 사회과를 도입하여 탄생한 사회생활과는 '새교육'을 상징하는 교과였다. 사회생활과는 '민주시민 양성'을 전면에 내우며 한국 사회에 미국식 민주주의를 보급하는 선구적 역할을 했다.[8]

역사 과목은 지리, 공민(도덕) 등과 함께 사회생활과에 포함되었다. 역사교육이 식민지하에서 군국주의 교육에 일조한 업보를 벗어나 민주적 시민 양성에 이바지해야 한다고 보았기 때문이다. 일본에서도 미군정하에서 역사 과목이 똑같은 이유로 사회과에 포함되었다.[9] 군국주의 교육적 색채를 탈색하려는 의도는 민주주의 역사교육론에서나 미국식 민주적 시민 교육론에서나 동일했다. 하지만 새롭게 칠하고자 하는 색이 달랐다. '민족적 민주주의'라는 색을 입히고 싶었지만, 미군정이란 현실 권력은 미국식 민주주의의 색을 입히고자 했다.

당시 역사 담당 편수관이던 황의돈은 사회생활과 도입에 반대했다. 그는 관계관 연석회의 석상에서 '크게 교육 내용이 달라지는 것도 아니고, 그저 지리, 역사, 공민을 합쳐서 미국식을 본떠보려고 하는 사회생활과라는 과목을 둔다면 이것은 우리의 역사를 팔아먹는 것이나 다름없다. 순수한 우리의 것이 엄연히 존치하고 있는데 무엇 때문에 외국의 것을 들여와서 잡탕을 만들려고 하느냐? 나는 국사를 팔아먹지 못하겠다'라는 취지로 사회생활과 도입에 반대하는 발언을 하고 퇴장할 정도로 입장이 강경했다. 서울대학교 사범대학 및 전국의 교수들은 국사와 지리, 공민을 한 과목으로 가르치기 위한 준비

가 미흡하다며 반대했다. 미군정은 일단 초등학교부터 사회생활과를 도입했다.[10]

미군정의 제도적 선택은 역사교육의 친일 청산을 가로막았다. 민주 시민 양성이라는 미국식 민주주의 교육의 목표는 사실 공교육의 보편 목적이지 특정 교과만의 목적이 될 수 없었다 결국 사회생활과 안에 포함된 과목들은 분과 체제로 운영되고 말았다.[11] 미군정은 군국주의의 형식적 극복에만 관심이 있을 뿐, 내용적 극복이라 할 수 있는 식민 사관 극복에는 관심을 보이지 않았다. 미군정청이 진단학회에 위촉하여 한 달 만에 집필한 중등용 국사 교과서인《국사교본》에는 타율성론이나 당파성론 등 식민 사학의 논리가 살아 있었다. 이후 나온 역사 교과서들에도 식민 사학의 영향이 남아 있었다.[12] 민주주의 역사교육이 지향한 친일 청산은 정치적으로는 물론이요, 역사교육에서도 실현되지 않았다.

국가주의 역사교육의 시대

해방 직후 교육계에서는 민주주의 교육을 내세우되, 민족의 역사와 전통에 뿌리를 둔 교육을 주장하는 흐름이 대세였다. 그들은 1946년 8월에 민주교육연구회를 만들었고, 그해 12월에 조선교육연구회로 이름을 바꿨다. 조선교육연구회는《조선교육》이라는 잡지를 발간했으며 '민족적 민주주의' 또는 '민주적 민족교육'을 내세웠다. 손진태도 1947년《조선교육》에 〈국사 교육의 기본적 제 문제〉라는 글을 실은 바 있었다. 이 조선교육연구회를 주도한 이들 중 한 사람이 안호상이었다. 그는 이승만 정부의 초대 문교부 장관이 되었다.

그런데 안호상의 '민족적 민주주의'는 소련식도 미국식도 아닌 제3의 '민족적 민주주의'를 표방했으나, 반공주의적이고 전체주의적인 색채를 품고 있었다. 그는 한국사 속에서 '신라 민주주의'를 끌어내어 이상적 민주주의의 전통으로 부각했다.

> 자연 세계에선 원자들이 뭉쳐짐으로써 물체가 이뤄지며, 흩어짐으로써 물체가 소멸되듯이, 사람 세계에선 각 개인들이 뭉쳐짐으로써 살며, 흩어짐으로써 죽는다. 본래 뭉쳐진 한 겨레요, 한 백성이 두 조각으로 갈라질 때, 그 겨레의 불행한 운명은 죽음의 구렁으로만 밀어 넣고 만다. 이 불행한 죽음을 박차고 행복스런 삶을 맛보려는 용감한 신라 사람들은 갈라진 겨레를 본시대로 다시 뭉쳐, 한 나라와 한 백성이 되기 위하여 개인마다 아무런 차별도 구속도 없이 다 같이 평등과 자유로써 한마음 한뜻이 되어 일하며 싸웠었다. 그들은 한 당파가 아니라 한 나라요, 한 개인이나 한 계급이 아니라 한겨레요 한 백성을 위함이다. 그러므로 그들 신라 사람의 민주주의는 개인주의적도 아닐뿐더러, 또 계급주의적도 아니요, 오직 한백성주의적이었다.[13]

안호상은 여기서 말하는 한백성주의, 즉 일민주의에 입각한 역사교육을 주장했다. 그는 일민주의의 기원을 단군 사상에서 구했다. 또한, 이러한 단군 사상을 이어받은 신라의 화랑정신과 만장일치에 입각한 화백제도 등에 나타난 민주주의가 삼국 통일의 원동력이라고 주장했다. 이 신라 민주주의가 유럽과 아메리카를 돌아 다시 한국

에 들어와 최고의 가치를 지닌 민주주의로 발전했는데, 그 민주주의가 바로 한백성주의라는 것이다.[14]

이 한백성주의라 불리던 민주주의는 반공주의와 결합한다. 안호상은 통상의 민주주의는 "우리 민족에게 길이길이 남아 있을 지도 원리가 되기에는 너무나 빈약하고 천박하다"면서 공산주의와 싸워 이기는 지도 원리로서의 '참된' 민주주의가 바로 일민주의라는 논리를 폈다. 그런데 여기서 말하는 일민一民은 생각도 행동도 같아야 하고 동일성과 통일성을 생명으로 하는 존재를 의미했다. 나아가 안호상은 일민, 즉 한 민족에게는 오직 한 주의만이 있어야 하는바, 교육은 이러한 일민주의를 실천하고 실현해야 한다고 주장했다.[15] 안호상이 제시한 일민주의는 이승만 정부에 의해 공산주의에 대항하는 이념의 지위를 누렸다. 이처럼 이승만 정부의 역사교육은 민주주의를 말하되, 반공주의와 전체주의적 색채가 강한 흐름 속에 실행되고 있었다.

1960년대 박정희 정부도 '민족적 민주주의'를 내세웠다. 서구적 민주주의의 맹목적 수용을 비판하면서 자주와 자립에 기초하여 조국 근대화와 민족중흥의 과업을 성취하고 궁극적으로는 민족의 자유와 번영을 추구한다는 것이다. 여기서 말하는 민족의 자유에는 공산주의자의 압제로부터 북한 동포를 해방시키는 승공勝共 통일이 포함되었다.[16]

'민족적 민주주의'는 유신 체제 출범과 함께 '한국적 민주주의'로 재탄생했다. 박정희 정부는 '한국적 민주주의'는 한국의 역사와 문화적 전통, 그리고 한국의 현실에 맞게 서구의 민주주의를 수정한 것이라 주장했다. 그런데 '한국적 민주주의'는 '민주정치에서도 하나의 강력한 지도 원리가 확립되어야 한다'는 논리를 품고 있었다. 민주적 정치 권능보다 강력한 지도 원리를 강조한 것이다.[17] 이처럼 이승만 정부와 박정희 정부로 이어지는 독재 시절에 국가가 주도하던 민주주의 논의에는 반공주의적이고 전체주의적인 색채가 배어 있었고, 민주주의 역사교육은 설 땅이 없었다.

박정희 정부는 독재 체제 강화와 함께 본격적인 국가주의 역사교육을 전개했다. 시작점은 1968년 12월 5일의 국민교육헌장 선포였다. "우리는 민족중흥의 역사적 사명을 띠고 이 땅에 태어났다"라는 첫머리가 상징하듯, 국민교육헌장은 민족 주체성을 중요한 정신으로 내세웠다. 민족 주체성의 뿌리는 국난을 극복하고 뛰어난 문화를 발전시킨 과거의 전통과 역사에서 구하고자 했다.[18] 이듬해인 1969년에는 교육과정을 일부 개정해 교과서에 박정희 정부가 민족중흥의 기틀을 마련했다는 등의 정권 찬양 내용을 담았다. 이병도는 이 교육과정의 부분 개정에 따라 1970년에 펴낸 인문계 고등학교 《국사》의 현대사 서술을 정권에 대한 헌사로 맺고 있다.

> 1964년에는 오랜 전쟁을 겪고 있는 베트남에 군대를 파견하는 등 적극 외교를 펴서 대한민국의 국제적 지위를 높이는 데도 힘을 기울이며, 조국 근대화 작업에 열중하고 있다. 또 1968년에는 국민교육헌장을 공포하였으며, 많은 공업 시설의 건설과 경인고속도로·경부고속도로 등 정치·경제·문화·사회가 발전함으로써 민족중흥의 터전을 이룩하였다.[19]

이 교육과정의 부분 개정은 역사 교과서가 정권의 홍보 수단이라는 오명을 뒤집어쓰는 시발점이 되었다.[20] 주목할 것은 이병도가 국사 학습 의의에 대해 "우리 민족 및 문화의 전통과 발전에 대한 인식을 깊게 하고 민족성의 본질을 체득하여 건전한 국민적 도덕 및 정조를 배양하는 데 있다"고 썼다는 사실이다. 여기서 민족이란 용어를 국민으로만 바꾸면, 일제 강점 말기 국민교육, 즉 황국신민 교육의 목표와 다를 바 없는 내용이다.

박정희 정부의 국가주의 역사교육의 방향과 내용은 1972년부터 1977년까지 중고등학교 독본용 역사 교과서로 간행된《시련과 극복》을 통해서도 살필 수 있다. 이 교과서는 '국난을 이겨내는 민족주의 저력', '국난을 이겨낸 겨레의 슬기'라는 두 개의 대단원으로 구성되어 있다. 이 글에서는 국난극복사를 공부해야 하는 이유를 다음과 같이 적고 있다.

> 우리의 선조들이 그 많은 외세의 침략을 받았을 때, 어떻게 슬기롭게, 그리고 용감하게 그들을 물리쳤으며, 어떻게 우리 국가와 민족, 그리고 우리 민족 문화를 수호하였던가를 살펴보는 것은, 오늘 우리가 처해 있는 어려운 고비를 훌륭하게 넘기는 데 커다란 도움이 될 것이다.[21]

《시련과 극복》은 고조선부터 현대에 이르기까지 외세의 침략과 이에 맞선 민족의 항쟁을 다루고 있다. 하지만 일본 제국주의에 맞선 독립운동은 서술하지 않았다.

박정희 정부의 국가주의 역사교육은 '국적 있는 교육', '민족 주체성 확립을 위한 교육'을 내세우는 국사 교육의 강화 정책으로 귀결되었다. 원로와 중견을 망라한 한국 사학자들로 국사교육강화위원회가 꾸려졌다. 위원장은 이선근이 맡았고, 위원으로는 이기백, 이우성, 김철준, 이홍직, 변태섭, 한우근, 김용섭, 이원순, 이광린, 최창규, 이현종 등이 참여했다. 1972년 7월 국사교육강화위원회가 내놓은 제1차 건의서는 자주적 민족 사관의 확립을 표방했는데, 일반 목표로 제시한 내용에 그러한 입장이 잘 나타나 있다. 다음은 6개항으로 되어 있는 일반 목표 가운데 일부다.

> 1. 굳건한 민족 사관을 바탕으로 현재의 삶을 역사적으로 의식하고 국가 사회 발전에 주체 의식을 가지고 참여하도록 한다.
> 3. 민족중흥의 이념을 구현하기 위하여 선조들의 노력과 업적을 이해하고 스스로 국가에 헌신하는 태도를 기른다.
> 4. 한국의 문화유산을 계승 발전시켜온 민족적 역량을 이해하고, 외래문화 수용에 대한 바람직한 태도를 길러 민족문화 발전에 이바지하게 한다.
> 5. 개인의 가치관과 민족의 가치 체계와의 조화를 이루고 자신과 국가를 동일시하는 국민의 자세를 이룩하며 민족적 생활 규범을 심화시킨다.[22]

'민족'을 앞세우고 "자신과 국가를 동일시하는 국민의 자세"를 언급한 데서 국민교육헌장의 국가주의적 가치가 읽힌다. 과거 전통과 역사 중에서 국난극복사와 우수한 민족문화를 강조하는 내용 역시 국민교육헌장이 지향하는 역사교육의 방향과 일치한다.

국사교육강화위원회의 제1차 건의서가 나오고 얼마 뒤 10월유신이 단행되었다. 1973년 초 국사교육강화위원회는 제2차 건의서를 제출했고 대부분 제도화되었다. 이때 내놓은 국사 교육 강화 방안의 핵심은 국사 교육의 필수화였다. 초등학교부터 대학교 교양과정까지 국사가 필수과목이 되었다. 각종 고시와 공무원 시험에서는 국사가 필수과목으로 채택되었다.

국사 교육을 강화하는 정책을 제도화하는 데 결정판은 국사 교과서의 국정화였다. 국정화를 주도한 것은 청와대였다. 1973년 6월 9일 청와대 비서실은 '국사 교과서 국정화 방안'을 대통령에게 보고했다. 보고서는 "왜곡되고 타율적인 역사관을 시급히 청산하고 주체적인 민족의식에 투철하고 민족중흥의 의욕에 충만한 후세 국민을 길러내려면 국사 교과서 내용을 상당 부분 개편해야 하는데, 검정교과서 저자들이 개별적으로 이를 감당하는 것을 불가능하다"는 논리를 내세웠다. 또한 "민족 사관의 통일과 객관화를 기하고 새로운 가치관 확립을 위한 일관성 있는 교육을 위해 도덕, 국어와 함께 가치관 교육의 중핵이 되는 국사의 국정화가 필요하다"고 주장했다.

1973년 6월 23일 국정화가 발표되었다. 그러자 한국사학자들 간에 의견이 나뉘었다. 대부분은 국정화에 반대했다. 민족주의를 고양하기 위해 역사교육을 강화하는 데는 동조한다 하더라도, 군사 독재하에서 민주주의와 통일의 가치는 지켜나가야 한다는 등 생각이 서로 달랐던 것이다.[23] 국사교육강화위원회의 위원들도 국정화에 대부분 반대했다. 국정화 반대 논리의 초점은 역사교육의 다양성이 말살되고 획일화가 강제된다는 점에 모아졌다. 역사적 사실에 대해 하나의 해석만을 가르친다는 방침은 역사교육의 목표부터 평가에 이르기까지 교육과정 전체에 미치는 부정적 파장이 적지 않다는 것이었다.

하지만 국사교육강화위원회는 결국 국정화안을 수용했다. 1974년 1학기부터 급조된 중고등학교 국정교과서가 사용되었다. 국사교육강화위원회 위원 중 김철준과 이현종만 집필에 참여했다. 나머지 집필자들은 교과서 집필 경험이 없는 학자들로 채워졌다. 이처럼 역사교육계는 국사 교육 강화 정책을 통해 역사교육의 '정상화'를 기대했으나 돌아온 결과는 하나의 교과서로 국난극복사와 문화의 우수성을 가르치는 국가주의 역사교육의 강화였다.

전두환 정부는 박정희 정부의 국가주의 역사교육을 그대로 이어받았다. 1982년판 국정 고등학교《국사》교과서에서는 반공주의적 색채가 오히려 더 강화되었고, 전두환 정부의 수립이 '민주주의 발전의 새 전기'임을 부각하고 있었다. 역시 맨 마지막은 "제5공화국은 정의사회를 구현하기 위해 모든 비능률, 모순, 비리를 척결하는 동시에 국민의 진정한 행복을 위해 민주 복지 국가 건설을 지향하고 있는 만큼 우리나라의 장래는 밝게 빛날 것이다"라는 정권에 대한 헌사로 끝났다. 5·18민주화운동은 교과서에 아예 서술되지 않았다.[24] 1970년대에 초등학교에 들어가 1980년대에 대학을 다닌 세대의 경우, 초등학교부터 대학까지 국사를 모두 필수과목으로 배워야 했다. 그들은 박정희 정부의 국가주의 역사교육에 포획된 세대였다. 역설적이지만, 1980년대 이후 반독재 민주화의 지평을 연 세대도 그들이다.

2. 민주주의 역사교육의 부활

역사교육 운동의 전개

1980년대는 민주화와 변혁의 시대였을 뿐만 아니라 역사 운동이 일어난 시대였다. 역사학계에서는 망원한국사연구실(1984), 역사문제연구소(1986), 한국근대사연구회(1987), 한국역사연구회(1988), 구로역사연구소(1988) 등의 연구소와 학회가 생겨났고, "과학적·실천적 역사학의 수립을 통해 우리 사회의 자주화와 민주화에 기여"하고자 함께 토론하고 공동으로 집필하는 집단주의적 연구 풍토가 자리를 잡아갔다.

이들은 새로운 역사관인 민중사학론을 제기했다. 민중 사학은 "민중이 주인 되는 사회를 건설하기 위한 변혁의 전망을 모색하는 실천적 학문"을 지향했다. 또한 "우리 사회의 당면 과제인 민중 주체의 민주주의 사회의 실현과 통일 민족국가 건설을 전망할 수 있는 반제민족민중 사학의 수립"을 추구했다.[25] 이러한 역사 운동을 주도한 연구자들은 1970~1980년대에 대학과 대학원을 다니며 학생운동과 광주항쟁을 직접 경험하거나 그로부터 영향을 받으며 학계에 진출한 소장 학자들이었다.

역사 교사들의 역사교육 운동도 일어났다. 1988년 150여 명의 역사 교사들이 '역사교육을위한교사모임'을 결성했다. 그들은 "지배질서의 유지를 위한 하수인 노릇과 입시에 얽매인 획일적인 역사교육 등 왜곡된 역사교육을 반성하고 힘을 합해서 민족과 역사 앞에 부끄러움이 없는 참 역사교육을 하겠다"라고 다짐했다. 이들은 "살아 있는 역사교육"을 내세웠다. 이는 지배층 중심의 역사관과 정치권력에 종속된 역사교육, 즉 국가주의 역사교육에서 벗어난 역사교육, 학생들의 흥미를 높이고 사고를 자극하는, 즉 학습자를 주체로 생각하는 역사교육을 상징하는 표어였다. 이는 민주주의 역사교육의 부활을 의미했다. 교사모임의 역사교육 운동은 교과서 내용의 분석·비판, 수업 자료 개발, 수업 사례의 발표와 공유, 답사 등 학교 역사교육을 바꾸는 데서 출발했다.[26]

역사교육을위한교사모임은 서울과 경기 지역의 교사를 중심으로 꾸려졌다. 하지만 여러 지역에서 역사교사모임이 만들어지면서 이들 간에 정보를 교환하고 자료를 공유하며 때로 연대 활동을 해야 할 필요성이 제기되었다. 논의 끝에 1991년 1월 전국역사교사모임이 탄생했다. 전국역사교사모임은 "민족, 민주, 인간화 교육을 실현하기 위한 올바른 역사교육의 내용과 방법을 연구 실천함"을 목적으로 내세웠다. 역사교육을 개혁하려는 역사교육 운동과 함께 시민사회단체, 교육단체, 학계 등과 연계하여 사회와 교육의 현안에 의견을 개진하는 사회 개혁 운동도 펼쳤다.

전국역사교사모임의 대표적인 역사교육 운동은 대안 교과서 개발이었다. 1988년 역사교육을위한교사모임이 "국정교과서를 폐지하라!"라는 플래카드를 만든 적이 있었다. 오직 국가가 만든 하나의 교과서만을 가르치는 국가주의 역사교육이 압도하는 현실에 대한 역사 교사들의 비판 의식이 역사교육 운동이 출범할 때부터 높았음을 알 수 있다.[27] 오직 하나의 국정교과서가 존재하는 국가주의 역사교육에 대한 민주주의 역사교육의 대응이 '대안' 교과서의 개발이었던 것이다.[28] 1999년 말부터 시작된 대안 교과서 개발 작업을 통해 2002년 3월 중학교용 대안 교과서인 《살아 있는 한국사 교과서》가 탄생했다.

> 살아 있는 삶을 위한 역사교육! 그것은 우리의 오랜 꿈이었다. 우리는 강의와 암기로만 이뤄지는 역사 수업을 넘어서, 생동감 있는 이야기와 감동이 살아 있는 역사 수업을 만들기 위해 노력했다. 함께 생활하는 아이들이 과거를 생생하게 체험하고, 역사 속의 인물과 다양한 대화를 나눌 수 있도록 돕고 싶었다. 우리는 재미없고 외울 것만 많은 교과서, 개설서를 요약한 듯 죽은 지식을 나열한 교과서를 넘어서야 한다고 생각했다. 우리는 인간의 숨결이 살아 있는 교과서, 다양한 자료와 볼거리가 있으면서도, 잘 디자인된 교과서를 갖고 싶었다. 아이들의 눈으로 세상을 보고, 그들이 열어갈 미래가 담겨 있는 그런 교과서를 꿈꿔왔다. 우리는 교과서가 단 한 종류밖에 없어서는 안 된다고 생각했다. 과거에 대한 해석이 하나일 수밖에 없기 때문이다. 우리는 결론만 제시되는 닫힌 교과서는 없어져야 한다고 생각했다. 공부는 저마다 자신의 삶을 기획하는 과정이기 때문이다. 그리하여 우리는 수많은 학생과 교사들이 자유롭게 만나 자신만의 결론을 만들어가는 그런 교과서를 꿈꿔왔다.[29]

이 발간사는 민주주의 역사교육이 가야 할 길을 명쾌하게 제시하고 있다. 대안 교과서는 관점은 물론 내용과 편집 모든 면에서 신선했고, 사회적으로는 물론 역사학계에서도 높은 평가를 받았다.

한편, 역사교육계와 역사학계의 연대 역시 민주화와 함께 시작되었다. 1987년 2월 소장학자들이 민중 사학을 표방하며 집필한《한국민중사》를 펴낸 풀빛출판사 사장 나병식이 국가보안법으로 구속되는 사건이 일어났다. 그리고 박종철 고문 치사 사건으로 민주화의 요구가 거세지던 5월 30일에 열린 전국역사학대회에서 역사학자들과 역사 교사 350여 명이 〈《한국민중사》에 대한 탄압을 철회하라〉라는 성명서를 함께 발표했다. 이는 역사학과 역사교육이 각각 처음으로 집단행동을 펼친 역사적 사건이자 양자 간의 최초의 연대 운동이기도 했다.

이후 역사학계와 역사교육계는 국가주의 역사교육 비판, 즉 국정교과서 비판에 한목소리를 냈다. 독재 정권이 국정교과서를 정권 정당화의 수단으로 악용하고 지배층 입장에서 정치사와 제도사 위주로 역사를 서술하고 있으며 근현대사 서술은 우편향돼 있다는 비판이 쏟아졌다. 마침내 고등학교 선택과목인 '한국 근현대사'가 2003년 검정제로 발행되었다.

역사학계는 또한 국사 교육 중심의 역사교육이 과도한 민족주의를 조장한다는 비판을 제기하기도 했다. 더불어 세계사 교육이 서구 중심 혹은 유럽과 중국 중심이라는 비판도 제기되었다. 민주적 공론장에서 펼쳐진 역사교육에 대한 다양한 문제 제기는 국가주의 역사교육을 비판하고 민주주의 역사교육이 갈 길을 모색하는 데 기여했다.

역사 전쟁과 민주주의 역사교육론의 만개

민주주의 역사교육을 추구하는 역사교육 운동에 대한 비판과 도전은 뉴라이트의 등장과 함께 본격화되었다. 국정을 벗어난 첫 검정 교과서인 고등학교《한국 근·현대사》가 집중 공격을 받았다.《한국 근·현대사》는 1차 검정을 통과한 직후인 2002년부터 논란이 되었다. 이 교과서들이 김영삼 정부에 대해서는 부정적으로, 김대중 정부에 대해서는 긍정적으로 서술했다는 주장이 제기된 것이다. 언론과 한나라당의 공세에 김대중 정부는 집필자들에게 현 정부에 대해서는 국정 지표를 제시하는 선에서 서술하라는 수정 지시를 내렸다.

본격적인 교과서 파동은 뉴라이트가 등장하는 2004년 무렵에 시작되었다. 한나라당 권철현 의원이 금성출판사의《한국 근·현대사》가 친북·반미·반재벌의 관점에서 서술되었다고 주장하면서 논란이 불거졌다. 뉴라이트와 보수 언론의 대대적인 공세에 역사교육계는 역사학계와 연대하여 '금성 교과서가 반미·친북이라는 주장은 정치적 목적에서 나온 왜곡'이라며 '역사 연구와 역사교육의 자율성을 보장하고 역사교육을 당리당략이나 이념 공세의 수단으로 삼는 행위를 즉각 중단할 것'을 요구했다.

2008년에《한국 근·현대사》교과서 파동을 야기한 주동자는 교육과학기술부였다. 2007년까지만 해도 교육인적자원부는 교과서가 교육과정과 검정 절차에 따라 간행되었으므로 문제가 없다는 원칙적 입장을 고수했다. 하지만 이명박 정부가 들어선 2008년에 교육과학기술부 스스로 이런 입장을 뒤집고《한국 근·현대사》내용의 편향성 문제를 공론화했다. 노골적으로 보수·우파의 편에 섰던 교육과학기술부의《한국 근·현대사》교과서 수정 시도와 금성 교과서 교체 압력에 맞서 역사학계와 역사교육계는 학문의 자유와 교육의 정치적 중립, 그리고 교과서 채택의 자율성을 지키기 위한 역사교육 운동을 전개했다.

《한국 근·현대사》 교과서 파동은 재판정으로 자리를 옮겨 2009년 이후에도 이어졌다. 저자들이 소송을 냈고 역사학과 역사교육 단체들은 역사 교과서 문제 해결을 위한 공동대책위원회를 꾸려 소송을 지원했다. 이명박 정부는 계속해서 2009 개정 교육과정, 2011 개정 교육과정을 통해 노무현 정부 시절 만든 2007 개정 교육과정을 무력화하고 2011년에는 자유민주주의 논쟁을 촉발하는 등 집권 내내 역사 전쟁을 야기했다.[30]

박근혜 정부가 들어선 2013년에는 교학사 교과서 검정 파동이 일어났다. 수많은 사실 오류만으로도 탈락해야 할 교과서가 '정치적' 검정을 통과하자 역사학계와 역사교육계는 즉각 검정 취소를 요구했고 여기에 정치인과 언론까지 편을 갈라 가세하며 격전을 치렀다. 결국 박근혜 정부는 2015년 민주주의 역사교육을 압살하려는 듯 역사 교과서 국정화를 강행했다.

역사 전쟁을 통해 민주주의의 위기를 혹독하게 경험한 역사교육은 다시금 민주주의 역사교육을 돌아보게 되었다. 역사교육 운동이라는 실천을 넘어서 역사교육의 목표로서, 또한 내용으로서 민주주의를 고민하게 된 것이다.

2013년 교학사 교과서 문제가 불거졌을 때, 교과서 문제로 야기된 사회적 여론의 추이를 경험하면서 역사가의 직업적 윤리의식과 사회적 책임을 검토해야 한다는 목소리가 흘러나왔다. 시민들은 역사 교과서 문제에 관심을 갖고 행동으로써 실천하는 모습을 보였다. (……) 역사가가 추구하는 논리와 내러티브는 단지 역사학계 내부에서의 논의뿐만 아니라 시민사회라는 공적 영역에서의 심의로 확대되는 것이다. 이것을 역사가들과 시민들 사이의 일종의 협상이라고 볼 수 있다. 왜냐하면 역사가의 관점들, 역사학의 연구들은 역사 교과서를 통해 반영되며, 최종적으로 사회적 반향을 가지게 될 수 있기 때문이다. 교과서 문제로 시작된 역사가들의 반성의 논의는 역사 교사로서 수업을 어떻게 민주주의와 연결시킬 수 있을까라는 고민을 안겨주었다.[31]

특히 교학사 교과서 검정 파동은 역사교육에서 민주주의란 무엇인가를 돌아보는 데 결정적 계기가 되었다. 무엇보다 교학사 교과서가 말하는 '자유민주주의'가 반공에 기초한 자유민주주의 체제를 의미한다는 사실이 주목받았다.

교학사 교과서의 '자유민주주의'는 뉴라이트의 역사 인식을 극명하게 보여준다. 민주주의를 표방하나 반공을 중심에 두고 민주화 서사를 부정하며 체제, 국가 중심의 서사를 만들어간다. 이 속에서 북은 적대적 대상이고 과거 권위주의 정부가 민주화운동을 억압한 사실은 희석된다. 그 틈에 현대사 교육은 퇴행과 퇴보를 거듭하고 있다. 정부는 국정제를 통해 뉴라이트의 역사 인식을 확대하려는 의도마저 보인다.[32]

민족적 혹은 한국적 민주주의를 내세우되, 반공주의에 입각한 국가주의 역사교육을 실시한 독재 정권의 그림자를 뉴라이트의 역사 인식에서 찾으며 이에 대한 경계와 대응의 일환으로 민주주의 역사교육론을 실천적으로 모색하게 되었다는 얘기다.

민주주의 역사교육론에 대한 고민은 이미 역사 전쟁이 본격화될 때부터 싹트고 있었다. 2008년에 역사교육 운동 20주년을 기념하면서 역사 교사들은 다음과 같은 고민을 토로했다.

> 공존과 평화의 미래는 민주주의의 토대 위에서만 가능한 희망이다. 역사는 과거의 사실을 다루지만, 무수한 과거의 사실 가운데에서 특정한 무언가를 기억한다는 것은 다른 무엇인가를 배제하고 망각한다는 것을 의미한다. 결국 무엇을 기억하고 무엇을 배제할 것인가는 현재 그리고 미래에 대한 전망과 태도로 결정되며, 그런 점에서 민주주의의 역사를 기억한다는 것은 민주주의를 지키고 발전시켜야 한다는 태도의 반영이다.[33]

> 민주주의 개념 자체를 역사화하는 것이야말로 역사교육이 민주화에 기여할 수 있는 중요한 방법이다. 민주화 개념이 현재(절차적 민주주의로 민주주의를 이해하고, 자유와 평등을 이분법적으로 사고하며 공화주의 없는 민주주의를 주장하는)처럼 질서화된 과정을 파악하고, 현재와 다른 민주주의가 가능하다는 점을 파악할 수 있을 때 지금보다 나아진 민주주의를 상상할 수 있다. 우리는 역사 속에서 다양한 민주주의를 볼 수 있다. 사람에 따라 민주주의를 다른 모

습으로 생각했고, 시대에 따라 그 개념이 달라졌음을 알 수 있다. 역사교육은 지금과 다른 민주주의가 존재한다는 것을 가르쳐주고 더 나은 민주주의를 상상할 수 있도록 해야 한다.[34]

이처럼, 민주주의 역사를 기억하고 민주주의 개념을 역사화하는 역사교육을 통해 다양한 민주주의를 상상하고 평화와 공존을 모색하는 인간을 길러내려는 시도는 2009년 "교사와 연구자, 초·중·고등학교와 대학, 역사학과 역사교육의 벽을 넘어 상시적으로 우리 역사교육을 함께 고민하고 연구하고자" 문을 연 역사교육연구소의 활동을 통해 구체화되었다. 역사교육연구소는 출범할 때부터 '민주주의와 역사교육 분과'를 운영하며 민주주의 역사교육론을 마련해가기 시작했다.

먼저, 김육훈은 민족 정체성 함양을 목표로 한 역사교육을 민주 시민 양성을 위한 민주주의 교육으로 전환할 것을 제안했다.[35] 그의 문제 제기는 뉴라이트의 국가 정체성 교육에 대한 비판에서 시작한다. 뉴라이트는 역사교육을 국가 정체성 교육으로 간주한다. 그들은 자신들이 생각하는 대한민국 국가 정체성을 학생들이 수용하도록 만드는 데 역사교육의 목표를 두고 있다. 그리고 대한민국이 선진화와 민족 통일을 위해 다시 뛰려면 국민을 하나로 묶어야 하며 역사교과서는 바로 이런 국민 만들기에 가장 중요한 매체라고 본다.[36] 또한 뉴라이트는 자유민주주의 교육을 말하나, 실상은 반공주의에 기반한 역사교육을 추구한다.

뉴라이트가 말하는 국가 정체성 교육으로서의 한국사 교육은 '국민이 어떤 권리를 누리고 국가는 국민의 권리를 지키고 신장하기 위해서 어떤 역할을 해야 하는지, 민주적인 국가의 구성원이 평화롭게 주변 세계와 만날지' 등 그들이 말하는 자유민주주의의 가장 기본적인 가치를 공부하는 것과는 전혀 상관이 없다. 자유민주주의가 아닌 북한에는 인권이 없고 공산주의와 싸워 이길 때만 그것이 보장될 수 있으며, 공산주의와 싸우다 보면 인권은 언제든지 제한될 수 있으며, 그래서 공산주의와 싸우는 것이야말로 가장 인권적이고 가장 자유민주주의적이며 공산주의와 싸우는 자들이야말로 애국 세력이라고 생각하게 될 수도 있다.[37]

최근에는 이런 뉴라이트의 사관이 결국은 국가주의에 기반을 두고 있다는 비판이 자주 제기된다. 나인호는 뉴라이트의 대한민국 사관이 민주주의 역사교육의 관점에서 보면 국민을 주체가 아니라 교육의 대상이자 국가권력을 위해 동원하는 대상으로 보는 국가주의에 기반을 두고 있으며, 뉴라이트-정부·여당-보수 언론이 주도하는 '역사 내전'은 국가주의 역사관 속에서 진행되고 있다고 주장한다.[38] 백은진은 이명박과 박근혜 정부의 역사교육 정책을 '국가주의'라고 부를 수 있는 이유는 첫째, 역사 교과서 국정화 등 정부 권한으로 역사교육의 내용을 통제하려 하기 때문이고, 둘째, 정부가 강조하고 지원하려는 역사교육의 내용 자체가 '대한민국 사관'이며 그 내용이 국가주의적이기 때문이라고 본다.[39]

김육훈은 뉴라이트가 내세우는 반공주의적 대한민국사라는 국가주의 역사 인식에 맞서 대한민국 헌법 제1조의 가치인 민주공화국을 살아갈 시민을 제대로 길러내는 역사교육을 제안한다. 그는 우리 모두는 한민족의 일원이고 대한민국 국민의 한 사람이면서 한 사람의 시민으로 살아간다는 점을 전제로, 역사교육이 길러내야 하는 시민은 "주권자로서 자신이 살아가는 사회의 변화를 위해 각자의 방식으로 참여하는 주체"여야 한다고 주장한다. 그는 민주주의 역사교육은 민주화 이후 역사가 요구하는 필연의 과제라고 본다.

> 오늘날 민주주의는 할 수도 있고 안 할 수도 있는 선택의 대상이 아니다. 우리 사회가 민주주의라는 점, 우리 교육이 민주주의의 공고화에 기여해야 한다는 점 또한 누구도 부정할 수 없다. 그리고 역사교사는 민주주의 역사를 말할 수 있는 권리와 민주주의 확장에 기여해야 할 의무를 함께 지닌다. 이러한 조건은 절대 되돌릴 수 없는 6월항쟁의 성과물이다. 그러한 점에서 6월항쟁은 민주주의 역사에서 그리고 민주주의 교육에서 전환점이라고 할 수 있다.[40]

그리고 민주공화국의 헌법적 가치라는 새로운 감수성으로 기존의 민족·국민 정체성 함양 혹은 국가 정체성 교육을 강조한 교과서들을 다시 읽어볼 것, 기존의 민족국가 서사에서 쉽사리 채택하지 못했으나 민주공화국과 시민이라는 가치에서 바라보면 중요하다고 할 수 있는 새로운 사실을 적극적으로 찾아낼 것, 헌법 제1조의 가치에 따라 민주공화국을 살아가는 국민, 즉 다수 시민의 지배라는 관점에서 역사를 재구성할 것 등을 제안한다. 나아가 그러한 민주주의 역사

교육을 통해 학생 개개인이 한 사람의 시민으로 건강하게 자랄 수 있도록 도와야 한다고 주장한다. 자신과 다른 사람의 삶에 관심을 기울이고 공감할 수 있도록 역사를 가르치자는 것이다. 이를 통해 민족이나 국가라는 집단 서사에 함몰되지 않고 개개인에 주목하면서 주체적인 인간 활동으로 역사가 변화한다는 점을 분명히 깨닫도록 하자는 것이다.

이처럼 민주공화국의 시민을 기르는 역사교육과 함께 민주주의 역사교육론의 하나로 김한종은 참여민주주의를 위한 역사교육을 제기한다. 그는 국가주의 대 민주주의를 대별하여 민주주의 역사교육론을 제기하는 김육훈과 달리, 개인의 이익을 추구하는 자유민주주의가 아니라 공동체의 이익을 추구하는 참여민주주의의 관점에서 민주주의 역사교육을 실행해야 한다고 주장한다. 참여민주주의를 위한 역사교육의 목표는 비판적 사고와 실천 의식을 기르는 데 있다. 이를 위해 그는 첫째, 국가나 정부의 정책, 민주주의의 성립과 발전, 민주화의 과정, 둘째, 사회 구성원들 사이에 많은 논란이 있었던 역사적 쟁점, 셋째, 개인적 판단과 선택이 들어간 역사적 사실 등에 주목하여 가르칠 것을 제안한다.[41]

민주주의 역사교육론이 활발히 제기되는 가운데, 최근에는 한국사와 세계사의 구체적 역사 사실 중에서 민주주의적 내용 요소를 추출한 연구 성과도 나오고 있다. 가령 황현정은 한국사에서 민주주의 요소나 가치를 내용 선정 원리로 선정한 뒤 공동체 전통 및 협의 문화, 민본 사상, 자율적 인격 주체 등의 주제로 구체적인 사실을 추출하기도 했다.[42] 그런데 내용 선정 원리로서 민주주의를 제기할 때는 신중한 검토의 과정을 거쳐야 한다. 해방 직후부터 등장했던 '한국사 속 민주주의 전통'이 독재 정권을 거치면서 정권 합리화의 근거로 활용된 사실을 먼저 세밀히 검토해야 한다.

최근의 민주주의 역사교육론의 흐름을 방지원은 다음과 같이 종합적으로 정리하고 있다.

> 평화나 공존, 다문화, 인권 등 민주주의적 가치에 입각하여 역사교육의 목적이나 필요성을 설정해야 한다는 공감대가 확산되면서, 역사교육 내용 선정의 근거로 이러한 개념들을 활용할 수 있을지, 이러한 관점에서 기왕의 역사교육 내용을 재구성할 수 있을지에 대한 연구와 실천 또한 점차 늘고 있는 추세다. 1970년대 《국사》의 국정화와 더불어 오랜 세월 공고하게 유지되어온 국가 중심의 역사교육을 비판적으로 성찰하면서, 학생 개인의 주체적 삶을 고양하고, 인권과 평화, 차이를 존중하는 민주사회의 발전에 기여하는 데서 역사교육의 본분을 찾고자 하는 새로운 역사교육 담론의 형성과 맞닿아 있다. 최근 빠르게 떠오르는 이 역사교육 담론에서는 교육 내용 선정·조직부터 학습 활동, 평가에 이르는 모든 과정에서, 학습자가 '민주공화국', '민주사회의 시민'으로 성장하고 삶을 영위하는 배움의 주체라는 점을 강조한다. 따라서 역사교육에서 제기되는 쟁점이나 문제의 해결 방안을 찾을 때, 배움과 삶의 주체인 학습자의 역사인식과 역사의식에 유의하려고 한다.[43]

이렇듯 오늘의 역사교육에서는 민주주의 역사교육에 관한 논의가, 지향해야 할 가치로서의 민주주의부터 역사교육의 모든 과정에서 관철되어야 할 민주주의 원리, 그리고 학습자를 배움과 삶의 주체로 보는 민주의 시각까지 포괄하며 다각적으로 펼쳐지고 있다.

이러한 민주주의 역사교육론의 추이는 역사교육에 관한 오늘날의 세계적 논쟁의 흐름과 맥이 닿아 있다. 21세기 들어 세계의 역사교육은 시민의식과 애국심을 배양할 목적으로 국가/민족주의적 서사를 제공하려는 보수적인 경향을 넘어 세계주의적이고 다문화주의적인 관점에 기초한 다원적 교육과정을 추구하는 진보적 경향이 부상하면서 양자가 논쟁을 벌이고 있는 중이다.[44]

민주주의 역사교육은 해방 직후 제기되었으나, 독재의 세월 속에서 굴절되거나 훼절되면서 국가주의 역사교육에 압도당하는 긴 암흑기를 보냈다. 민주화 이후 민주주의 역사교육은 역사교육 운동 속에서 실천적으로 부활한 후, 지금 이론 면에서 새로운 도약기를 맞이하고 있다. 오늘의 민주주의 역사교육의 만개는 지난 10여 년간의 역사 전쟁의 산물이기도 하다는 점에서 각별한 의미가 있다.

에필로그

—

역사 전쟁의 보편성과 특수성

1. 보편의 문제 : 권력 대 역사, 그리고 과거사 문제

오늘날 지구 곳곳에서 벌어지는 역사 전쟁은 보수 권력과 역사학계의 대결이라는 보편적 양상을 보인다. 20세기 이후 역사학에서는 강자보다는 약자, 가해자보다는 피해자의 눈으로 역사를 재구성하는 진보적 경향이 주류를 형성하고 있다. 그렇기 때문에 애국주의를 강조하는 보수 권력과 피지배계급·소수자·다문화에 주목하는 역사학계의 충돌은 필연적이다. 보수 권력이 국정제 방식으로 역사교육을 통제하는 나라도 있지만 대부분의 나라에서는 검인정제 혹은 자유발행제 아래 역사학자들이 역사 교과서를 집필한다. 이 역사 교과서에 대해 보수 권력이 애국 사관이 아닌 자학 사관에 입각한 것이라 공격하면서 역사 전쟁이 일어났다.

영국과 미국에서는 1980년대 대처와 레이건 집권기에 보수 권력의 이념 공세로 역사 전쟁이 발발했다. 보수 권력은 비판적 역사학, 즉 '밑으로부터의 역사'의 주류화를 우려하고 비판했다. 영국에서는 대처가 나서서 "모든 세대가 우리 민족사를 그릇되게 이해하고 평가절하하는 교육을 받아왔다. 우리나라의 사회주의 학자와 저술가들은 우리 역사상 가장 위대한 진보가 이루어진 바로 그 시기를, 영국이 다른 국가보다 가장 앞서 나갔던 바로 그 시기를 가장 암울한 시기로 묘사했다"라고 비판했다. 영국과 미국의 보수 권력은 역사교육을 쇄신한다며, 자국사의 비중을 높여 조국의 번영에 대한 자부심을 함양하는 애국주의 교육에 충실하도록 압박했다. 노예무역, 제국주의, 자국이 외국에서 저지른 악행 등을 서술하는 것은 자학 사관이라고 하여 배격했다.[1]

1990년대 미국에서는 또다시 역사학자들이 숙고 끝에 작성한 역사교육 지침서인《역사표준서》를 놓고 거센 역사 전쟁이 일어났다. 이 지침서는 다문화주의와 비서구 문명, 그리고 여성과 흑인의 역사 등을 포용하는 관점에서 작성되었다. 이에 대해 보수 권력은 미국의 과거를 험악하고 음울한 시각에서 보고 있으며 젊은이들에게 "우리나라는 본디 악하다"라는 믿음을 심어줄 우려가 있다고 비판했다. 서구 문명에 대한 악의적 공격을 일삼은 반역자의 관점에 입각했다고 맹공을 퍼붓기도 했다.

영국에서도 보수 권력이 "오랜 세기에 걸쳐 자유 민주 사회가 어떻게 발전했는지를 배워야 할까? 아니면 억압받고 주변화된 사람들의 역사를 배워야 할까"라는 등의 문제를 제기하며 역사학과 역사 교과서를 비판하는 일이 반복되었다.[2] 2013년에는 캐머런 보수당 정부가 나서 다문화가 아닌 백인단일문화적 관점에서 자랑스러운 영국사를 가르쳐야 한다며 역사교육 과정 개정을 시도하면서 역사 전쟁이 재발했다. 정부가 비밀리에 구성한 위원회가 개정 초안을 내놓자 역사학자와 역사 교사들은 강력히 반발했다. 저명한 역사학자들은 언론을 통해 적극적인 반대 의사를 밝혔고, 역사 교사 단체들은 역사 교사의 96%가 반대한다는 여론조사를 발표하며 조직적인 반대운동을 펼쳤다. 대부분 언론도 반대했다. 결국 캐머런 정부는 개정 초안을 포기했다.[3]

이처럼 역사 전쟁은 역사의 교훈적 성격을 강조하는 보수 권력과 역사의 성찰적 성격을 강조하는 역사학계 간의 갈등이기도 하다. 이는 곧 '기억해야 할 과거, 망각해야 할 과거'에 대한 인식 차이와 연결된다. 즉, 대부분의 역사 전쟁에서 과거사 문제가 쟁점으로 부상한다. 가령 호주의 역사 전쟁은 역사학이 호주 사람들에게 원주민에 대한 범죄로 가득한 과거사를 가르친다고 보수 권력이 비판하면서 발발했다. 1996년부터 2007년까지 총리를 지낸 존 하워드는 호주 원주민에게 동정적인 역사학을 과도한 도덕주의에 입각한 자학 사관이라고 비판했다.[4]

20세기 독일에서 벌어진 역사 전쟁을 분석한 에드가 볼프룸은 과거 해석의 주도권을 쟁취하려는 역사 전쟁은 앞으로도 계속될 것이라고 보았다.

> 우리는 한 가지 분명한 사실을 알 수 있다. 과거를 둘러싼 싸움은 아직 끝나지 않았다는 것이다. 오히려 그 반대다. 미래의 선택에 결정적 영향을 미치는 과거 해석의 주도권을 쟁취하려는 투쟁은 계속되고 있다. 과거의 미래는 이제—다시 한 번—시작되었다.[5]

흔히 독일은 과거 청산의 모범국으로 알려져 있다. 나치 독재가 자행한 유대인 대학살의 역사를 국가와 국민이 모두 적극적으로 나서서 청산한 나라라는 것이다. 특히 독일과 같은 패전국임에도 난징 대학살, 일본군 위안부 강제 동원 등의 전쟁 범죄를 외면하거나 부정하면서 제대로 된 과거 청산을 거부하는 일본과 대조적인 자세를 보인다는 점에서 높은 평가를 받아왔다. 하지만 독일의 성공적인 과거 청산은 일사불란하게 이루어진 성과가 아니라 지난한 험로를 거쳐 차곡차곡 쌓아 올린 성과다.

서독의 과거 청산은 1945년 미군 점령기부터 시작되었으나, 대중적인 공감대가 이루어진 것은 1960년대 이후의 일이라고 한다. 그리고 1969년 서독 역사상 처음으로 사회민주주의자인 구스타프 하이네만이 대통령에, 빌리 브란트가 총리에 선출되면서 강력한 과거 청산이 추진되었다. 이 과정에서 나치 독재에 반대했던 사회민주주의 진영의 노동자 저항 운동이 재평가되었고 정부는 동구 사회주의 국가의 희생자들에게 용서와 화해를 구했다. 그러자 보수 세력이 반발했다. 그들은 과거 청산이 좌경적이며 동독의 반파시스트 신화를 맹목적으로 찬양하는 '친동독' 차원에서 추진되고 있다고 공격하면서 이로 인해 독일이 정체성의 위기를 맞게 되었다고 주장했다.

과거 청산을 둘러싼 갈등은 1986~1987년의 '역사가 논쟁'에서 절정에 달했다. 이 논쟁에는 많은 역사가들이 참가했으나, 학문적 차원의 토론보다는 진영 논리에 입각한 정치 투쟁의 양상을 보이는 경우가 더 많았다고 한다. 좌파 자유주의 역사가들은 나치 독재와 유대인 대학살에 대한 지속적인 속죄의 노력을 거듭 강조했다. 반면, 보수 역사가들은 독일인을 상처 받은 민족으로 만드는 자학 사관을 극복해야 한다고 반박했다. 서독이 패전 이후 40년간 눈부신 성장을 이루었으니 더 이상 불행의 역사만을 강조하지 말자는 것이었다.[6]

독일의 분단국 시절에 있었던 과거 청산을 둘러싼 역사 전쟁을 들여다보면서 김대중 정부와 노무현 정부 시절 과거사 청산 과정에서 발발한 역사 전쟁을 떠올리게 된다. 한국에서는 이승만 정부에 의해 친일 청산이 좌절된 이후 독재의 정치가 오래도록 이어져왔다. 그리고 4·19와 5·18이라는 시민의 고귀한 희생 위에 민주화가 만개하면서 1997년 평화적 정권 교체가 이루어졌다. 그렇게 김대중 정부에 이어 노무현 정부까지의 집권 10년을 상징하는 키워드 중 하나가 과거사 청산이다. 김대중 정부가 들어선 이후 의문사진상규명위원회를 설치하는 등 과거사 진실 규명이 추진되는 가운데 본격적인 정부 주도의 과거사 청산은 노무현 정부에 의해 이루어졌다. 국정원, 국방부, 경찰 등 권력기관 단위의 과거사 관련 위원회가 민·관 합동으로 생겨났으며 진실과화해를위한과거사정리위원회, 군의문사진상규명위원회, 친일반민족행위 진상규명위원회 등이 출범했다.

이러한 과거사 청산에 대해 보수 권력은 자신들의 정체성 혹은 헤게모니에 심각한 손상을 입게 될 것을 우려했다. 때마침 뉴라이트가 등장하자 보수 권력은 대대적으로 환영하며 전폭적으로 지원했다. 뉴라이트는 과거사 청산에 대해 "국민적 예지를 모아 선진국 건설에 일로매진해야 할 이 무한경쟁의 시대에 자학 사관을 퍼뜨리며 지배 세력 교체와 기존 질서 해체를 위한 '과거와의 전쟁'에 자신의 명운을 걸고 있다"라고 맹렬히 공격했다. 이어 한국 근현대사 교과서에 대한민국 정체성을 부정하는 친북 좌파적 교과서라는 꼬리표를 붙이며 역사 전쟁의 포문을 열었다.

과거사 청산에 반발하며 뉴라이트가 순식간에 세력화하고 역사 전쟁을 도발한 지 10년이 지났건만 끝이 보이질 않는다. 역사 전쟁이 계속 확전되는 양상을 보인 데는 이유가 있다. 보수·우파가 정권을 장악하면서 교육과학기술부라는 정부기관이 직접 역사 전쟁의 도발자로 나섰기 때문이다. 뉴라이트가《대안 교과서 한국 근·현대사》를 발간하면서 역사 전쟁이 뜨거웠던 2008년에 교육부는 자신들이 검정하고 승인했던 한국 근현대사 교과서의 내용을 새삼스럽게 문제 삼으며 수정을 지시했다. 이명박 대통령도 "북한에 정통성이 있다는 교과서가 있다"고 언급하며 교육과학기술부를 거들었다. 결국 교육과학기술부는 금성출판사의《한국 근·현대사》교과서 저자들에 의해 소송을 당하는 처지에 놓이게 되었다. 박근혜 정부 들어와 교육부는 함량 미달인 교학사의《한국사》교과서를 검정 통과시킨 뒤 끝없이 비호하며 역사 전쟁을 도발했다. 그리고 더 큰 역사 전쟁을 불러온 역사 교과서 국정화를 단행하고 말았다.[7]

이렇듯 역사 전쟁은 세계적으로 신자유주의가 풍미하는 가운데 새로운 우파 혹은 보수 세력이 등장하고, 그들이 반사회주의적 시장주의와 국가주의 노선을 구현하기 위한 정치투쟁의 수단으로 역사 교과서에 주목하면서 일어난 보편 현상이었다.

2. 특수 문제 : 역사 전쟁의 전선 '들'

위에서 살펴보았듯이, 역사 전쟁은 세계 여러 나라에서 보편적으로 나타난 현상이다. 하지만 과거사 문제가 빚어낸 역사 전쟁의 전선, 즉 논쟁적 대립 구도는 나라마다, 사회마다 구체적으로 다른 양상을 보인다. 이제부터는 한국 역사 전쟁의 전선이 갖는 특징을 살펴보자.

건국절 논쟁 : 민족 정체성 대 국가 정체성

뉴라이트의 등장과 함께 8월 15일을 광복절이 아닌 건국절로 기념하자는 주장이 제기되었다. 뉴라이트 계열의 교과서 포럼이 내놓은《대안 교과서 한국 근·현대사》는 다음과 같은 이유를 든다.

> 1945년 해방만으로 해방의 진정한 의미가 성취된 것은 아니었다. 해방의 진정한 의미는 1948년 자유, 인권, 시장 등의 인류 보편의 가치에 입각하여 대한민국이 세워짐으로써 비로소 확보될 수 있었다. 지난 60년간 대한민국의 건국이념은 한국인의 삶을 자유롭고 풍요롭게 만들었다. 앞으로 다가올 통일 한국도 대한민국의 이념에 입각하지 않으면 안 된다. 종래 광복절을 해방절로만 기억해온 것을 지양하고, 보다 중요하게 건국절로 경축해야 한다.[8]

이처럼 뉴라이트는 결과론적인 역사 인식을 바탕으로 건국의 의미를 강조하고 있다. 즉 대한민국은 식민지를 경험한 나라 중 비교할 나라가 없을 정도로 유례없는 고도성장과 민주화를 동시에 성취한 모범 국가로 성공했으므로 건국의 의미가 매우 크다는 것이다. 외부로부터 주어진 해방보다는 스스로 일구어낸 성공의 역사가 자랑스럽고 이러한 성공신화가 바로 대한민국 정통성을 입증하는 것이니 8·15를 건국절로 기념하자는 주장이다.

뉴라이트가 수년간 추진한 건국절 제정 움직임은 2008년 이명박 정부에 의해 '건국 60년 기념사업 추진기획단'이 국무총리실 산하에 설치되면서 현실화되어갔다. 하지만 역사학계가 광복절 직전인 2008년 8월 12일에 〈건국절 철회를 촉구하는 역사학계의 성명서〉를 발표하면서 건국절 제정 운동은 수그러드는 양상을 보였다. 성명서엔 설득력이 큰 엄중한 진실이 실려 있었기 때문이다.

> 1949년 9월 국회에서 국경일 제정을 검토할 때에 정부는 독립기념일을 제안하였으나, 국회는 이를 광복절로 명칭을 바꾸어 법안을 통과시켰다. 이는 1945년 8월 15일 일제로부터 해방된 날과 1948년 8월 15일 대한민국 정부를 수립한 날을 동시에 경축하기 위한 것이었다. 즉 광복절의 명칭은 해방과 정부 수립을 동시에 경축하는 의미를 갖고 탄생한 것이다. 이와 같은 의미를 갖고 있는 광복절을 건국절로 명칭을 바꾼다면 이는 1949년 8월 15일의 대한민국 정부 수립만을 경축하자는 것으로 된다. 즉 광복절의 의미는 반쪽으로 축소되는 것이다.[9]

해방절과 건국절을 동시에 품은 기념일의 이름이 바로 광복절이었다는 진실이 만천하에 드러나자 건국절 제정 논리는 설득력을 잃고 말았다. 이러한 반전은 8·15에서 대한민국 정체성의 탄생보다는 '민족해방=민족독립'이라는 민족 정체성의 회복에 더 큰 의미를 두는 대중적 역사 상식에 기반을 둔 것이라 할 수 있다. 광복에 건국의 의미가 이미 포함되어 있다는데 굳이 해방의 의미를 완전히 버리는 건국절을 제정하려는 것은 지금 봐도 전혀 설득력이 없는 시도가 아닐까?

이처럼 8·15를 바라보는 두 개의 시선은 민족 정체성과 국가 정체성 중 어디에 비중을 두는가에 따라 나뉘었다고 볼 수 있다. 뉴라이트가 도발하고 역사학계가 방어하고 공격하는 양상을 띠는 역사 전쟁의 확전에는 늘 정치도 한몫한다. 노무현 대통령과 이명박 대통령의 광복절 경축사를 비교해보자. 2007년 노무현 대통령은 "존경하는 국민 여러분, 북녘 동포와 700만 해외 동포 여러분"으로 경축사를 시작했다. 이어 "62년 전 오늘, 우리 민족은 일본 제국주의의 압제에서 해방되었습니다. 그날 우리는 가슴 벅찬 기쁨으로 서로 얼싸안고 감격의 눈물을 흘렸습니다"라고 언급하여 해방으로서의 광복절의 의미를 되새겼다. 민족사적 차원에서 광복절을 기념하는 경축사는 다음과 같이 계속된다.

> 그러나 이 과정에서 반드시 풀어야 할 하나의 큰 숙제가 있습니다. 지금도 우리는 냉전의 굴레를 극복하지 못한 채 세계 유일의 분단국가로 남아 있습니다. 총성은 멎었지만, 아직 평화에 대한 확신을 갖

> 지 못하고 있습니다. 더 늦기 전에 우리는 이러한 상황을 극복하고 민족의 새로운 미래를 열어나가야 합니다. (……) 62년 전 우리는 분단을 우리 힘으로 막지 못했습니다. 그러나 남북이 함께 협력하고 공동 번영의 길로 나아가는 것은 지금 우리의 의지에 달렸습니다.[10]

이렇게 노무현 대통령은 광복절 경축사에서 남북 분단은 민족적 비극이요 고통이라며 통일이 민족의 가장 소중한 과제임을 확인시켰다.

반면, 이명박 대통령의 2008년 광복절 경축사는 "존경하는 국민 여러분, 재외 동포와 국가유공자, 그리고 내외 귀빈 여러분"으로 시작된다. 북녘 동포가 사라진 것이다. 이어 "60년 전 오늘 바로 이 자리에서 대한민국 정부 수립이 선포되었습니다"라고 하여 건국으로서의 광복절의 의미를 부각했다.

> 저는 오늘 분명히 말하고자 합니다. 대한민국 건국 60년은 성공의 역사였습니다. 발전의 역사였습니다. 기적의 역사였습니다. (……) 건국 60년 우리는 자유의 가치를 지키기 위해 자유를 위협하는 모든 것들과 당당히 싸워왔습니다.[11]

이렇듯 이명박 대통령은 대한민국 건국 60주년의 긍정적 의미를 강조했다.[12]

두 개의 광복절 경축사는 민족 정체성과 국가 정체성 중 어디에 초점을 두느냐에 따라 광복절의 의미를 전혀 다르게 짚어낼 수 있음을 보여준다. 오늘날에도 역사학의 주류는 민족 정체성을 중시하는 민족주의적 역사 인식에 기반을 두고 있다.

역사학자 서중석은 "국가는 영속성을 기본 전제로 한다. 현재 남과 북은 그러한 면도 있고 그렇게 되도록 노력하는 세력도 있을 수 있으나, 언젠가 하나의 국가=민족국가를 가졌을 때 비로소 영속성이 갖춰진 것으로 인식하는 것이 일반적일 것이다. 한국인처럼 우리는 1민족이라는 인식을 강하게 갖고 있는 민족도 드물다. 따라서 현재 남과 북은 2민족 2국가적인 면도 있지만, 한국인의 의식에 맞춰서 판단한다면 불완전한 또는 특수한 형태의 1민족 2국가 체제로서 1민족 1국가를 지향하고 있다고 보아야 할 것이다"라고 주장한다. 이에 따르면 1948년에 수립된 국가는 미완성의 분단국가에 불과하다. 그러므로 1948년 8월 15일에 대한민국이 건국된 것이 아니라 정부가 수립된 것이다.

이처럼 강력한 통일민족주의에 대해 뉴라이트는 정치체제가 서로 다른 남북한의 두 국가를 통일하자는 것은 곧 사실상 자기를 키워준 국민국가에 대한 부정이라고 비판한다. 국가 정체성에 대한 홀대는 곧 반국가적인 행위라는 것이다.

뉴라이트는 건국절로 상징되는 대한민국 국가 정체성을 만들어 낸 애국적 영웅으로 이승만을 내세운다. 1990년대부터 시작된 이승만 영웅화 프로젝트는 2011년 이승만 동상 제막으로 절정을 이뤘다. 이승만 대통령 동상 제막식에서는 "건국 대통령 이승만 박사의 역사적 업적을 폄하하고 음해하는 것은 대한민국의 역사적 정통성과 국가 정체성을 부정하는 일"임이 선언되었다. 뉴라이트의 이승만 영웅화 프로젝트는 '이승만=독재자'의 이미지를 낳은 1950년대도 이승만이 대통령이었기에 어느 정도 발전했다는 주장으로 이어진다. "만일 당시 김구가 대통령이었다면 어떻게 되었을지 걱정된다"는 발언까지 등장한다. 이 논리대로라면 김구는 당시 대한민국 수립에 반기를 들고 북한과의 통일국가 건설에 매진한 매국적인 인물일 뿐이다.

하지만 이승만에 대한 역사학계의 평가는 냉혹하다. 그는 독립운동가였으나, 해방 이후 친일 청산을 고의로 방해했고 민족 분단에 책임이 있으며 독재의 길을 연 초대 대통령이다. 그러므로 이승만에 대한 '건국의 아버지 대 독재자'라는 대립 구도는 쉽게 허물어지지 않을 듯하다. 이승만의 개인 행적을 적나라하고 혹독하게 비판한 민족문제연구소의 다큐멘터리 〈백년전쟁〉과 뉴라이트가 이를 반박하기 위해 제작한 다큐멘터리 〈생명의 길〉을 비교해보면 양자의 간극을 확연하게 감지할 수 있다.

앞에서 살펴보았듯이, 뉴라이트의 건국절 주장은 1948년 이후 대한민국사의 성공이라는 결과론적 역사 인식의 반영물이다. 이에 대한 역사학계의 비판은 1948년 이전의 민족사에 주목하여 왜 8·15를 건국절이라 부를 수 없는지에 초점을 맞추고 있다. 1948년 8월 15일 대한민국 건국의 의미를 건국절 차원까지 끌어올려 부각하려면 그날이 갖는 독립의 의미를 강조해야 하는데, 이는 해방 3년사가 미국에 의한 군사 점령 기간이었다는 비판적 역사 인식을 전제로 한다. 하지만 뉴라이트는 미군정 3년의 역사를 결코 부정적으로 인식하고 있지 않다.

또한 건국절이 제정된다면 대한민국 건국 공로자도 함께 주목받게 될 것이다. 이 경우 추대할 만한 사람 가운데 상당수는 반민족 친일 행위로부터 자유롭지 못하다. 그러니 건국절의 제정은 곧 친일파의 행위를 '문명의 사도'였다고 적극적으로 합리화하는 사태로 이어질 가능성이 높다. 이는 곧 독립운동사의 격하를 의미하는 것이기도 하다. 그렇기 때문에 역사학계는 뉴라이트의 건국절 제정 시도가 반민족적 성격을 띤다고 주장한다. 역사학자인 신주백은 분명하게 선언한다. "1948년 8월 15일에 출범한 대한민국은 분단국가이며 이날은 '대한민국'이 건국된 기념적인 날이기는 하지만 민족 구성원 모두가 바라던 '건국'은 아니었다. 이날의 건국은 기념할 수는 있지만 그 날이 진정한 건국절이 될 수는 없는 것이다."[13]

민족-반민족 전선 : 친북 프레임 대 친일 프레임

뉴라이트와 역사학계가 벌이는 역사 전쟁의 전선 중에서는 민족-반민족 전선이 가장 첨예한 현장이라 할 수 있다. 뉴라이트는 역사학계의 '과도하고 수구적인' 민족주의를 비판한다. 역사학계는 친일을 용인하는 뉴라이트의 반민족성을 문제 삼는다. 뉴라이트는 등장 초기부터 역사학계의 민족주의적 역사 인식을 친북 노선에 입각한 것이라며 강도 높게 비판했다. 무엇보다 보수 권력의 가장 예민한 이념적 축수인 한국전쟁을 쟁점화하여 역사학의 친북 논란을 이끌어냄으로써 그들의 전폭적인 지지를 받는 데 성공했다. 즉 역사학계가 '남과 북에 이념과 체제를 달리하는 두 정부가 들어서서 물리적 충돌을 거듭하다가 결국 전면적인 전쟁으로까지 번졌다'는 수정주의적 관점을 취하고 있어 한국전쟁에서 북한의 도발 책임을 희석하고 있다고 비판한다.

다음으로 뉴라이트는 정통론을 쟁점화하여 역사학계가 북한 정통론을 추종하고 있다고 비판한다. 역사학계가 정통성의 기준을 친일파 청산 여부에 두고 건국 과정에서 대한민국은 친일파 척결을 못했으나 북한은 친일파 척결을 통해 민족적 정통성을 확립했다고 인식하고 있다는 것이다. 즉 뉴라이트는 역사학계의 민족주의적 역사인식을 남북 모두가 아니라 북한에만 정통성을 부여하는 것으로 해석한다. 민족주의는 곧 친북이라는 논리다. 뉴라이트가 볼 때, 북한 사회를 실제로 지배한 이념은 공산주의가 아니라 민족주의다. 주체사상이 대표적 사례라 할 수 있다. 그렇기 때문에 뉴라이트는 역사학계에 공세적 질문을 던진다. 대한민국을 택할 것인가, 북한을 택할 것인가?

이처럼 반공주의에 뿌리를 둔 반북주의는 올드라이트는 물론 뉴라이트에게도 신성불가침의 신념의 영역이다. 해방 직후부터 보수 권력이 반공과 반북이라는 밖으로부터의 안티테제로만 자신의 정체성을 구성해오던 습속은 뉴라이트가 등장한 오늘날까지도 여전히 건재한 듯하다. 대한민국을 둘러싼 정치적·경제적·사회적·문화적 환경이 북한과 북한 추종 세력인 친북 세력에 의해 좌지우지되고 있다고 보는 매카시즘적 인식이 답습되고 있는 것이다. 이 친북 프레임은 보수 권력 공통 불변의 무기로서 뉴라이트 역시 첫발을 내디딜 때부터 십분 활용한 바 있다.

뉴라이트의 친북 프레임에 대해 역사학계는 다음과 같이 응답한다.

북한의 인권 상황이나 독재 체제를 무조건 옹호해서도 안 되지만 대한민국이 장기적으로 평화로운 민주국가로 발전하기 위해서는 북한이라는 불편한 존재가 우리 역사의 동반자임을 부정해서도 안 된다. 평화로 가는 불편한 동반자임을 인정하고 대한민국의 미래를 모색해야 한다.[14]

북한의 반민주적인 독재 현실을 옹호한다며 역사학계를 친북적이라고 공격하는 뉴라이트의 주장에 동조할 수 없으며, 북한을 동반자로 인식하는 민족주의는 남한이 평화로운 민주주의 국가로 발전하기 위해서라도 반드시 필요한 가치라는 주장이다.

뉴라이트가 역사학계에 친북 프레임을 적용한다면, 역사학계는 뉴라이트에 친일 프레임을 적용한다. 친일 프레임의 뿌리는 반일민족주의이다. 해방 이후 반일민족주의를 전수한 일등공신은 사실상 역사학계라고 할 수 있다. 일제와 친일파 대 독립운동가와 민중이라는 이분법적 틀을 고수하는 반일민족주의적 역사 연구와 교육이 과거사를 제대로 청산하지 않은 채 우경화로 내달리는 오늘의 일본에 대한 반일 정서와 결합해 친일 프레임을 탄생시켰다. 물론 반일민족주의가 '일제=친일파=우파'를 동일시하는 친일 프레임으로 개조되어 정쟁의 무기로 쓰인 것은 뉴라이트의 등장과 함께 역사 전쟁이 본격화되면서부터다.

역사학계가 가장 강도 높게 비판하는 것은 뉴라이트의 친일공범론이다. 친일공범론이란 일제에 적극 협력하고 전쟁 동원에 앞장 선 친일파와 일제의 물자 수탈과 인력 수탈의 대상이 된 조선 민중 모두를 일제의 침략 전쟁에 자발적이든 강제적이든 협력한 공범으로 보는 논리를 말한다. 뉴라이트가 조선인은 온통 일제의 협력자였으니 모두가 죄인 아니면 모두가 무죄라는 식으로 몰아가 친일 행위를 희석하려 한다는 것이다. 나아가 친일파를 일제의 식민 통치와 식민지 근대화 과정에 잘 적응해 근대적 능력을 배양하고 대한민국 발전의 초석을 놓은 근대화 선구자로 둔갑시켜 미화하려 한다는 것이다.

또한 역사학계는 일제 시기가 새로운 근대 문명의 학습기, 근대 문명의 제도적 확립기였다고 찬양하는 식민지근대화론도 강력히 비판한다. 일제 시기를 경제가 상당히 성장하고 철도, 도로, 항만 등이 건설되고 교육, 위생, 의료 부문에서도 상당한 발전이 이루어진 시절로 보는 뉴라이트의 시각을 경계해야 한다는 것이다. 또한 역사학계는 식민지근대화론이 '근대화=진보'라는 시각에서 식민 지배를 옹호하는 것으로 당시의 근대화가 과연 한국인을 위한 것이었는지를 살피는 주체적 관점이 누락되는 문제가 있다고 비판한다.

역사학계의 우려는 친일공범론과 식민지근대화론이 결합하여 '항일은 독립 쟁취, 친일은 건국 역량 준비'라는 기괴한 도식이 성립될 수 있다는 데까지 나아간다. 적대 개념인 항일과 친일 둘 다 국가 건설을 위한 애국 활동으로 평가될 수도 있게 된다는 것이다. 어쩌면 뉴라이트는 근본적으로 '근대화 경제성장=문명화'라는 시각에서 역사적 사실들을 해석하기 때문에 항일보다는 친일에 보다 높은 가치를 부여하고 있을지도 모른다는 의구심도 버리지 않는다.

이처럼 역사학계는 뉴라이트가 일제 시기와 관련하여 반민족주의적 입장으로 일관한다는 점을 집중적으로 비판한다. 역사학계의 뉴라이트에 대한 비판의 핵심은 다음 주장에 잘 드러나 있다.

> 교과서포럼의 주장은 우리 사회에서 갈등을 증폭시키고 학생들의 비판적 사고 능력을 떨어뜨릴 개연성이 아주 높은 위험한 역사 인식이다. 그들은 인정하지 않을 수도 있지만, 일본의 식민지 지배를 미화하고 친일파에게 역사적 정당성을 부여하려 하고 있다. 그들에게서 일본의 역사 왜곡 행위에 대한 비판적 언행을 기대하는 것은 불가능에 가깝다. 그들은 국제 협력과 자주를 대립시키며 국제 협력이라는 이름으로 외세를 추종하는 세력이기 때문이다. (……) 더 심각한 것은 국가사를 써야 한다는 명분을 내세우며 반통일적인 역사 인식을 서슴없이 드러내는 이도 있다는 점이다. 드디어 우리 사회에도 분단을 공공연히 주장하고 당연시하는 집단이 등장한 것이다.[15]

뉴라이트는 친일 세력은 물론 분단 세력을 옹호하는 사대주의적 반민족주의 세력이란 얘기다. 이러한 역사학계의 비판을 받은 뉴라이트는 특히 친일 프레임 적용에 민감한 반응을 보였다. 역사학계야말로 아직도 식민지 치하의 지성 상태를 벗어나지 못했다는 것이다. 마치 자신이 일본의 식민 지배에 저항한 독립운동가라도 된 것처럼 착각하며 일본=악의 이미지에서 벗어나는 역사상을 만나면 아예 짓밟으려 한다는 것이다. 뉴라이트는 식민지 경험이라는 과거 기억에 연연하며 국민의 반일 정서를 자극하는 역사학계의 풍토가 지난 60년 간 조금도 개선되지 않았으며 보기에 따라서는 점점 심해지고 있다고 공세를 펼친다. 나아가 이러한 역사학계의 뿌리깊은 반일주의가 일제 시기 역사를 일제 통치와 그에 대한 저항으로서의 독립운동, 즉 침략 대 저항이라는 단순한 이분법적 구도에 갇히게 만드는 한계를 노정했다고 비판한다.

분단 세력이라는 비판에 대해서는 뉴라이트는 다시 친북 프레임을 적용하여 역비판한다. 역사학계의 통일민족주의 사관이란 통일을 여타의 어떤 가치들보다 우선시하면서 민족사 전개 과정에서 최고의 목표와 과제로 설정하는 역사 인식을 말한다. 이에 충실하고자 역사학계는 통일이라는 궁극적 목표 실현을 위한 민족 공조에 주력하면서 오늘날 북한 체제가 안고 있는 비극적 문제점에 대한 건전한 비판을 외면하여 사실상 북한의 지배 세력에게 면죄부를 주는 친북 노선을 걷고 있다는 것이다.

이상에서 살펴본 뉴라이트의 친북 프레임이나 역사학계의 친일 프레임은 역사 전쟁에서 서로에게 치명적인 공격 무기다. 친북과 친일에 대한 대중의 반감이 우열을 가리기 어려울 만큼 상당하기 때문이다. 두 프레임 모두 민족/반민족 전선, 즉 민족주의 자장 안에 자리 잡고 있다는 사실에서 한국의 역사 전쟁에서는 민족주의가 가장 첨예한 쟁점을 형성하고 있음을 간파할 수 있다.

좌-우 전선을 둘러싼 논쟁 : 민중 사관 대 자유주의 문명 사관

"도처에서 마르크스 망령이 발견된다." 뉴라이트가 역사학계의 민중 사관을 공격하면서 내뱉은 말이다. 분단 이래 한국적 현실에서 '좌파'라는 말은 이른바 주홍글씨로 여전히 탄압의 대상이 되지만, 기득권을 가진 보수 권력으로서 우파는 공격 주체로서의 지위를 누릴 뿐이다. 역사 전쟁에서도 좌/우 전선이 형성되었지만, 뉴라이트의 일방적인 공세가 이어지는 양상을 보였다. 다만, 뉴라이트가 역사학계를 비판하는 데 그치지 않고 자신의 사관을 제시한 점은 이전의 좌우 논쟁과 다른 특징이라 할 수 있다.

역사학계에서 민중 사학이 부상한 것은 1980년대의 일이다. 민중 사학은 "역사 발전의 주체는 민중이라는 선언적 명제에 기초하여 역사를 민중의 주체성이 확대되어가는 과정으로 해석하고, 이를 토대로 민중이 주인 되는 사회를 건설하기 위한 변혁의 전망을 모색하는 실천적인 학문"을 추구했다. 나아가 민중 사학은 "역사를 과학적 변혁운동 이론에 입각하여 분석 설명하는 사학이면서 동시에 인간과 역사와 사회를 적극적으로 변혁하는 사학"을 지향하고자 했다. 이는 민중 주체의 과학적 마르크스주의를 강조하는 변혁사론의 성격을 띠는 것이었다.

민중 사학은 1980년대 변혁적 분위기 속에서 역사 운동의 방식으로 실천 운동에 기여할 수 있는 토대를 형성했다. 역사학은 물론 시민적 역사교육의 차원에서 민중 사학에 근거한 한국사 체계와 '이야기(내러티브)'는 정치적·사회적 민주화와 함께 확산되어갔다. 또한 정치학자인 최장집이 지적한 것처럼 민주화 운동에는 역사적 정당성 확보를 위한 계보학적 토대, 즉 '운동권적 역사관'을 제공하기도 했다.

> 운동권 담론은 조선조 말 동학농민운동, 일제하 민족 독립운동, 그리고 해방 후 통일된 독립국가를 건설코자 투쟁했던 혁명적 민족주

> 의 운동의 전통을 불러들임으로써 민중 혁명의 이념뿐만 아니라 역사와 전통에서 발견할 수 있는 민중적 에토스를 재생시키고자 했다. 따라서 운동권 담론의 관점에서 민주화는 자유롭고 자주적이며 통일된 민족 독립국가를 형성하고 이를 위해 헤게모니적인 외세와 투쟁하는 긴 역사적 과정의 한 부분을 의미하며, 일제 식민 시대와 분단국가로 특징지어지는 현대사의 연장선상에서 이해된다.[16]

이런 면에서 성공적인 과정을 경험한 역사학계에는 보수적 성향이 지배적인 다른 학계와 달리 진보적이고 실천적인 측면에서 강한 응집력을 지니는 독특한 풍토가 형성되었다. 이처럼 1980년대 이후 민주화의 진전은 곧 역사학계의 진보화 과정이었고, 그 바탕에는 민중 사관이 자리 잡고 있었다.[17]

뉴라이트는 1990년대 이후 민주화가 정착되면서 변혁론이 사라지고 시민운동론적 관점이 대중화하는 가운데 역사학계에는 여전히 1980년대 '극소수 좌파 운동권'에서 유행하던 민중 사관을 고수하고 있다고 비판한다. 그렇기 때문에 역사학계는 지금도 민중운동을 무조건 찬양하고 민중운동사의 흐름에 따라 한국 근현대사를 재구성하는 편향성을 띤다는 것이다. 덧붙여 역사학계의 민중 사관은 민중운동을 역사 발전의 중심축으로 보는 북한의 역사 인식과 동일하다며 '친북 좌파'의 색깔론을 덧씌운다.

한편, 뉴라이트는 보수·우파로서 자유민주주의 가치를 전면에 내세운다. 그들이 보기에 대한민국은 해방 이후 깔린 자유민주주의 체제라는 철도의 레일을 이탈한 적이 없다. 해방 이후 이식된 자유민주주의가, 성숙해가는 데 많은 시간이 걸리긴 했지만, 국민의 의식 수준 향상과 경제성장과 더불어 자기 완결적 모습을 서서히 갖추어 나갔다는 것이다. 나아가 뉴라이트는 대한민국이 근대 문명을 성취한 과정에 초점을 맞춘 자유주의 문명 사관에 따라 한국 근현대사를 재구성할 것을 천명한다. 뉴라이트 교과서의 주장을 살펴보자.

> 우리는 이 책에서 대한민국이란 나라가 태어나는 역사적 과정에 특별한 애정을 쏟았다. 그것은 이 국가가 인간의 삶을 자유롭고 풍요롭게 만들기에 적합한, 지금까지 알려진 가장 적합한, 자유민주주의와 자유시장경제에 그 기초를 두고 있기 때문이다. 이 나라는 갑자기 솟아난 것이 아니다. 개화기 이래 수많은 선각자가 기울였던 애타는 노력의 소중한 결실로 태어난 나라이다. 전통 문명에 뿌리를 두면서 이식된 근대 문명을 배우고 익힌 수많은 한국인의 피와 땀으로 세워진 나라이다. 그러한 나라가 태어나고 세워지도록 유리한 환경을 제공했던, 이전과 명백하게 달라진, 세계 질서도 마찬가지로 중요하였다.[18]

이를 다시 해석하자면, 뉴라이트는 한국 근현대사를 통해 성공국가 한국의 발전상을 자랑하고 싶어 한다. 대한민국의 건국은 이제 한민족이 당당한 근대 국민국가의 주체임을 알리고 본격적인 대한민국사의 출발을 선언한 일대 사건이다. 개항기와 일제 시기는 대한민국사의 전사에 불과하며 대한민국 성립의 역사적 의의는 자유민주주의와 시장경제 체제의 확립에 있다. 또한 한미동맹은 한국에서 자유민주주의와 시장경제를 수용 발전시킬 수 있는 기본 조건이었다.

뉴라이트에게 특히 한국 현대사는 자유주의 문명 사관이 꽃을 피운 경이로운 역사 자체이다. 1948년 8월 15일 대한민국이 건국된 이래 자유민주주의, 시장경제 원칙, 평등주의 등이 본격적으로 도입·정착되었고 교육 수준이 획기적으로 향상되었으며 미국 등 선진국과의 문물 교류가 확대되면서 전대미문의 경제발전, 정치 민주화 및 사회 평등화 등이 이루어졌기 때문이다. 뉴라이트가 주창하는 자유주의 문명 사관의 핵심어는 자유민주주의와 자유시장경제다. 통일도 이 두 가지를 실현할 수 있을 때 의미가 있으며 반드시 대한민국이 주체로 나서야 한다.

뉴라이트의 자유주의 문명 사관에 대한 역사학계의 비판의 핵심은 자본주의가 곧 문명이라는 사관은 황당한 발상이라는 것이다. 뉴라이트는 개항 이후 한국사를 문명화의 역사로 규정하는데, 그들이 제시한 문명의 요건은 사유재산권과 계약의 자유 등 자본주의의 요건과 동일하다. 이에 따르면 한국의 자본주의화에 잘 적응한 자들이 한국의 문명화를 이끈 역사의 주인공이 되는 셈이다.

역사학계가 볼 때, 자유주의 문명 사관은 결국 역사 속에서 승자의 입장을 떠받들고 현실 속에서 강자의 입장을 내세운 신자유주의적인 사관일 뿐이다. 더욱이 자본주의가 곧 문명이라는 것은 자본주의 등장 이전의 사회를 야만으로 본다는 뜻인데, 이는 문명의 의미에 대한 몰이해뿐만이 아니라 자본주의의 의미에 대한 무지도 함께 드러내는 것이다. 여기에 덧붙여 자유주의 문명 사관은 역사 발전의 주체와 동력을 엘리트의 활동에서 찾으며 민중을 우민愚民 취급한다.

이렇듯 민족/반민족 전선에는 상대를 공격할 무기로 특정 프레임이 장착되어 있지만, 좌/우 전선은 상대에 대한 공격보다는 자신의 정체성이 드러나는 각자의 사관을 갖고 다투는 경향을 보인다. 팽팽하게 맞서는 프레임 전쟁과 달리 사관 전쟁에서는 역사학계가 공격에 나서는 것보다 뉴라이트가 역사학계에 친북 좌파의 색깔론을 덧씌우며 공격하는 경우가 더 빈번하다.

3. 민주주의로 마주 선 역사 논쟁을 기대하며

민주주의 대 자유민주주의, 2011년에 발발한 역사 전쟁의 전선이다. 2009 역사과 교육과정 개정을 추진하면서 교육과학기술부 장관이 직권으로 민주주의라는 개념을 자유민주주의로 변경하는 사태가 발생했다. 뉴라이트 계열의 한국현대사학회가 "대한민국의 국가적 정체성이 자유민주주의 체제라는 사실을 분명하게 명시할 것과 그 정체성을 구체화하여 가르칠 수 있는 충분한 내용 구성이 가능하도록 교육과정의 항목을 보강할 것"을 교육과학기술부에 건의한 직후였다. 보수 권력의 전사로 나선 교육과학기술부가 학문적 검토를 거친 민주주의라는 개념을 권력의 힘으로 자유민주주의로 뒤바꾼 사건인 만큼 이는 격렬한 역사 전쟁을 야기했다.

역사학계는, 자유민주주의는 민주공화당 등 특정 정당의 정강으로 사용된 정치적 개념으로 학문적 검토가 미비한 상태이지만, 민주주의는 미군정기부터 교육과정에서 자유와 평등을 내포한 개념으로 사용되었음을 주장했다. 이에 대해 뉴라이트는 대한민국은 헌법 제4조에 명시된 대로 자유민주적 질서를 지향하고 있는 자유민주주의 국가인데도 종전의 역사 교과서가 민족주의와 민중주의에 함몰되어 자유민주주의적 가치를 뚜렷하게 드러내지 않았다고 비판했다.

한편, 뉴라이트는 역사학계가 민주주의적 관점에서 오로지 민주화에 최고의 가치를 부여하고 사회와 역사를 민주 대 독재라는 이분법적 시각에서 좁게 해석하고 있다고 비판했다. 민주주의를 단순히 민주화 운동에 의해 실현되는 현상으로 파악하고 민주화를 민족과 민중을 앞세우는 운동 세력의 독점적 성과물로 인식한다는 지적도 했다. 민주주의의 발전은 경제발전과 이에 따른 사회 계층 구조 변화, 즉 사회 경제적 변동과 밀접한 관련이 있는데, 역사학계가 여기에는 관심이 없다는 것이다. 반면, 역사학계는 뉴라이트가 생각하는 민주주의는 결국 평등을 배제한 경쟁에서 이겨 사유재산을 많이 확보한 개인을 위한 자유주의를 의미한다고 비판했다.

뉴라이트와 역사학계의 역사 전쟁에서 민족/반민족, 좌/우 전선의 간극을 좁히기는 결코 쉽지 않다. 역사의 정치화를 심각히 우려할 만큼 정치권은 물론 정부까지도 역사 전쟁에 가담하는 과열 현상 역시 우려스럽기는 마찬가지다. 애초에 생산적인 논쟁이 불가능하기 때문이다.

역사 전쟁의 쟁점들을 학문적 공론장으로 끌어들여 본격적인 담론 투쟁으로 전환하고자 할 때, 촉매제 역할을 할 수 있는 것이 바로 민주주의 논쟁이다. 위에서 살펴보았듯이 뉴라이트와 역사학계의 민주주의 논쟁에는 민주/반민주 전선이 형성되지 않는다. 서로를 반민주적이라 비판하는 것이 아니라, 민주주의 자체에 대한 인식의 차이를 놓고 논쟁한다. 민주주의 논쟁을 통해 역사 전쟁이 학문적 공론장의 담론 투쟁으로 전화하길 기대해본다.

해방 직후 민주주의 논쟁이 만개했다. 새로운 민주주의 국가 건설을 위한 논쟁이었다. 그 후 민주주의는 여전히 정쟁의 자장 안에 갇힌 채로, 학문적 공론장의 화두로서 논쟁의 중심에 서질 못했다. 민주주의 논쟁 없는 민주화 속에서 이념적 분열에 기반을 둔 역사 전쟁이 발발했다. 다시 민주주의를 돌아보자. 부단한 민주주의 논쟁은 성찰하는 사회를 만들어가는 데 이바지하며 현재의 국면을 역사 전쟁이 아닌 역사 논쟁으로 '정상화'하는 데도 적잖이 기여할 것이다.

그런데 민주주의로 마주 선 역사 논쟁을 기대하기 전에 먼저 넘어야 할 산이 생겨났다. 박근혜 정부의 역사 교과서 국정화라는 반시대적 정책이다. 유럽평의회Council of Europe는 1996년 16개 항으로 된 '유럽의 역사와 역사교육'에 관한 권고안을 발표했다. 그중 10항에 역사교육에서 국가가 해야 할 책무가 적시되어 있다.

> 시민들은 조작되지 않은 역사를 배울 권리가 있다. 국가는 교육에서 이 권리를 보장해야 하며 종교적 혹은 정치적 편견을 배제하고 적절한 과학적 접근을 장려해야 한다.[19]

한마디로 국가는 시민들이 조작되지 않을 역사를 배울 권리를 보장해야 한다! 지당하지만, '지금 여기', 대한민국에서 질식당할 위기에 놓인 민주적 권리다.

주

《한국 근·현대사》 교과서 파동 : 역사 전쟁이 발발하다

1 교육부, 《사회과 교육과정》(1997), 126쪽.

2 김정인, 〈민족 해방 투쟁을 가늠하는 두 잣대 : 독립운동사와 민족 해방 운동사〉, 《역사와 현실》 62(2006), 249~250쪽.

3 같은 글, 257~258쪽.

4 〈북한 선전 자료 복사판 우려〉, 《조선일보》(1994년 3월 24일).

5 김한종, 〈'항쟁'인가 '폭동'인가—국사 교과서 준거안 파동〉, 《역사교육으로 읽는 한국 현대사》(책과함께, 2014) 참조.

6 교육부, 《사회과 교육과정, 124쪽.

7 대통령기록관 사이트. http://www.pa.go.kr/research/contents/speech/index.jsp?spMode=view&artid=1309578&catid=c_pa02062

8 한홍구, 〈되살아난 친일 세력과 독재자의 망령〉, 《내일을 여는 역사》 32(2008), 15쪽.

9 1단계와 2단계의 전개 과정은 김한종, 〈한국 근현대사 교과서 파동의 전말과 쟁점〉, 《역사와 세계》 35(효원사학회, 2009), 4~15쪽에서 발췌하여 정리한 것이다.

10 〈701개 고교 '민중사관 교과서' 수업. 금성출판사刊, 북한 긍정적 서술, 한국은 독재·부패 부각〉, 《조선일보》(2004년 10월 5일).

11 〈한국 근현대사 교과서 편향성 문제 관련 자료〉, 《역사교육》 92(2004) 참조.

12 김한종, 〈이명박 정부의 역사 인식과 역사교육 정책〉, 《역사비평》 96(2011), 205~209쪽.

13 역사교육연대회의, 《뉴라이트 위험한 교과서, 바로 읽기》(서해문집, 2009), 325~326쪽.

14 같은 책, 326~327쪽.

15 이성호, 〈교과서 소송, 우리 사회 상식을 시험하는 재판〉, 《역사와교육》 3(2011),

258쪽.

16 〈'자학 사관 비판' 교과서포럼 창립〉, 《조선일보》(2005년 1월 26일).

17 이인재, 〈역대 대한민국 헌법의 민주주의와 자유민주적 기본 질서〉, 《역사와 현실》 82호(2011), 456쪽.

18 이성호, 〈2011년 역사교육과정과 집필 기준 논란 자료〉, 《역사와 교육》 5(2012), 194쪽.

19 같은 글, 190~192쪽.

20 같은 글, 213쪽.

역사 전쟁의 진원지, 교과서 속 현대사

1 박진동, 〈해방 후 역사 교과서 발행 제도의 추이〉, 《역사교육》 91(2004), 30~31쪽.

2 김정인, 〈이념이 실증을 압도하다〉, 《내일을 여는 역사》 35(2009), 170쪽.

3 정창렬, 〈최근세〉, 《역사학보》 116(1987).

4 김한종, 《역사교육으로 읽는 한국 현대사》(2014), 211쪽.

5 신석호, 인문계 고등학교 《국사》(광명출판사, 1968) ; 이병도, 인문계 고등학교 《국사》(일조각, 1968) ; 윤세철·신형식, 인문계 고등학교 《새로운 국사》(정음사, 1968).

6 문교부, 인문계 고등학교 《국사》(1974), 224쪽.

7 같은 책, 226쪽.

8 같은 책, 226쪽.

9 같은 책, 226쪽.

10 같은 책, 229쪽.

11 김정인, 〈해방 전후 민주주의'들'의 변주〉, 《개념과소통》 12(2013), 228쪽.

12 문교부, 인문계 고등학교 《국사》, 229쪽.

13 같은 책, 228~229쪽.

14 같은 책, 229~230쪽.

15 같은 책, 231쪽.

16 같은 책, 231쪽.

17 국사편찬위원회 1종도서연구개발위원회, 고등학교《국사》(1979), 289쪽.

18 같은 책, 295쪽.

19 같은 책, 295쪽.

20 한국군사혁명사 편찬위원회,《한국군사혁명사》제1집 하권(1963), 8쪽.

21 국사편찬위원회 1종도서연구개발위원회, 고등학교《국사》, 297쪽.

22 〈민국일보 정치부장 조세형씨 수감〉,《조선일보》(1961년 6월 22일).

23 박진동,〈해방 후 현대사 교육 내용 기준의 변천과 국사 교과서 서술〉,《역사학보》205(2010), 52~53쪽.

24 국사편찬위원회 1종도서연구개발위원회, 고등학교《국사》(1982), 160쪽.

25 같은 책, 162쪽.

26 같은 책, 163쪽.

27 같은 책, 164쪽.

28 같은 책, 167쪽.

29 같은 책, 169쪽.

30 같은 책, 175쪽.

31 같은 책, 175~176쪽.

32 같은책, 178쪽.

33 박진동,〈해방 후 현대사 교육 내용 기준의 변천과 국사 교과서 서술〉, 60쪽.

34 같은 책, 173쪽.

35 같은 책, 174~175쪽.

36 같은 책, 174쪽.

37 같은 책, 178쪽.

38 같은 책, 177쪽.

39 같은 책, 185쪽.

40 국사편찬위원회 1종도서연구개발위원회, 고등학교《국사》(하)(1990), 171쪽.

41 같은 책, 176쪽.

42 같은 책, 182쪽.

43 같은 책, 181쪽.

44 같은 책, 183쪽.

45 같은 책 183쪽.

46 같은 책, 194쪽.

47 같은 책, 203쪽.

48 국사편찬위원회 1종도서연구개발위원회, 고등학교《국사》(하)(1996), 197쪽.

49 같은 책, 197쪽.

50 같은 책, 204쪽.

51 같은 책, 206쪽.

52 같은 책, 206쪽.

53 같은 책, 207쪽.

54 같은 책, 207쪽.

55 같은 책, 208쪽.

56 같은 책, 198쪽.

57 같은 책, 201쪽.

58 같은 책, 209쪽.

59 국사편찬위원회 국정도서편찬위원회, 고등학교《국사》(2002), 364쪽.

60 국사편찬위원회 국정도서편찬위원회, 고등학교《국사》(2006), 124쪽.

61 같은 책, 184~185쪽.

62 권희영 외,《고등학교 한국사》(교학사, 2014) ; 김종수 외,《고등학교 한국사》(금성사, 2014) ; 도면회 외,《고등학교 한국사》(비상교육, 2014) ; 왕현종 외,《고등학교 한국사》(두산동아, 2014) ; 정재정 외,《고등학교 한국사》(지학사, 2014) ; 주진오 외,《고등학교 한국사》(천재교육, 2014) ; 최준채 외,《고등학교 한국사》(리베르스쿨, 2014) ; 한철호 외,《고등학교 한국사》(미래엔, 2014).

63 이신철,〈탈식민 탈냉전 민주주의에 대한 도전, 뉴라이트 한국사 교과서〉,《역사문제 연구》30(2013), 23~26쪽.

64 이인재,〈역대 대한민국 헌법의 민주주의와 자유민주적 기본 질서〉,《역사와현실》82(2011), 455~456쪽.

65 정경희,《한국사 교과서 어떻게 편향되었나》(비봉출판사, 2013), 188쪽.

66 정병준,〈현대(1945~)〉,《역사학보》175(2002), 250~256쪽.

67 같은 책, 304쪽.

68 같은 책, 305쪽.

69 같은 책, 310쪽.

70 같은 책, 315쪽.

71 같은 책, 320쪽.

역사교육 민주화의 상징, 국정에서 검정으로의 진화

1 김한종, 《역사 교과서 국정화, 왜 문제인가》(책과함께, 2015), 223쪽.

2 〈주목되는 두 야당의 역사 교과서 국정화 폐기 결의 추진〉, 《한국일보》(2016년 4월 18일).

3 〈교학사 한국사 교과서 감싸기 일관하는 교육부, 2010년 국정교과서 표절은 사과했다〉, 《경향신문》(2013년 9월 23일).

4 〈새 초등 국정교과서, '박정희 유신' 정당화〉, 《경향신문》(2016년 3월 1일).

5 교육부, 《사회 6-1》(2016), 135쪽.

6 〈초등 교과서 5·18 수정·보완, 관련 단체와 협의하겠다〉, 《경향신문》(2016년 4월 22일).

7 김민우, 〈정면의 시선으로 역사를 역사답게〉, 《역사와 교육》 4(2011), 17쪽.

8 박진동, 〈해방 후 역사 교과서 발행 제도의 추이〉, 《역사교육》 91(2004), 39쪽.

9 김한종, 《역사교육으로 읽는 한국 현대사》(책과함께, 2014), 222~223쪽.

10 〈알맹이 없애는 '국정' 국사 교과서, 검인정으로 환원해야〉, 《조선일보》(1986년 11월 19일).

11 김한종, 《역사교육으로 읽는 한국 현대사》, 288쪽.

12 이병희, 〈국사 교과서 국정 제도의 검토〉. 《역사교육》 91(2004), 92쪽.

13 헌법재판소 판례 '교육법 제157조에 관한 헌법소원', 사건 번호 89헌마88, 1992. 11. 12.

14 강선주 외, 〈유럽 주요국의 교과서 제도 비교 및 정책 동향 분석 연구 보고서〉(한국교과서연구재단, 2012) 참조.

15 류승렬, 〈국사 교과서 편찬의 문제점과 개선 방향〉, 《역사교육》 76(2000), 98~99쪽.

16 김종준, 〈역사교육의 정치적 성격과 다양성 논의〉, 《역사교육논집》 58(2016), 84

~85쪽.

17 〈국정교과서는 보수의 '족보'인가〉, 《시사IN》 321(2013년 11월).

18 〈역사 교과서, 국정이든 검정이든 원점에서 다시 시작해야〉, 《조선일보》(2014년 1월 9일).

19 〈국정화로 퇴보 말고 제대로 된 국사 교과서 만들라〉, 《동아일보》(2014년 1월 10일).

20 〈다시 국정교과서로 돌아갈 수는 없다〉, 《중앙일보》(2014년 1월 11일).

21 강만길, 〈사관 : 서술 체재의 검토〉, 《창작과비평》(1974년 여름).

22 역사교육연대회의, 《뉴라이트 위험한 교과서, 바로 읽기》(서해문집, 2009), 309쪽.

23 같은 책, 307쪽.

24 〈한국사 교과서 국정화에 반대하는 역사 연구·교육자 선언〉, 《한국근현대사연구》 71(2014), 254~255쪽.

25 〈한국사 교과서 국정화는 시대 역행적 발상이다〉, 《국민일보》(2015년 8월 6일) ; 〈한국사 교과서 국정화, 시대착오적 미련 버려야〉, 《한국일보》(2015년 8월 7일).

26 도면회, 〈한국사 교과서 국정화, '순종하는 국민' 만들기인가?〉, 《역사와 현실》 94(2014), 22쪽.

역사 전쟁의 이념 전선 : 민족주의 대 반공주의

1 교과서포럼, 《대안 교과서 한국 근·현대사》(기파랑, 2008), 7쪽.

2 박효종 외, 《빼앗긴 우리 역사 되찾기》(기파랑, 2006), 15쪽.

3 제프리 C. 알렉산더, 《사회적 삶의 의미》(한울아카데미, 2007), 89쪽.

4 역사교육연대회의, 《뉴라이트 위험한 교과서, 바로 읽기》(서해문집, 2009), 94쪽.

5 박효종, 〈광복 60주년의 '사실주의'와 '교과서 바로 쓰기' 운동〉, 《시대정신》(2005년 봄).

6 김한종 외, 고등학교 《한국 근·현대사》(금성출판사, 2003), 266쪽.

7 같은 책, 265쪽.

8 같은 책, 268쪽.

9 교과서포럼, 《한국 현대사의 허구와 진실》(두레시대, 2005), 74~78쪽.

10 교과서포럼, 〈금성 교과서 현대사 문제점〉. 김한종, 〈한국 근현대사 교과서 파동의 전망과 쟁점〉, 《역사와 세계》 35(2009), 24쪽에서 재인용.

11 김한종 외, 고등학교《한국 근· 현대사》, 268쪽.

12 같은 책, 269쪽.

13 홍진표, 〈반공주의와 사상적 다원주의〉,《시대정신》(2006년 가을).

14 김한종 외, 고등학교《한국 근· 현대사》, 276쪽.

15 같은 책, 288쪽.

16 같은 책, 303쪽.

17 같은 책, 307쪽.

18 같은 책, 327쪽.

19 같은 책, 329쪽.

20 같은 책, 305쪽.

21 같은 책, 334쪽.

22 같은 책, 301쪽.

23 안병직, 〈한국 근현대사의 체계와 방법〉,《시대정신》(2008년 가을).

24 엘리자베스 콜,《과거사 청산과 역사교육: 아픈 과거를 어떻게 가르칠 것인가》, 김원중 옮김 (동북아역사재단, 2010), 492~497쪽.

25 역사교육연대회의,《뉴라이트 위험한 교과서, 바로 읽기》, 61～62쪽.

26 뉴라이트의 식민지근대화론에 대한 비판은 김기협,《뉴라이트 비판》(돌베개, 2008), 3장 참조.

27 교과서포럼,《대안 교과서 한국 근·현대사》(기파랑, 2008), 131쪽.

28 역사교육연대회의,《뉴라이트 위험한 교과서, 바로 읽기》, 281～282쪽.

29 교과서포럼,《대안 교과서 한국 근· 현대사》, 132쪽.

30 역사교육연대회의,《뉴라이트 위험한 교과서, 바로 읽기》, 283～285쪽.

31 교과서포럼,《대안 교과서 한국 근· 현대사》, 19쪽.

32 같은 책, 16～17쪽.

33 교과서포럼, 〈금성 교과서 현대사 문제점〉. 김한종, 〈한국 근· 현대사 교과서 파동의 전망과 쟁점〉, 26쪽에서 재인용.

34 교과서포럼,《대안 교과서 한국 근· 현대사》, 206쪽.

35 같은 책, 15쪽.

36 같은 책, 56쪽.

37 역사교육연대회의, 《뉴라이트 위험한 교과서, 바로 읽기》, 19쪽.

38 교과서포럼, 《대안 교과서 한국 근·현대사》, 148쪽.

39 같은 책, 280쪽.

40 같은 책, 282~283쪽.

41 김한종 외, 고등학교 《한국 근·현대사》, 301쪽.

42 교과서포럼, 《대안 교과서 한국 근·현대사》, 289쪽.

43 같은 책, 290쪽.

44 김한종 외, 고등학교 《한국 근·현대사》, 302쪽.

45 교과서포럼, 《대안 교과서 한국 근·현대사》, 291쪽.

46 김한종 외, 고등학교 《한국 근·현대사》, 305쪽.

47 교과서포럼, 《대안 교과서 한국 근·현대사》, 291~292쪽.

48 같은 책, 300~301쪽.

49 이영훈, 〈민족사에서 문명사로의 전환을 위하여〉, 《국사의 신화를 넘어서》(휴머니스트, 2004), 46쪽.

50 이준식, 〈한국 역사 교과서인가, 아니면 일본 역사 교과서인가?〉, 《역사비평》 105(역사비평사, 2013), 76쪽.

51 같은 글, 71쪽.

52 정경희, 《한국사 교과서 어떻게 편향되었는가》(비봉출판사, 2013), 189쪽.

보수·우파의 무기, 종북 프레임

1 〈'박근혜 1년' 높은 지지, 종북 프레임 보수 결집 때문〉, 《뉴스1》(2014년 2월 24일). http://news1.kr/articles/1555688

2 박봄매, 〈'종북' 매카시즘 공세와 트로이 목마〉, 《정세와 노동》(2013년 11월), 19쪽.

3 박권일, 〈종북몰이의 내적 논리〉, 《황해문화》 82(2014), 48쪽.

4 정영태, 《파벌—민주노동당 정파 갈등의 기원과 종말》(이매진, 2012), 217쪽.

5 조승수, 〈민주노동당, 다시 광야에 서라〉, 《경향신문》(2007년 12월 24일).

6 〈친북 세력과 결별해야 민노당에 미래 있어-조승수 전 의원〉, 《조선일보》(2007년 12월 27일).

7 류현수, 《보이지 않는 위협, 종북주의》(살림, 2012), 3쪽.

8 홍진표 외, 《친북주의 연구》(시대정신, 2010), 20쪽.

9 류현수, 《보이지 않는 위협, 종북주의》, 4쪽.

10 홍진표, 〈반공주의와 사상적 다원주의〉, 《시대정신》 32(2006), 122쪽.

11 류현수, 《보이지 않는 위협, 종북주의》, 212쪽.

12 유호열 외, 〈북한의 붕괴에 어떻게 대처할 것인가〉, 《시대정신》 40(2008), 55쪽.

13 현대사상연구회, 《반대세의 비밀, 그 일그러진 초상》(인영사, 2009), 64쪽.

14 같은 책, 60쪽.

15 이항우, 〈이념의 과잉〉, 《경제와 사회》 89(2011), 250쪽.

16 조갑제닷컴, 《종북백과사전》(조갑제닷컴, 2012) 참조.

17 이병욱·김성해, 〈담론복합체, 정치적 자본, 그리고 위기의 민주주의 — 종북 담론의 텍스트 구조와 권력 재창출 메커니즘의 탐색적 연구〉, 《미디어, 젠더 & 문화》 28(2013), 71쪽.

18 같은 글, 88쪽.

19 〈'주사파 동아리', 민주노동당〉, 《동아일보》(2008년 2월 5일).

20 〈미사일 도발을 감싸는 사람들의 정체 뭔가〉, 《동아일보》(2006년 7월 8일).

21 이용식, 〈내년 선거 프레임 — 애국 vs 종북〉, 《문화일보》(2011년 12월 14일).

22 배인준, 〈미리 보는 민주 — 통진 공동 정권〉, 《동아일보》(2012년 5월 15일).

23 〈국보법 논의 민의를 수렴하라〉, 《문화일보》(2004년 9월 10일).

24 이병욱·김성해, 〈담론복합체, 정치적 자본, 그리고 위기의 민주주의 — 종북 담론의 텍스트 구조와 권력 재창출 메커니즘의 탐색적 연구〉, 92쪽.

25 〈이런 종북주의자의 국회 입성, 지켜봐야만 하는가〉, 《문화일보》(2012년 5월 24일).

26 이병욱·김성해, 〈담론복합체, 정치적 자본, 그리고 위기의 민주주의 — 종북 담론의 텍스트 구조와 권력 재창출 메커니즘의 탐색적 연구〉, 105~106쪽.

27 류근일, 〈'從北'주의〉, 《조선일보》(2008년 2월 5일).

28 강규형, 〈민주당에 투표했던 사람으로서〉, 《조선일보》(2010년 5월 22일).

29 김대중, 〈임기 2년 반짜리 여소야대 대통령〉, 《조선일보》(2010년 6월 7일).

30 김대중, 〈친북 종북자들에 대한 충고〉, 《조선일보》(2010년 10월 4일).

31 〈'내부의 적' 친북·종북 세력들〉, 《조선일보》(2010년 12월 3일).

32 고영환, 〈평화통일의 최대의 적은 남한의 종북 세력〉, 《조선일보》(2011년 9월 20일).

33 〈버젓한 사람들이 왜 종북? 숨어서 반사회적 욕구 푸는 소시오패스〉, 《조선일보》(2011년 10월 21일).

34 〈진드기처럼 국회에 들러붙는 종북파 퇴치하려면〉, 《조선일보》(2012년 5월 21일).

35 〈진보당 종북 사교 집단의 광기〉, 《조선일보》(2012년 5월 14일).

36 이병욱·김성해, 〈담론복합체, 정치적 자본, 그리고 위기의 민주주의 — 종북 담론의 텍스트 구조와 권력 재창출 메커니즘의 탐색적 연구〉, 72쪽.

37 문재인, 《1219 끝이 시작이다》(바다, 2013), 239쪽.

38 문재인 민주당 의원 인터뷰, 〈"사악한 종북 프레임, 주눅 들지 말고 정면으로 맞서야"〉. http://www.ohmynews.com/NWS_Web/View/at_pg.aspx?CNTN_CD=A0001965686.

39 정정훈, 〈혐오와 공포 이면의 욕망〉, 《우리교육》 255(2014), 102~103쪽.

40 김종대, 〈종북 프레임의 자기 파괴적 속성〉, 《인물과 사상》 189(2014), 91~94쪽.

41 안영민, 〈'종북' 마녀사냥에 빠진 당신들의 대한민국〉, 《민족21》 136(2012), 72~73쪽.

42 정석구, 〈분열과 대결 조장하는 '종북 프레임'〉, 《한겨레》(2013년 10월 10일).

43 아수나로, 〈우리는 두렵다, 그래서 말한다〉, 《정세와 노동》(2013년 10월), 84쪽.

44 〈"전교조는 종북의 심장"…법원 "명예훼손"〉, 《경향신문》(2013년 7월 5일).

45 〈법원 "임수경 의원에게 '종북의 상징' 표현한 건 인격권 침해"〉, 《경향신문》(2014년 3월 26일).

46 〈종북놀이 재미있으십니까?〉, 《헤럴드경제》(2013년 12월 19일).

47 김진혁, 〈종북 프레임 이면에 공포와 불안이 있다〉, 《기자협회보》(2014년 3월 3일). http://www.journalist.or.kr/news/articleView.html?idxno=33030.

48 김동춘, 《전쟁 정치 — 한국 정치의 매커니즘과 국가 폭력》(길, 2013), 6쪽.

49 같은 책, 327쪽.

신자유주의·탈냉전 시대의 뉴라이트 사관

1 최갑수, 〈국가, 과거의 힘, 역사의 효용〉, 《역사비평》 85(2008) ; 김기봉, 〈미국의 역

사 전쟁에 비춰보는 한국사 교과서 논쟁〉, 《철학과현실》 90(2011) 참조.

2 하비 케이, 《과거의 힘? — 역사의식, 기억과 상상력》, 오인영 옮김(삼인, 2004), 175~176쪽 축약 정리.

3 같은 책, 132쪽.

4 정해구, 〈뉴라이트 운동의 현실 인식에 대한 비판적 검토〉, 《역사비평》 76(2006), 221~222쪽.

5 신일철, 《뉴라이트와 시장의 철학》(FKI미디어, 2004), 5~15쪽.

6 김영용, 〈밀턴 프리드먼의 생애와 학문〉, 《시대정신》(2007년 봄).

7 정해구, 〈뉴라이트 운동의 현실 인식에 대한 비판적 검토〉, 230쪽.

8 이재교, 〈뉴라이트 비판, 표적이 빗나가다 — 정해구 교수의 뉴라이트론에 대한 반론〉, 《시대정신》(2006년 겨울). 이하 《시대정신》에 실린 글들은 시대정신웹 사이트(http://www.sdjs.co.kr/)에서 인용함.

9 박세일, 《대한민국 선진화 전략》(21세기북스, 2006), 134~146쪽.

10 뉴라이트정책위원회, 《뉴라이트 한국 보고서》(도서출판 뉴라이트, 2007).

11 뉴라이트정책위원회, 〈'2008뉴라이트한국보고서' 요약〉, 《시대정신》(2007년 여름).

12 안병직, 〈한국 선진화의 기본 모형〉, 《시대정신》(2007년 봄).

13 김기협, 《뉴라이트 비판》(돌베개, 2008), 95쪽.

14 정상호, 〈미국의 네오콘과 한국의 뉴라이트에 대한 비교 연구〉, 《한국정치학회보》 42-3(2008), 185쪽.

15 복거일, 〈평등과 한국의 평등주의〉, 《시대정신》(2008년 여름).

16 신진욱, 〈보수 단체 이데올로기의 개념 구조 2000~2006〉, 《경제와 사회》 78(2008), 172쪽.

17 민경국, 〈레이거노믹스의 성공이 한국 경제에 주는 시사점〉, 《시대정신》(2008년 겨울) ; 이창원, 〈규제와 감독 : 규제 철폐는 계속되어야 한다〉, 《시대정신》(2009년 봄) ; 민경국, 〈하이에크의 자유주의 정치사상〉, 《시대정신》(2011년 겨울).

18 박찬승, 〈식민지근대화론에 매몰된 식민지 시기 서술〉, 《뉴라이트 위험한 교과서 바로 읽기》(서해문집, 2009), 99쪽.

19 이영훈, 《대한민국 이야기》(기파랑, 2007), 173쪽.

20 이병천, 《한국 자본주의 모델》(책세상, 2014), 44쪽.

21 주익종, 〈건국의 경제사적 의의〉, 《시대정신》(2008년 여름).

22 이대근, 〈경제성장과 산업화〉, 《한국 현대사의 허구와 진실》(두레시대, 2005), 127～128쪽.

23 박효종 외, 《고등학교 한국사 교과서 참고 자료》(전국경제인연합회, 2011), 4～5쪽.

24 같은 책, 135쪽.

25 박효종 외, 《고등학교 한국사 교과서 참고 자료》, 136쪽.

26 윤해동, 〈뉴라이트의 운동가 역사 인식—'비역사적 역사'〉, 《민족문화논총》 51(2012), 245～246쪽.

27 정해구, 〈뉴라이트 운동의 현실 인식에 대한 비판적 검토〉, 217쪽.

28 홍진표, 〈반공주의와 사상적 다원주의〉, 《시대정신》 32(2006), 122쪽.

29 이재교, 〈뉴라이트 비판, 표적이 빗나가다—정해구 교수의 뉴라이트론에 대한 반론〉 참조.

30 최홍재, 〈뉴라이트는 反제, 反수령, 자유와 민주주의 원칙뿐〉, 《시대정신》(2007년 여름).

31 신진욱, 〈보수 단체 이데올로기의 개념 구조 2000~2006〉, 186쪽.

32 정상호, 〈미국의 네오콘과 한국의 뉴라이트에 대한 비교 연구〉, 172쪽.

33 손병권, 〈미국 신보수주의의 역사적 배경—1930년대에서 레이건 행정부 시기까지〉, 《네오콘프로젝트》(사회평론, 2005), 61쪽.

34 이영훈, 〈왜 다시 해방전후사인가?〉, 《해방전후사의 재인식》 1(책세상, 2006), 63쪽.

35 신지호, 〈북한 정세를 읽는 새로운 눈, 국가해체론〉, 《시대정신》(2006년 겨울).

36 편집장, 〈좌담 : 북한의 붕괴에 어떻게 대처할 것인가〉, 《시대정신》(2008년 가을).

37 조성환, 〈종북 사태와 한국 자유민주주의에의 도전 배경〉, 《시대정신》(2013년 겨울).

38 이영훈, 《대한민국 역사》(기파랑, 2013).

39 차하순 외, 《한국 현대사》(세종연구원, 2013).

40 교과서포럼, 《대안 교과서 한국 근현대사》(기파랑, 2008), 148쪽.

41 권희영 외, 고등학교 《한국사》(교학사, 2014), 298쪽.

42 이신철, 〈탈식민 탈냉전 민주주의에 대한 도전, 뉴라이트 한국사 교과서〉, 《역사문제 연구》 30(2013), 43쪽.

43 권희영 외, 고등학교 《한국사》, 315쪽.

44 같은 책, 324쪽.

45 같은 책, 325쪽.

46 김정인, 〈국정《국사》 교과서와 검정《한국사》 교과서의 현대사 체계와 내용 분석〉,《역사와 현실》92(2014), 114~116쪽.

47 같은 책, 346쪽.

48 하상복, 〈이명박 정부와 '8.15' 기념일의 해석 : 보수의 위기의식과 담론 정치〉,《현대 정치 연구》5-2(2012), 118~119쪽.

49 정상호, 〈미국의 네오콘과 한국의 뉴라이트에 대한 비교 연구〉, 186쪽.

50 정해구, 〈뉴라이트 운동의 현실 인식에 대한 비판적 검토〉, 229~230쪽.

51 윤해동, 〈뉴라이트의 운동가 역가 인식—'비역사적 역사'〉, 240쪽.

52 김기봉, 〈역사 교과서 논쟁 어떻게 할 것인가〉,《역사학보》198(2008), 381쪽.

53 권희영, 〈2012년 검정 통과 중학교 역사 교과서 현대사 서술의 문제〉,《학술회의 '교과서 문제를 생각한다' 자료집》(2013), 24쪽.

54 〈남로당식 사관, 아직도 중학생들 머릿속에 집어넣다니〉,《조선일보》(2013년 5월 31일).

55 김태우, 〈역사 교과서 이념 논쟁과 학문의 위기 : 고등학교《한국사》 교과서 8종의 현대사 서술 비교〉,《역사와 현실》92(2014), 124~126쪽.

56 윤민재, 〈뉴라이트의 등장과 보수의 능동화〉,《시민과 세계》13(2008), 63쪽.

57 국사편찬위원회,《한국 현대사》(탐구당, 1982) ; 대한민국사편찬위원회,《대한민국사》(탐구당, 1988).

58 이윤갑, 〈한국 역사학의 새로운 길 찾기 : 민족주의 역사학의 전망〉,《한국학 논집》35(2007), 29쪽.

59 같은 글, 44쪽.

60 심용환,《역사전쟁》(생각정원, 2015), 37~39쪽.

국가주의를 넘어 민주주의로 : 역사교육의 어제, 오늘, 내일

1 김육훈, 〈민주공화국의 시민을 기르는 역사교육 시론〉,《역사교육 연구》18(2014) ; 김한종 〈참여민주주의를 위한 역사교육의 방향〉,《청람사학》23(2014) ; 황현정,

〈민주주의 요소로 본 역사교육 내용 선정 원리〉,《역사교육 연구》20(2015) ; 윤세병, 〈세계사 교육의 내용 선정 기준으로서의 민주주의〉,《역사교육 연구》20(2015) ; 강화정, 〈교학사《한국사》교과서의 현대사 서술과 민주주의 교육〉,《역사교육 연구》20(2015) ; 이해영, 〈민주주의 관점으로 구성한 역사 수업 탐색〉,《역사교육 연구》21(2015) ; 방지원, 〈'국민적 정체성' 형성을 위한 교육과정에서 '주체적 민주시민'을 기르는 교육과정으로 : 향후 역사교육 과정 연구의 진로 모색〉,《역사교육 연구》22(2015) ; 황현정, 〈가치를 다루는 역사 수업의 실제와 가능성 : 민주시민 교육을 위한 가치를 중심으로〉,《역사교육 연구》24(2016).

2 김육훈, 〈국가주의와 역사교육, 그 너머를 향하여〉,《역사와 교육》11(2015) ; 김한종, 〈국사 교육의 강화와 국가주의 역사교육〉,《우리 역사교육의 역사》(휴머니스트, 2015) ; 백은진, 〈무엇을 위한 역사교육이어야 하는가?—국가 교육과정, 정부의 교육과정, '국가주의' 비판 담론에 대한 분석〉,《역사교육 연구》22(2015) ; 임병철, 〈역사 교과서 국정화 논쟁, 그 이후?〉,《역사교육 연구》24(2016).

3 김정인, 〈해방 전후 민주주의'들'의 변주〉,《개념과 소통》12(2013), 199쪽.

4 정주란, 〈손진태의 신민족주의 국사 교육론〉,《청람사학》17(2009).

5 손진태, 〈국사 교육 건설에 관한 구상—신민주주의 국사 교육의 제창〉,《새교육》1-2(1948), 48~49쪽.

6 김정인, 〈해방 전후 민주주의'들'의 변주〉, 208쪽.

7 김태웅,《국사 교육의 편제와 한국 근대사 탐구》(도서출판 선인, 2014), 16쪽.

8 김한종,《역사교육으로 읽는 한국 현대사》(책과함께, 2014), 68쪽.

9 구경남, 〈전후 일본의 역사교육 운동—역사교육자협의회를 중심으로〉,《우리 역사교육의 역사》(휴머니스트, 2015), 295~296쪽.

10 민성희, 〈해방 직후(1945~1948) 황의돈의 국사 교육 재건 활동〉,《역사교육 연구》21(2015), 114~115쪽.

11 최상훈, 〈해방과 현대 역사교육의 시작〉,《우리 역사교육의 역사》(휴머니스트, 2015), 164~165쪽.

12 같은 글, 167~168쪽.

13 안호상,《민주적 민족론》(어문각, 1961), 201쪽.

14 김한종,《역사교육으로 읽는 한국 현대사》, 124쪽.

15 서중석, 〈이승만 정권 초기의 '일민주의와 파시즘〉, 《1950년대 남북한의 선택과 굴절》(역사비평사, 1998), 27～28쪽.

16 강정인, 〈박정희 대통령의 민주주의 담론 분석〉, 《철학논집》 27(2011), 307쪽.

17 같은 글, 317～318쪽.

18 김한종, 《역사교육으로 읽는 한국 현대사》, 181쪽.

19 이병도, 인문계 고등학교 《국사》(일조각, 1970), 150～151쪽.

20 최상훈, 〈해방과 현대 역사교육의 시작〉, 177쪽.

21 《시련과 극복》(문교부, 1972), 6쪽. 김한종, 〈국사 교육 강화와 국가주의 역사교육〉, 《우리 역사교육의 역사》(휴머니스트, 2015), 192쪽에서 재인용.

22 김한종, 〈국사 교육 강화와 국가주의 역사교육〉, 188쪽.

23 오항녕, 〈그을린 민족문화 : 전유, 내면화 그리고 근대주의〉, 《역사와 현실》 96(2015), 125쪽.

24 김정인, 〈국정 국사 교과서와 검정 한국사 교과서의 현대사 체계와 내용 분석〉, 《역사와 현실》 92(2014), 96쪽.

25 김정인, 〈내재적 발전론과 민족주의〉, 《역사와 현실》 77(2010), 203～205쪽.

26 김한종, 〈민중사학의 등장과 역사교육 논쟁〉, 《우리 역사교육의 역사》(휴머니스트, 2015), 214～215쪽.

27 전국역사교사모임, 《역사 교사로 산다는 것》(너머북스, 2008), 141～142쪽.

28 김육훈, 〈역사 교과서의 대안을 탐색한다〉, 《거리에서 국정 교과서를 묻다》(민족문제연구소, 2016), 237~242쪽.

29 같은 책, 135～136쪽에서 재인용.

30 《한국 근·현대사》 교과서를 둘러싼 역사 전쟁은 김정인, 〈뉴라이트의 등장과 《한국 근·현대사》 교과서 파동〉, 《우리 역사교육의 역사》(휴머니스트, 2015) 참조.

31 황현정, 〈민주주의 요소로 본 역사교육 내용 선정 원리〉, 51～52쪽.

32 강화정, 〈교학사 《한국사》 교과서의 현대사 서술과 민주주의 교육〉, 170쪽.

33 전국역사교사모임, 〈왜 지금 교육과정과 교과서를 이야기하는가〉, 《역사, 무엇을 어떻게 가르칠까》(휴머니스트, 2008), 24쪽.

34 김육훈, 〈역사교육은 민주화에 보탬이 될 수 있을까〉, 《역사, 무엇을 어떻게 가르칠까》(휴머니스트, 2008), 329쪽.

35 김육훈, 〈민주공화국의 시민을 기르는 역사교육 시론〉, 2014, 200쪽.

36 이명희, 〈헌법 정신과 역사 교과서〉, 《철학과 현실》 90(2011), 46~47쪽.

37 김육훈, 〈민주공화국의 시민을 기르는 역사교육 시론〉, 213쪽.

38 나인호, 〈교학사 교과서에 나타난 '대한민국 사관'〉, 《역사비평》 110(2015), 262쪽.

39 백은진, 〈무엇을 위한 역사교육이어야 하는가? — 국가 교육과정, 정부의 교육과정, '국가주의' 비판 담론에 대한 분석〉, 303-304쪽.

40 김육훈, 〈역사교육은 민주화에 보탬이 될 수 있을까〉, 332쪽.

41 김한종, 〈참여민주주의를 위한 역사교육의 방향〉, 《청람사학》 23(2014) 240쪽.

42 황현정, 앞의 글 참조.

43 방지원, 〈국민적 정체성 형성을 위한 교육과정에서 주체적 민주시민을 기르는 교육과정으로 : 향후 역사교육 과정 연구의 진로 모색〉, 86~87쪽.

44 린다 심콕스·애리 윌셔트, 《세계의 역사교육 논쟁》, 이길상·최정희 옮김(푸른역사, 2015), 14~15쪽.

에필로그 : 역사 전쟁의 보편성과 특수성

1 최갑수, 〈국가, 과거의 힘, 역사의 효용〉, 《역사비평》 85(2008), 20~22쪽 ; 김기봉, 〈미국의 역사 전쟁에 비춰보는 한국사 교과서 논쟁〉, 《철학과사상》 90(2011).

2 손세호, 〈'미국 역사 표준서'와 개정판을 둘러싼 논쟁〉, 《미국학 논집》 36-3(2004) ; 김중락, 〈영국의 역사교육과 국가 교육과정〉, 《역사교육 논집》 25(1999).

3 김중락, 〈20세기 말, 21세기 초 영국 보수당의 역사교육정책과 역사전쟁〉, 《영국연구》 34(2015), 221~230쪽.

4 마거릿 맥밀런, 《역사 사용설명서》, 권민 옮김(공존, 2009), 170쪽.

5 에드가 볼프룸, 《무기가 된 역사 — 독일사로 읽는 역사 전쟁》, 이병련·김승렬 옮김(역사비평사, 2007), 252쪽.

6 같은 책, 183~201쪽.

7 한국에서 일어난 역사전쟁의 자세한 추이는 1장을 참조할 것.

8 교과서포럼, 《대안 교과서 한국 근·현대사》(기파랑, 2008), 144쪽.

9 〈'건국절' 철회를 요구하는 역사학계의 성명서〉,《역사비평》84(2008), 14쪽.

10 〈제62주년 광복절 경축사〉(대통령기록관 홈페이지).

11 〈제63주년 광복절 및 대한민국 건국 60주년 경축사〉(대통령기록관 홈페이지).

12 하상복, 〈이명박 정부와 '8·15' 기념일의 해석〉,《현대 정치 연구》5-2(2012), 110쪽.

13 신주백, 〈정부 수립과 한국 근현대사 속에서 광복·건국의 연속과 단절〉,《한국 근현대사 연구》48(2009), 76쪽.

14 역사교육연대회의,《뉴라이트 위험한 교과서, 바로 읽기》(서해문집, 2009), 61~62쪽.

15 신주백, 〈교과서포럼의 역사 인식 비판〉,《역사비평》76(2006), 209~210쪽.

16 최장집,《민중에서 시민으로》(돌베개, 2009), 183쪽.

17 김정인, 〈내재적 발전론과 민족주의〉,《역사와 현실》77(2010), 204~207쪽

18 교과서포럼,《대안 교과서 한국 근·현대사》, 6쪽.

19 RECOMMENDATION 1283(1996) on history and the learning of history in Europe. 윤세병, 〈유럽평의회와 UN의 역사교육 논의〉, (광주교육청 역사교육연구과제팀 내부 토론회 자료, 2016), 5쪽에서 재인용.

참고문헌

1. 신문 및 잡지

《경향신문》 2007년 12월 24일자, 2013년 7월 5일자, 2013년 9월 23일자, 2014년 3월 26일자, 2016년 3월 1일자, 2016년 4월 22일자.

《국민일보》 2015년 8월 6일자.

《기자협회보》 2014년 3월 3일자.

《동아일보》 2006년 7월 8일자, 2008년 2월 5일자, 2012년 5월 15일자, 2014년 1월 10일자.

《문화일보》 2004년 9월 10일자, 2011년 12월 14일자, 2012년 5월 24일자.

《조선일보》 1961년 6월 22일자, 1986년 11월 19일자, 1994년 3월 24일자, 2004년 10월 5일자, 2005년 1월 26일자, 2007년 12월 27일자, 2008년 2월 5일자, 2010년 5월 22일자, 2010년 6월 7일자, 2010년 10월 4일자, 2010년 12월 3일자, 2011년 9월 20일자, 2011년 10월 21일자, 2012년 5월 21일자, 2012년 5월 14일자, 2013년 5월 31일자, 2014년 1월 9일자.

《중앙일보》 2014년 1월 11일자.

《한국일보》 2015년 8월 7일자, 2016년 4월 18일자.

《한겨레》 2013년 10월 10일자.

《헤럴드경제》 2013년 12월 19일자.

《민족21》 136호(2012).

《새교육》 1-2(1948).

《시대정신》 2005년 봄, 2006년 가을, 2006 겨울, 2007 봄, 2007 여름, 2008 여름,2008년 가을, 2008 겨울, 2009 봄, 2011 겨울, 2013 겨울.

《시사IN》 321, 2013년 11월.

《인물과사상》 189(2014).

《우리교육》255(2014).
《정세와 노동》2013년 10월호, 2013년 11월호.

2. 교과서 및 관련 자료

교육부, 《사회 6-1》(2016).
국사편찬위원회 1종도서연구개발위원회, 고등학교《국사》(1979).
국사편찬위원회 1종도서연구개발위원회, 고등학교《국사》(1982).
국사편찬위원회 1종도서연구개발위원회, 고등학교《국사》(하)(1990).
국사편찬위원회 1종도서연구개발위원회, 고등학교《국사》(하)(1996).
국사편찬위원회 국정도서편찬위원회, 고등학교《국사》(2002).
국사편찬위원회 국정도서편찬위원회, 고등학교《국사》(2006).
권희영 외, 《고등학교 한국사》(교학사, 2014).
김종수 외, 《고등학교 한국사》(금성사, 2014).
김한종 외, 《고등학교 한국 근현대사》(금성출판사, 2003).
도면회 외, 《고등학교 한국사》(비상교육, 2014).
문교부, 《시련과 극복》(1972).
문교부, 《인문계 고등학교 국사》(1974).
신석호, 《인문계 고등학교 국사》(광명출판사, 1968).
왕현종 외, 《고등학교 한국사》(두산동아, 2014).
윤세철·신형식, 《인문계 고등학교 새로운 국사》(정음사, 1968).
이병도, 《인문계 고등학교 국사》(일조각, 1968).
이병도, 《인문계 고등학교 국사》(일조각, 1970).
정재정 외, 《고등학교 한국사》(지학사, 2014).
주진오 외, 《고등학교 한국사》(천재교육, 2014).
최준채 외, 《고등학교 한국사》(리베르스쿨, 2014).
한철호 외, 《고등학교 한국사》(미래엔, 2014).
교육부, 《사회과 교육과정》, 1997.

〈'건국절' 철회를 요구하는 역사학계의 성명서〉, 《역사비평》84(2008).

〈한국 근현대사 교과서 편향성 문제 관련 자료〉, 《역사교육》 92(2004).
〈한국사 교과서 국정화에 반대하는 역사 연구·교육자 선언〉, 《한국근현대사연구》 71(2014).
박효종 외, 《고등학교 한국사 교과서 참고 자료》(전국경제인연합회, 2011).
이성호, 〈2011년 역사교육과정과 집필 기준 논란 자료〉《역사와 교육》 5(2012).
헌법재판소 판례 '교육법 제157조에 관한 헌법소원', 사건 번호 89헌마88, 1992. 11. 12.

3. 논문

강만길, 〈사관 : 서술 체재의 검토〉, 《창작과비평》 1974년 여름.
강정인, 〈박정희 대통령의 민주주의 담론 분석〉, 《철학논집》 27(2011).
강화정, 〈교학사 《한국사》 교과서의 현대사 서술과 민주주의 교육〉, 《역사교육연구》 20(2015).
김기봉, 〈미국의 역사 전쟁에 비춰보는 한국사 교과서 논쟁〉, 《철학과현실》 90(2011).
김기봉, 〈역사 교과서 논쟁 어떻게 할 것인가〉, 《역사학보》 198(2008).
김민우, 〈정면의 시선으로 역사를 역사답게〉, 《역사와 교육》 4(2011).
김육훈, 〈국가주의와 역사교육, 그 너머를 향하여〉, 《역사와교육》 11(2015).
김육훈, 〈민주공화국의 시민을 기르는 역사교육 시론〉, 《역사교육연구》 18(2014).
김정인, 〈국정 《국사》 교과서와 검정 《한국사》 교과서의 현대사 체계와 내용 분석〉, 《역사와 현실》 92(2014).
김정인, 〈내재적 발전론과 민족주의〉, 《역사와 현실》 77(2010).
김정인, 〈민족 해방 투쟁을 가늠하는 두 잣대 : 독립운동사와 민족 해방 운동사〉, 《역사와 현실》 62(2006).
김정인, 〈이념이 실증을 압도하다〉, 《내일을 여는 역사》 35(2009).
김정인, 〈해방 전후 민주주의'들'의 변주〉, 《개념과소통》 12(2013).
김종준, 〈역사교육의 정치적 성격과 다양성 논의〉, 《역사교육논집》 58(2016).
김중락, 〈영국의 역사교육과 국가 교육과정〉, 《역사교육 논집》 25(1999).
김중락, 〈20세기 말, 21세기 초 영국 보수당의 역사교육 정책과 역사 전쟁〉, 《영국연구》 34(2015).
김태우, 〈역사 교과서 이념 논쟁과 학문의 위기 : 고등학교 《한국사》 교과서 8종의 현대사 서술 비교〉, 《역사와현실》92(2014).
김한종, 〈참여민주주의를 위한 역사교육의 방향〉, 《청람사학》23(2014).
김한종, 〈이명박 정부의 역사 인식과 역사교육 정책〉, 《역사비평》96(2011).
김한종, 〈한국 근현대사 교과서 파동의 전말과 쟁점〉, 《역사와 세계》, 35(효원사학회, 2009).
나인호, 〈교학사 교과서에 나타난 '대한민국 사관'〉, 《역사비평》110(2015).
도면회, 〈한국사 교과서 국정화, '순종하는 국민' 만들기인가?〉, 《역사와현실》94(2014).
류승렬, 〈국사 교과서 편찬의 문제점과 개선 방향〉, 《역사교육》76(2000).
민성희, 〈해방 직후(1945~1948) 황의돈의 국사 교육 재건 활동〉, 《역사교육 연구》21(2015)
박권일, 〈종북몰이의 내적 논리〉, 《황해문화》82(2014).
박진동, 〈해방 후 역사 교과서 발행 제도의 추이〉, 《역사교육》91(2004).
박진동, 〈해방 후 현대사 교육 내용 기준의 변천과 국사 교과서 서술〉, 《역사학보》205(2010).
방지원, 〈'국민적 정체성' 형성을 위한 교육과정에서 '주체적 민주 시민'을 기르는 교육과정으로 : 향후 역사교육 과정 연구의 진로 모색〉, 《역사교육연구》22(2015).
백은진, 〈무엇을 위한 역사교육이어야 하는가?—국가 교육과정, 정부의 교육과정, '국가주의' 비판 담론에 대한 분석〉, 《역사교육연구》22(2015).
손병권, 〈미국 신보수주의의 역사적 배경—1930년대에서 레이건 행정부 시기까지〉, 《네오콘프로젝트》(사회평론, 2005).
손세호, 〈'미국 역사 표준서'와 개정판을 둘러싼 논쟁〉, 《미국학 논집》36-3(2004).
신주백, 〈교과서포럼의 역사 인식 비판〉, 《역사비평》76(2006).
신주백, 〈정부 수립과 한국 근현대사 속에서 광복·건국의 연속과 단절〉, 《한국근현대사연구》48(2009).
신진욱, 〈보수 단체 이데올로기의 개념 구조 2000~2006〉, 《경제와사회》78(2008).
오항녕, 〈그을린 민족문화 : 전유, 내면화 그리고 근대주의〉, 《역사와 현실》96(2015).
윤민재, 〈뉴라이트의 등장과 보수의 능동화〉, 《시민과 세계》13(2008).
윤세병, 〈세계사 교육의 내용 선정 기준으로서의 민주주의〉, 《역사교육연구》20(2015).

윤해동, 〈뉴라이트의 운동가 역사 인식—'비역사적 역사'〉, 《민족문화논총》51(2012).
이명희, 〈헌법 정신과 역사 교과서〉, 《철학과 현실》90(2011).
이병욱·김성해, 〈담론복합체, 정치적 자본, 그리고 위기의 민주주의—종북 담론의 텍스트 구조와 권력 재창출 메커니즘의 탐색적 연구〉, 《미디어, 젠더 & 문화》 28(2013).
이병희, 〈국사 교과서 국정 제도의 검토〉, 《역사교육》91(2004).
이성호, 〈교과서 소송, 우리 사회 상식을 시험하는 재판〉, 《역사와교육》3(2011).
이신철, 〈탈식민 탈냉전 민주주의에 대한 도전, 뉴라이트 한국사 교과서〉, 《역사 문제 연구》30(2013).
이영훈, 〈왜 다시 해방전후사인가?〉, 《해방전후사의 재인식》1(책세상, 2006).
이윤갑, 〈한국 역사학의 새로운 길 찾기 : 민족주의 역사학의 전망〉, 《한국학 논집》 35(2007).
이인재, 〈역대 대한민국 헌법의 민주주의와 자유민주적 기본 질서〉, 《역사와 현실》82호(2011).
이준식, 〈한국 역사 교과서인가, 아니면 일본 역사 교과서인가?〉, 《역사비평》105(역사비평사, 2013).
이항우, 〈이념의 과잉〉, 《경제와사회》89(2011).
이해영, 〈민주주의 관점으로 구성한 역사 수업 탐색〉, 《역사교육 연구》21(2015).
임병철, 〈역사 교과서 국정화 논쟁, 그 이후?〉, 《역사교육연구》24(2016).
정병준, 〈현대(1945~)〉, 《역사학보》175(2002).
정상호, 〈미국의 네오콘과 한국의 뉴라이트에 대한 비교 연구〉, 《한국정치학회보》 42~3(2008).
정주란, 〈손진태의 신민족주의 국사 교육론〉, 《청람사학》17(2009).
정창렬, 〈최근세〉, 《역사학보》116(1987).
정해구, 〈뉴라이트 운동의 현실 인식에 대한 비판적 검토〉, 《역사비평》76(2006).
최갑수, 〈국가, 과거의 힘, 역사의 효용〉, 《역사비평》85(2008).
하상복, 〈이명박 정부와 '8.15' 기념일의 해석 : 보수의 위기의식과 담론 정치〉, 《현대 정치 연구》5-2(2012).
한홍구, 〈되살아난 친일 세력과 독재자의 망령〉, 《내일을 여는 역사》32(2008).
황현정, 〈가치를 다루는 역사 수업의 실제와 가능성 : 민주시민 교육을 위한 가치를 중심으로〉, 《역사교육연구》 24(2016).
황현정, 〈민주주의 요소로 본 역사교육 내용 선정 원리〉, 《역사교육연구》 20(2015).

4. 저서

교과서포럼, 《대안 교과서 한국 근·현대사》(기파랑, 2008).
교과서포럼, 《한국 현대사의 허구와 진실》(두레시대, 2005).
국사편찬위원회, 《한국 현대사》(탐구당, 1982).
김기협, 《뉴라이트 비판》(돌베개, 2008).
김동춘, 《전쟁 정치—한국 정치의 메커니즘과 국가 폭력》(길, 2013).
김태웅, 《국사 교육의 편제와 한국 근대사 탐구》(도서출판 선인, 2014).
김한종, 《역사 교과서 국정화, 왜 문제인가》(책과함께,2015).
김한종, 《역사교육으로 읽는 한국 현대사》(책과함께, 2014).
뉴라이트정책위원회, 《뉴라이트 한국 보고서》(도서출판 뉴라이트, 2007).
대한민국사편찬위원회, 《대한민국사》(탐구당, 1988).
류현수, 《보이지 않는 위협, 종북주의》(살림, 2012).
문재인, 《1219 끝이 시작이다》(바다, 2013).
박세일, 《대한민국 선진화 전략》(21세기북스, 2006).
서중석, 《1950년대 남북한의 선택과 굴절》(역사비평사, 1998).
신일철, 《뉴라이트와 시장의 철학》(FKI미디어, 2004).
심용환, 《역사전쟁》(생각정원, 2015).
안호상, 《민주적 민족론》(어문각, 1961).
역사교육연구소, 《우리 역사교육의 역사》(휴머니스트, 2015).
역사교육연대회의, 《뉴라이트 위험한 교과서, 바로 읽기》(서해문집, 2009).
이병천, 《한국 자본주의 모델》(책세상, 2014).
이영훈, 《국사의 신화를 넘어서》(휴머니스트, 2004).
이영훈, 《대한민국 역사》(기파랑, 2013).
이영훈, 《대한민국 이야기》(기파랑, 2007).
전국역사교사모임, 《역사 교사로 산다는 것》(너머북스, 2008).
전국역사교사모임, 《역사, 무엇을 어떻게 가르칠까》(휴머니스트, 2008).

정경희, 《한국사 교과서 어떻게 편향되었나》(비봉출판사, 2013).
정영태, 《파벌—민주노동당 정파 갈등의 기원과 종말》(이매진, 2012).
차하순 외, 《한국 현대사》(세종연구원, 2013).
최장집, 《민중에서 시민으로》(돌베개, 2009).
한국사교과서국정화저지네트워크 기획·편집, 《거리에서 국정 교과서를 묻다》(민족문제연구소, 2016).
현대사상연구회, 《반대세의 비밀, 그 일그러진 초상》(인영사, 2009).
홍진표 외, 《친북주의 연구》(시대정신, 2010).

린다 심콕스·애리 윌셔트, 《세계의 역사교육 논쟁》, 이길상·최정희 옮김(푸른역사, 2015).
마거릿 맥밀런, 《역사 사용설명서》, 권민 옮김(공존, 2009).
에드가 볼프룸, 《무기가 된 역사—독일사로 읽는 역사 전쟁》, 이병련·김승렬 옮김(역사비평사, 2007).
엘리자베스 콜, 《과거사 청산과 역사교육》, 김원중 옮김(동북아역사재단, 2010).
하비 케이, 《과거의 힘—역사의식, 기억과 상상력》, 오인영 옮김(삼인, 2004).

찾아보기

ㄴ

ㄷ

ㄹ

ㅁ

ㅈ

기타

인명

역사 전쟁, 과거를 해석하는 싸움

펴낸날 초판 1쇄 2016년 7월 15일

지은이 김정인
펴낸이 김현태

펴낸곳 책세상
주소 서울시 종로구 경희궁길 33 내자빌딩 3층(03176)
전화 02-704-1251(영업부), 02-3273-1333(편집부)
팩스 02-719-1258
이메일 bkworld11@gmail.com
홈페이지 www.bkworld.co.kr
등록 1975. 5. 21. 제1-517호

ISBN 979-11-5931-070-6 93370

* 잘못된 책은 바꾸어드립니다.
* 책값은 뒤표지에 있습니다.

이 도서의 국립중앙도서관 출판시도서목록(CIP)은 서지정보유통지원시스템 홈페이지 (http://seoji.nl.go.kr)와 국가자료공동목록시스템(http://www.nl.go.kr/kolisnet)에서 이용하실 수 있습니다.(CIP제어번호 : CIP2016015863)